外贸经理人的**MBA工具书**

FOREIGN TRADE

外贸业务与跟单全攻略

赵永秀 编著

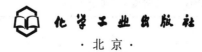

化学工业出版社

·北京·

内容简介

《外贸业务与跟单全攻略》一书从外贸业务与外贸跟单基本流程、外贸业务寻找订单、合同签订、备货与跟单、货物交付跟单和外贸订单出货后的事务6章进行阐述。

本书采用图文解读的方式，让读者在轻松阅读中了解外贸业务与跟单的要领并学以致用。本书注重实操性，以精确、简洁的方式描述重要知识点，尽可能地满足读者希望快速掌握外贸业务与跟单技能的需求。

本书可供从事外贸业务的人员自学，也可作为各类院校国际贸易及相关专业的学生自我提升的学习手册和指导手册，还可以作为相关行业岗位培训、团队学习的参考资料。

图书在版编目（CIP）数据

外贸业务与跟单全攻略/赵永秀编著. —北京：化学工业出版社，2023.5
（外贸经理人的MBA工具书）
ISBN 978-7-122-43040-3

Ⅰ.①外… Ⅱ.①赵… Ⅲ.①对外贸易-市场营销学 Ⅳ.①F740.4

中国国家版本馆CIP数据核字（2023）第039644号

责任编辑：刘 丹 陈 蕾　　　　　　　　装帧设计：溢思视觉设计／程超
责任校对：王鹏飞　　　　　　　　　　　　　　　E-mail: isstudio@126.com

出版发行：化学工业出版社（北京市东城区青年湖南街13号　邮政编码100011）
印　　刷：北京云浩印刷有限责任公司
装　　订：三河市振勇印装有限公司
787mm×1092mm　1/16　印张16¼　字数310千字　2024年2月北京第1版第1次印刷

购书咨询：010-64518888　　　　　　　　　　售后服务：010-64518899
网　　址：http://www.cip.com.cn
凡购买本书，如有缺损质量问题，本社销售中心负责调换。

定　　价：78.00元

前言
PREFACE

随着全球经济整体回暖、外需逐步恢复，我国部分企业的外贸订单持续增加，对外贸易持续增长，实现规模和市场份额双提升。同时，我国系统性惠企政策也为"稳外贸"提供了有力的支撑。各地进一步深化"放管服"改革，简化通关手续，优化作业流程，全面推进两步申报、绿色通道、免到场查验等便利措施，通关效率大大提升。各部门加大金融、保险、财税支持力度，帮助外贸企业渡难关、降成本、保市场、保订单，有力地促进了出口贸易发展。

围绕"稳外贸"工作目标，我国各级政府部门、外贸企业不断策划线上线下活动，开展线上培训，及时发布外贸政策、外贸业务知识、国际贸易形势及风险提示等，大力推动外贸企业和电商企业健康蓬勃发展，也助力外贸企业开拓国外市场，实现国际国内双循环发展。

我国《关于加快发展外贸新业态新模式的意见》指出，新业态、新模式是我国外贸发展的有生力量，也是国际贸易发展的重要趋势。加快发展外贸新业态新模式，有利于推动贸易高质量发展，培育参与国际经济合作和竞争新优势，对于服务构建新发展格局具有重要作用。

为了促进我国外贸健康持续创新发展，我们可以运用新技术新工具赋能外贸发展。例如，推广数字智能技术应用；完善跨境电商发展支持政策，扩大跨境电子商务综合试验区试点范围；培育一批优秀海外仓企业，鼓励传统外贸企业、跨境电商和物流企业等参与海外仓建设；完善覆盖全球的海外仓网络，提高海外仓数字化、智能化水平，促进中小微企业"借船出海"，带动国内品牌、双创产品拓展国际市场空间等。

在政府的支持下，我国外贸企业迎来了更多发展机遇，同时也遇到了更大的挑战。为了帮助外贸企业管理工作者更好地完成本职工作，充分发挥外贸企业人员在企业发展中的作用，特编写了"外贸经理人的MBA工具书"丛书。

《外贸业务与跟单全攻略》一书从外贸业务与外贸跟单基本流程、外贸业务寻找订单、合同签订、备货与跟单、货物交付跟单和外贸订单出货后的事务6章进行阐述。

本书采用图文解读的方式，让读者在轻松阅读中了解外贸业务与跟单的要领并学以致用。本书尽量做到注重实操性，以精确、简洁的方式描述重要知识点，尽可能地满足读者希望快速掌握外贸业务与跟单技能的需求。

本书可供从事外贸业务人员自学，也可作为各类院校国际贸易及相关专业的学生自我充电、自我提升的学习手册，还可以作为相关培训机构开展岗位培训、团队学习的参考资料。由于编者水平有限，书中难免出现疏漏之处，敬请读者批评指正。

编著者

目录
CONTENTS

5 第五章
货物交付跟单

6 第六章

外贸订单出货后的事务

01
第一章

外贸业务与外贸跟单
基本流程

【本章要点】▶▶ ·······················

⇨ 出口贸易一般流程

⇨ 外贸业务员与外贸跟单员的工作范围

第一节　出口贸易一般流程

在国际贸易中，买卖双方签订订单、出口货物的流程主要包括：前期的商务磋商→签订合同（或订单）→按订单数量备料与生产→租船订舱→报检（商品检验）与其他证明→投保货物运输保险（如需要）→出口清关→缮制出口单证与结汇→办理退税。在国际贸易实务中，租船订舱、报验、投保货物运输保险可同时进行，次序不分先后。

一、商务磋商

商务磋商内容包括寻找客户、参加展会、写开发信、回复询盘、报价、邮寄样品、接待客户访问与验厂。

二、签订合同（或订单）

买方确认产品可满足其要求，并接受卖方的产品报价后，买卖双方签订合同（或订单）。合同中有规定付款方式、交货条件、交货日期、产品规格描述、价格等内容。

三、备料与生产

根据订单数量准备生产资料并安排生产。

四、租船订舱

商务跟单员根据订单发货日期向船公司或货物代理预订舱位，并根据船期或入仓时间及时发货，同时准备全套货物报关单证提交给货物代理用于出口清关。

五、报检与其他证明

属于法定检验商品的出口商品须办理出口商品检验证书，如木制品，有的客户还要求办理产地证书、熏蒸证明等。

六、投保货运险

按照合同中约定的货物保险险别和保险金额，向保险公司申请投保货物运输险。在投保前，须向保险公司提交商业发票、提单等资料，或填写保险公司提供的保险申请单。保险公司在确认无误后，出具保险单或保险凭证。

七、出口清关

卖方须准备装箱单、发票、合同、报关委托书、出口商品检验证书、产地证（如需要）等资料给报关代理或者自行通过中国国际贸易单一窗口向海关申报。

八、缮制出口单证与结汇

根据订单或信用证的要求准备相应的单据，如商业发票、装箱单、提单、货物运输保险单等单据。若是信用证结算的话，备齐这些资料到议付银行交单议付。若是T/T结算的话，这些资料要直接提交给买方。

九、办理退税

登录中国国际贸易单一窗口下载所属月份的报关单，解密后导入税务局网站。财务办税人员在地方税务网站进行增值税申报、出口免抵退的申报等程序，卖方的外汇回款要通过外汇的备案，待税务局审批通过后，即完成出口退税。

第二节　外贸业务员与外贸跟单员的工作范围

在进出口贸易实务中，外贸业务员与外贸跟单员的工作范围有时没有明显的界线，一些规模较小的外贸公司，外贸业务员往往也是跟单员。

一、外贸业务员的工作范围

外贸业务员主要负责开发市场、寻找客户、获得订单。这也是外贸行业中人数最多的岗位，其主要工作内容有：

通过各种方式获得潜在询盘与客户，可以通过参加各种展会，也可以通过各种电商平台寻找客户，如阿里巴巴国际站、速卖通、抖音海外版等电商平台，还可以写开发信、重新开发公司的沉睡老客户等。

商谈订单（合同）：进一步了解客户的需求与意向，通过邮件、WhatsApp等工具紧密跟进客户，直到同客户达成协议，从而拿到订金或签订订单。

跟单工作：有的外贸公司的业务员也跟单，如一些规模较小且产品比较单一的出口公司，他们通常采取"业务员闭环式跟进"方式，即业务员要跟进订单的所有环节，直至订单交付并收到货款。在这种情况下，外贸业务员也是外贸跟单员。

二、外贸跟单员的工作范围

外贸跟单是指在进出口业务中，在贸易合同签订后，依据合同（订单）和相关单证的要求，对货物的生产加工、装运、货物保险、报检、报关、回款结汇、退税申报等部分或全部环节进行操作及跟踪，以确保贸易合同的履行。外贸跟单员的工作范围比较广，既涉及企业产品的生产制造过程和产品质量的控制，也涉及与货物运输、货物出口、回款结汇有关的部门，如物流公司、船运代理、保险公司、海关、银行等。跟单员在收到客户正式订单后，就要及时把订单下发给生产部门或供货商，并全程跟进订单的生产过程。

负责出货订舱：如果货物的运输方式是海运的话，跟单员根据订单的出货日期向船公司预定舱位，准备报关文件，如商业发票、装箱单、合同、产地证书、熏蒸证明等文件。如果订单是CIF或CIP❶出货条件，外贸跟单员还需要给货物投保海运保险。在实际操作中，这部分工作不仅烦琐而且工作量也不小，且需要跟单员认真仔细跟进出货的每一个细节。

协助财务人员申报退税：根据负责退税的财务人员的要求，跟单员提供货物报关资料，如提供报关单及对应的发票、合同等资料。

协助外贸企业回款结汇：如果是信用证结算，货物发出后，跟单员根据信用证的要求准备相关单据，并协助财务人员到指定银行交单结汇。如果是T/T结算，银行在收到客户的境外汇款时，会通知收款人提供此笔汇款的报关单、发票、合同等资料，这些资料通常都是由跟单员提供给财务人员，由财务人员交给银行。有的外贸企业，这些工作会由外贸业务员去做。

---

❶ CIF和CIP均为国际贸易术语。CIF，是Cost Insurance and Freight的缩写，中文意思为成本加保险费加运费。CIP，是Carriage and Insurance Paid to的缩写，中文意思为运费及保险费付至。

02

第二章

外贸业务寻找订单

【本章要点】▶▶ ⋯⋯⋯⋯⋯⋯⋯⋯⋯⋯⋯⋯⋯⋯⋯⋯⋯⋯⋯⋯⋯

➾ 寻找海外客户

➾ 外贸开发信

➾ 客户询盘与报价

➾ 寄样品/样板

➾ 客户验厂

第一节　寻找海外客户

外贸业务员在寻找海外订单的过程中，会有许多事情要做，如维护公司的电商店铺、上传更新产品、给客户写开发信、回复客户询盘、报价、给客户寄样品、接待客户来访及验厂。这些事情有时是并行去做，有时要交叉进行。下面介绍外贸业务员寻找海外客户的一些方法。

一、借助电商平台

近年来，我国跨境电商交易规模持续扩大。据海关统计，我国跨境电商进出口交易额从2017年的902.4亿元增长到2021年的19800亿元。2022年一季度我国跨境电商进出口交易额同比增长了0.5%，2022年上半年同比增长了28.6%。目前，我国跨境电商已经从高速增长阶段过渡到成熟发展阶段，具备较好的发展韧性。

据商务部统计，我国海外仓数量从2019年超过1000个到2021年超过2000个，总面积超1600万平方米，业务范围辐射全球，其中90%分布于北美、欧洲、亚洲市场。部分龙头企业已经建成先进的信息管理系统，能够实时对接客户、对接商品、对接仓储配送等信息，还创新开展了高质量的售后、供应链金融、合规咨询、营销推广等增值服务。跨境电商金融服务从收结汇向全链条转变。我国银行通过与跨境电商平台合作，为境内跨境电商经营者提供身份认证、店铺授权、海外收款、监管申报、登记、境内收结汇、境内资金划转等一站式全周期的金融解决服务。我国第三方跨境收款服务向退税管理、索赔服务、跨境收单、VAT付款、跨境物流等领域延伸。数字人民币开始应用到跨境电商领域。通过银行与跨境电商进口企业的共同协作，2021年5月，数字人民币在海南首次应用到跨境电商进口支付场景并成功落地，实现了从消费者到平台间的结算闭环，使跨境电商支付过程经济性、安全性更强。此外，目前外贸综合服务企业超过2000家，进一步丰富了我国跨境电商产业生态。跨境电商独立站、直播等新模式、新业态蓬勃发展。据艾媒测算，2021年，我国企业在海外建立的独立站数量已达到20万个，独立站市场份额从2016年的9.8%增长至2020年的20.3%。

据麦肯锡预测，2021—2025年这5年，全球零售电子商务销售额复合年增长率将超过8.1%，其中独立站市场份额将达40%。未来，独立站将成为我国跨境电商品牌出海的重要渠道。在全球疫情的背景下，我国跨境电商直播业态迅速发展，2022年被称为我国跨境直播电商元年。目前，跨境直播电商已成为国内各大平台发展跨境电商的重要途径。

下面介绍常见的出口跨境电商平台，外贸业务员需要了解这些电商平台，学习电商销售知识，积极使用这些平台寻找海外客户及海外订单。

（一）亚马逊

凡从事跨境电商或者有跨境电商消费经历的朋友都应该知道亚马逊。亚马逊目前是全球最大的跨境电商平台，在"2020年BrandZ全球最具价值品牌百强榜"中，亚马逊再次位居榜首，稳坐电商平台头把交椅。

亚马逊立足全球电子商务，在各国设有独立的电商平台，例如亚马逊美国、亚马逊德国、亚马逊日本等。亚马逊的目标市场是比较明确的，那就是面向经济发达国家和地区，所以，亚马逊对入驻商家的要求非常高，商品质量、服务、价格都有特殊要求，想要入驻亚马逊的卖家最好有品牌、有货源优势，否则很难获准入驻，小卖家、个人卖家可以忽略。

（二）全球速卖通

全球速卖通是阿里巴巴旗下的出口跨境电商平台，为来自世界各地的买家提供服务。成立于2010年，覆盖全球220多个国家及地区，海量资源助力中国品牌出海。

全球速卖通被广大卖家称为国际版"淘宝"。像淘宝一样，卖家把宝贝编辑成在线信息，通过速卖通平台发布到海外。类似国内的发货流程，通过国际快递将宝贝运输到买家手上。

速卖通在全球战略中着眼于亚马逊、易贝的空白点，也就是进入非发达国家和地区的电子商务领域，比如俄罗斯、东南亚地区等，这些地区的经济水平相对较为落后，电子商务仍属初级阶段。

（三）eBay

eBay（中文名为电子湾、亿贝、易贝），于1995年9月4日由Pierre Omidyar以Auctionweb的名称创立于加利福尼亚州圣何塞。作为全球最大的在线交易平台之一，eBay帮助人们在全球几乎任何一个国家进行买卖交易。

易贝与淘宝的模式类似，店铺操作较为简单，并且开店是免费的，门槛低，适合于各类卖家，不过入驻流程中需要办理的手续会较多，这一点又不同于淘宝，也反映了易贝对卖家信誉的重视。总体来说，易贝的投入较小。

易贝在美国、英国、澳大利亚、中国、阿根廷、奥地利、比利时、巴西、加拿大、德国、法国、爱尔兰、意大利、马来西亚、墨西哥、荷兰、新西兰、波兰、新加坡、西班牙、瑞典、瑞士、泰国、土耳其均设有适合当地消费者浏览的独立平台，考虑到了不同地区用户的浏览体验。不过易贝的核心市场仍旧是在欧美，卖家在选择时还是要以目标市场为主，如果侧重于欧美市场的开拓，易贝是个不错的选择。

（四）TikTok

TikTok是字节跳动旗下短视频社交平台，于2017年5月上线，愿景是"激发创造，带来愉悦（Inspire Creativity and Bring Joy）"。目前是全球领先的短视频平台。数据显示，仅用4年时间，TikTok即跻身全球App 10亿MAU（Monthly Active Users，月活跃数）"俱乐部"，比Facebook（脸书）整整快了一倍。

TikTok是这几年国际访问量上升最快的互联网网站。短视频+直播带货的带货模式是非常不容小觑的新风口！TikTok曾多次登上美国、印度、德国、法国、日本、印度尼西亚和俄罗斯等地App Store或Google Play总榜的首位。TikTok在全球各地设有办公室，包括洛杉矶、纽约、伦敦、巴黎、柏林、迪拜、孟买、新加坡、雅加达、首尔和东京等。

2021年TikTok全球月活跃用户超10亿，TikTok用户已经覆盖150多个国家，支持75种语言，用户主要分布在美洲、欧洲、中东、日韩、东南亚。

（五）Wish

Wish是2011年成立的一家高科技独角兽公司，有90%的卖家来自中国，也是北美和欧洲最大的移动电商平台。

Wish是基于App的跨境电商平台，更侧重于移动端的流量聚集。在Wish平台上，商品价格低廉、品质有保障，其中很多商品例如珠宝、手机、服装都是从中国发货。虽然商品的价格低廉，但是Wish使用独特的推荐方式能够对产品的质量做到保障，确保用户的利益。Wish在技术上实现革新，更智能的推送技术可以为每一位消费者推送喜欢的产品，实现精准营销并吸引和留住大量用户。

（六）环球资源网

环球资源是一个国际公认的B2B采购平台，已经推动全球贸易50多年。该公司通过贸易展览、数字平台和杂志，通过量身定制的解决方案和可信的市场情报，将世界各地的真正买家和经验证的供应商联系在一起。

（七）敦煌网

敦煌网于2004年创立，是B2B跨境电子商务交易平台。敦煌网自创办伊始就专注小额B2B赛道不动摇，为跨境电商产业链上的中小微企业提供"店铺运营、流量营销、仓储物流、支付金融、客服风控、关检汇税、业务培训"等环节全链路赋能，帮助中国制造对接全球采购，实现"买全球，卖全球"。

通过整合传统外贸企业在关检、物流、支付、金融等领域的生态圈合作伙伴，敦煌网打造了集相关服务于一体的全平台、线上化外贸闭环模式，极大降低中小企业对接国际市场的门槛，不仅赋能国内中小供应商，也惠及全球中小微零售商，并成为二者之间的最短直线。

敦煌网在品牌优势、技术优势、运营优势、用户优势四大维度上，已建立起难以复制的竞争优势。目前已拥有230万以上累计注册供应商，年均在线产品数量超过2500万，累计注册买家超过3640万，覆盖全球223个国家及地区，拥有100多条物流线路和10多个海外仓，71个币种支付能力，在北美、拉美、欧洲等地设有全球业务办事机构。

（八）中国制造网

中国制造网内贸站创立于1998年，是由焦点科技股份有限公司运营的国内综合性第三方B2B电子商务服务平台。网站立足内贸领域，致力于为国内中小企业构建交流渠道，帮助供应商和采购商建立联系、挖掘国内市场商业机会。

中国制造网内贸站为买卖双方提供信息管理、展示、搜索、对比、询价等全流程服务，同时提供平台认证、广告推广等高级服务。帮助供应商在互联网上展示企业形象和产品信息，帮助采购商精准、快速地找到诚信供应商。

（九）兰亭集势

兰亭集势是一家全球在线零售公司，直接向世界各地的消费者提供产品。兰亭集势成立于2007年，可提供多种主要语言的服务，为客户提供了一种以优惠的价格购买各种生活方式产品的便捷方法。

兰亭集势如同一个在线零售大超市，旗下主营网站业务涵盖了包括服装鞋包、珠宝手表、电子及配件、运动户外、玩具宠物、家居假发、文身美甲及婚纱礼服及配件等，近百万种商品。同时，公司支持遍布全球的20多种支付方式。

（十）全球贸易通

全球贸易通是致力于为中国企业出海提供全球化数字营销和跨境电商一站式服务的商

家，提供领先的技术和营销服务，帮助商家、品牌和出口企业利用新互联网技术的力量开拓全球业务，与客户互动，并以更高效的方式运营，帮助企业更简单、更高效地开拓全球市场。

全球贸易通旗下拥有数字营销平台、跨境批发平台、跨境零售等多个业务板块，目前在中国的18个省拥有270个本地化服务中心，服务于40万家中国出口企业，将产品及业务推广并销售到全球120多个国家和地区，2020年全球贸易通促成的贸易额突破300亿美元。

（十一）其他的出口跨境电商

随着欧美市场的逐渐饱和，高增长率而较少竞争的亚非拉地区已经成为各大电商群雄逐鹿之地，如非洲的Kilimall与Jumia，东南亚的Lazada和Daraz，拉美的Linio和BW等新兴市场的本土电商平台也相继对中国商户敞开了方便之门，出口卖家的选择不再局限于传统的出口平台以及美英澳三个主流市场。

除了选择入驻平台，自建网站也是一个好的选择，尤其是面向欧美发达国家。独立建站，特别是对于品牌商，有个独立的门户，可以更好地服务于自己品牌的宣传推广，不过这其中的一大难点是引流，现在流量成本太高，只要能解决引流问题，那么独立站就能带来源源不断的财源。

二、参加各种会展

（一）会展的定义

会展是会议、展览（exhibition，trade show，exposition，trade fair 或 trade events 等）、大型活动等集体性的商业或非商业活动的统称。其概念内涵是指在一定地域空间，许多人聚集在一起形成的定期或不定期、制度或非制度的传递和交流信息的群众性社会活动，其概念的外延包括各种类型的博览会、展销活动、大中小型会议、文化活动、节庆活动等。

特定主题的会展是指围绕特定主题集合多人在特定时空的集聚交流活动。

狭义的会展仅指展览会和会议；广义的会展是会议、展览会、节事活动和各类产业/行业相关展的统称。会议、展览会、博览会、交易会、展销会、展示会等都是会展活动的基本形式，世界博览会为最典型的会展活动，目前国内会展产业链已经相当完善。

外贸业务员可以通过积极参加各种会展寻找新客户、新订单。

在展览会上，客户可以近距离看到参展公司的产品，并且外贸业务员可以和客户进行面对面的交流和沟通。一般去参展、逛展的人员基本上都是行业的相关人士，如果沟通顺利，能够深入了解的话，当下签订单的机会还是比较大的，这样可以省去走访客户、跟进客户等开发新客户的步骤，节约了时间成本与费用。

（二）参加会展的优点

参加会展有以下优点。

1.低成本接触合作客户

公司要接触到合格的客户，参加展会是最有效的方式。调查显示，利用展会接触客户的平均成本仅为其他方式接触客户成本的40%。

2.工作量少、质量高、签单率高

在展会上接触到合格客户后，后继工作量较少。调查显示，展会上接触到的意向客户，企业平均只需要给对方打1.8个电话就可以达成交易。相比之下，平时的典型业务销售方式却需要七八个电话才能完成；同时，客户因参观展会而向参展商下的所有订单中，54%的单子不需要个人再跟进拜访。

3.结识大量潜在客户

研究显示，以一家展商摊位上的平均访问量为基数，只有12%的人在展前12个月内接到该公司销售人员的电话；88%为新的潜在客户，而且展会还为参展商带来高层次的新客户。对于参展公司的产品和服务来说，展会上49%的访问者正计划购买这些产品和服务。

4.竞争力优势——展示想象和实力

展览会为参展商在竞争对手面前展示自身实力提供了机会。通过训练有素的展台职员、积极的展前和展中的促销、引人入胜的展台设计，参展公司可以变得光芒四射。而且，展会的参观者还会利用这个机会对各个参展商进行比较。因此，展览会是一个让参展商展示自身形象和实力的好机会。

5.节省时间——事半功倍

在参展三天的时间里，参展商接触到的潜在意向客户比其6个月甚至1年里能接触到的客户数量还要多；更重要的是，面对面地与潜在客户交流是快速建立稳定的客户关系的重要手段。

6.融洽客户关系

客户关系是许多公司的热门话题，展览会是融洽现存客户关系的好地方。参展商可以用下列方式对客户表达谢意：热情的招待、公司最新产品资料、公司赠品、一对一的晚餐等。

（三）获得展会信息的渠道

获得会展信息的渠道是多种多样的，一般有以下几种。

1.通过互联网查询获得展览资讯

互联网是一种经济、方便、快捷的有效工具，通过它可以跨地区、跨时间进行查询，大大节省通信成本、时间成本和人员成本，准时了解展会资讯与动态，了解展会组织结构、展品大类、展览规模、展览时间地点、联系方法。

这种高效快捷的方法，现被大多数企业所使用。

2.通过传统媒体获得展览资讯

选择订阅行业杂志等收集相关展览会的资讯与广告，进行分类整理遴选，保留适合本企业的展览资讯。

3.同行业交流查询

在行业交流会或行业聚会上，彼此间交流的同时就可以相互间询问展会资讯，达到资讯共享的目的。

4.通过户外广告和公告栏获得展览资讯

另外，为了支持、鼓励企业积极参加海外展览会，有的地方政府还会提供境外展会补贴。

三、通过各国黄页寻找客户

黄页是将一个地区的所有企业资料按照行业性质、产品类别进行收录，包括企业名称、网址、电话、地址、公用邮箱等，相当于一个城市或地区的户口簿。国际惯例用黄色纸张印制，故称为黄页。1883年世界上第一本黄页电话号码簿在美国问世，至今已有140年的历史。

由于黄页上面有各行各业的买家、公司的信息，包括网址、电话、邮箱等，如果企业的产品定位明确，寻找其同行业的经销商或者是相关合作公司时，使用黄页搜索将会非常快速，而且搜索出来的资源也多。所以，很多外贸业务员喜欢在黄页上面寻找客户的联系信息。

这里举一个简单例子，如外贸业务员要开发英国市场的LED灯公司。

1.点击"欧洲各国黄页"

欧洲各国外贸网站	美洲各国外贸网站	亚洲各国外贸网站	大洋洲外贸网站	非洲各国外贸网站
欧洲各国B2B	美洲各国B2B	亚洲各国B2B	大洋洲各国B2B	非洲各国B2B
欧洲各国黄页 点击欧洲各国黄页	美洲各国黄页	亚洲各国黄页	大洋洲各国黄页	非洲各国黄页
欧洲各国搜索引擎	美洲各国搜索引擎	亚洲各国搜索引擎	大洋洲搜索引擎	非洲各国搜索引擎
国际（空运）海运费查询	全球海关网站及海关数据	中国驻外使馆经济商务参赞处	全球外贸B2B	全球进出口查询

2.点击"英国黄页网站项下的yellowpages"

英国黄页网站				
Areaconnect	whitepages	yellowpages	searchyellowdirectory	Yell
business-directory-uk	toplocallistings	searchme4	3clicks	thewholesaler
exportyellowpages	192.com	Yalwa	Yelp	B2B-Directory-UK
Findtheneedle	Cylex-UK		点击黄页网站	

3.输入要查找的产品（如LED灯具产品）

4.通过该黄页网站查到英国LED灯具公司的详细信息

黄页发展史小知识

1883年，美国怀俄明州夏延市（Cheyenne，Wyoming）的一台打印机在打印电话簿时，由于印刷厂库存白色纸张不够，被迫用黄纸替代白纸来打印，没想到黄底黑字效果不错，后来印刷厂纷纷效仿，便第一次产生了"黄页"这个名称。

1886年，美国人 Reuben H. Donnelley 创建了第一个正式的黄页，他的公司 DEX One 主要通过与芝加哥电话公司签约，为芝加哥的电话客户发布电话号码簿；此后他又与贝尔系统公司签约，逐步扩大电话号码的采集范围。

再后来，黄页开始在世界范围内广泛使用，这些目录通常由当地的电话公司发布。例如，美国除了上面的提到的DEX，还有运营商 AT&T 的 AT & T Real Yellow Pages；1966年英国黄页首先由邮政局推出了这个目录，后来成了英国电信的一部分，再后来英国电信私有化，黄页归Yell所有；中国的纸质版黄页由各地中国电信发布。但是黄页也有许多独立的发布者，有些黄页的发布者专门面向一个特定的人群，例如基督教黄页或某个特定领域的商家的黄页。

黄页目录通常每年出版一次，免费分发给该区域的所有住宅和企业，黄页出版商盈利模式是广告。

黄页一般认为是企业、商户、机构、政府的联系方式集合，但也有集合家庭电话的黄页。隐私安全意识越来越强的人们现在应该很难理解，当初电话公司是有权力将安装者的电话号码发布出去的，这一度是安装电话的条件。20世纪90年代中国也有按姓名检索的黄页。体现了20世纪80年代末90年代初韩国社会状态的一部韩剧《请回答1988》中，也曾出现按姓名检索查询电话的黄页。

直到现在，欧洲一些电话公司安装电话时还会让客户选择是否公布自己电话，不过是可选项而非必选项。

随着家庭电话的普及，纸质版的黄页先升级为电话咨询台，如大家熟悉的114。再后来，互联网时代来临，纸质版黄页使用量极速下降，广告商和购物者越来越多地转向互联网搜索引擎和在线目录，黄页出版商纷纷推出了线上黄页或向别的方向转型，例如上文提到的 DEX 除了推出线上版，更在2013年并购了 SuperMedia，开拓数字付费广告生意。而在中国，阿里巴巴创始人就是以"中国黄页"为起点，开始了自己的互联网创业。

2017年9月初，英国黄页出版商 Yell 集团在其官方网站发出了一则颇具历史含义的通告：《黄页》（英国）将会在2019年1月印发最后一个实体版本，届时英国黄页

"104最终版"将发行2300万册，以此方式完结这段起始于1966年的历史。

从此以后，Yell成了一个纯互联网服务公司。

这似乎印证了2007年时比尔·盖茨的预言——"黄页在50岁以下族群的使用率可能会趋近于零。"

四、通过海关数据寻找客户

单独的海关数据资料并不完整，主要用来做数据分析。通过海关数据可以直观了解各个国家的采购商数量、交易次数以及进口数量，进而掌握这个国家的市场需求状况及市场走向，为外贸业务员的市场决策提供关键信息和有价值的参考。同时，还可以帮助外贸业务员了解竞争对手的出口情况、意向采购商还在跟谁合作。

（一）对采购商的分析

经过初步筛选，找到专业买家之后，要去分析客户的采购习惯，通过客户每次采购的数量、重量，判断是否匹配本公司的生产能力，太大的客户有的接不了，太小的又不想去做，合适的才是最好的；通过客户之前从哪些地区进行采购（比如从欧洲采购的客户及从印度采购的客户），来判断客户对产品品质的喜好，了解客户是更在乎品质还是更在乎价格，这些信息对外贸业务员未来给客户报价、成交订单有一定的帮助。

再通过对客户采购时间的分析，判断客户下次采购可能发生的时间，有的客户每年都是下半年采购，有的客户每个月都有采购，不同的客户，与他们联系的时机肯定也不一样，找准联系的时机，客户回复的概率会高一点。

（二）对同行竞争对手的分析

对于已经分析出来的匹配买家，一定去关注这些买家的现有供应商，最好对现有供应商的产品品质和价格做一定的功课之后再去联系买家，向买家展示自己企业有优势的方面，要不然买家没理由放弃原有供应商同你合作。所以，外贸业务员在给买家报价时，该拼质量的就要拼质量，该拼价格的也不要手软。

还可以通过竞争对手寻找客户。找到市场上实力相当的竞争对手，特别是价格比你高、质量差不多的，或者质量不如你、价格差不多的同行。因为实力相当，同行能做的客户，你肯定直接可以做，这就省去了前面的筛选环节，所以，外贸业务员要对企业产品涉及的行业多加了解。同时，对于同行遗失和新增的采购商，也要重点关注。

（三）深度挖掘联系人信息

海关数据自带联系方式，如邮箱、电话等。有了客户邮箱后，还要找相关负责人。小公司一般都是直接找owner、president或者CEO，大公司的话就要找相关部门的职能负责人，如buyer、purchasing department或者一些产品工程师之类的，不同的客户，相关业务的负责人也不一样。

五、通过网络社交平台寻找客户

在外贸4.0时代，社交化客户开发已成趋势，外贸业务员要学会利用各种社交平台寻找潜在客户。你发给客户一封推广邮件，他也许会认为是垃圾邮件或是不回复。但如果你在Twitter上跟他打招呼，你得到回复的概率会很高。所以，外贸业务员要学会通过Instagram、Twitter、Linking、Facebook等网络社交平台找客户。同时，在国外流行的社交网站上，可以有效为企业的网站、产品做推广引流。

下面介绍国外常用的几个社交网站。

（一）Facebook

作为全球最大的社交网站，Facebook（脸书）每月活跃用户数高达13亿。此外，大约有3000万家小公司在使用Facebook，其中150万企业在Facebook上发布付费广告。当前，跨境B2C"大佬"兰亭集势、DX等都开通了Facebook官方专页，Facebook海外营销受到了越来越多跨境电商从业者的关注。

外贸业务员可根据需求，在Facebook上发布评论并分享产品的照片和新闻来获取流量，可以每天发布一次。邀请用户在品牌页面点赞是增加粉丝最简单的方法之一。同时，还可根据性别、年龄、地点投放Facebook广告来定位受众特征，通过点赞、定期评论优质内容与粉丝互动来提高用户黏性，最终达到转化的目的。

 相关链接 ‹••

Facebook营销要点

说起Facebook营销，都说有四要点：嘴甜，多留下一些肯定的评论、留言；脑转，多想多做，利用一切可以利用的资源；手勤，多加活跃人士，多加有影响力的知名人士；腿快，多到好友家里转转。那么具体该怎么做，有哪些要点呢？

1.头像和个人资料

头像不要太商业化，广告性质太强容易引起人的反感；Facebook个人资料在填写的时候要注重突出要表达的产品或者品牌概念，个人资料需设置对所有人可见。

2.写日志

日志是Facebook推广发表软文的最佳场所，多注意原创，并在发布日志后利用分享和消息通知功能让你的好友看到最新的动态。

3.状态

如果日志写得太过火，显得小题大做，发条状态淡化一下，如果嫌状态不显眼，多加点表情。

4.产品推广

文字简明扼要为好，切忌长篇大论，因为没有人愿意浪费大量时间在读文字上；产品链接最好选择短链，因为长链看起来很乱，给人不舒服的感觉；在语言特点方面，由于Facebook是社交网站，因此在描述内容时要有亮点，让好友喜欢或者分享或者点击，切忌语言不温不火，过于平淡化。

（二）Twitter

Twitter（推特）是美国一家提供社交网络及微博客服务的公司，致力于服务公众对话。2006年7月15日，杰克·多尔西推出社交网站Twitter，并且迅速风靡全球。其2022年财报显示，截至2022年第二季度末，推特的可变现每日活跃用户数为2.378亿，较2021年同比增长16.6%。虽然用户发布的每条"推文"被限制在140个字符内，但这不妨碍各大企业利用Twitter进行产品促销和品牌营销。

 相关链接

Twitter营销技巧

Twitter是一个社交平台，跨境电商从业者在使用Twitter时，首先要懂得怎么与其他用户建立联系，吸引大量的粉丝，取得他们的信任之后再进行营销。在开展养号工作之前，你的Twitter账号要有初始定位，比如说：

1.你的产品或公司品牌是如何定位的？

2.目标受众的细分市场在哪里，谁又会是你开展营销活动的典型用户？

3.目标受众在使用Twitter时，具有什么行为习惯？他们更偏爱于哪种形式的活动？

4.他们感兴趣的是什么？你有什么资源可以真诚地分享出来？

要让更多用户关注你的店铺，需要学会Twitter的引流技巧。

（1）完善个人资料。当用户进入外贸业务员的主页后，个人简介是其他人对你的第一印象，也是决定你是否能快速获得他关注的一个重要因素。在个人资料里尽可能包含品牌或店铺名，你的Twitter个人资料会被搜索引擎搜索，因此，个人资料内容应该与外贸业务保持较好的相关性。

（2）持续发文。注册账号后需要定时更新自己的Twitter，让更多的人了解你，定期发文也会让系统认定你为活跃用户，会有更多的流量导入。但是不要一天发几十条，"刷屏"模式容易导致其他人屏蔽你，每次发文的时候，建议使用图文结合的方式，因为配有图像的推文能够得到更多关注。

有趣的内容、图片配上激励人心的格言，就是Twitter用户之最爱。将用户偏好和自身产品内容有效结合做内容发布，并且每天在Twitter上保持活跃度，能快速吸引相关议题的人，同时提高品牌的能见度，增加用户购买的概率。

Twitter的本质是社交，大家只会关注对自己有价值、感兴趣的事情和人，所以发文的内容不能太正式，把用户当成你的朋友，给他们分享好玩有趣的东西，而带有娱乐性的推文应当是所有Twitter营销方案的目标。

（3）关注、点赞及转发。Twitter会根据这三个方面判断是否是活跃用户，想让更多的人关注你，你可以先关注一些目标客户，多给他们评论或点赞，推文被别人发现和转发的可能性就越大，评论的时候不要敷衍了事，可以根据自己的真实想法写评论。

（4）话题标签"#"。"#"用英文可表示为hashtag，即我们常说的话题标签，因为一个话题标签可以贯串Twitter上的同一个话题，让本来毫无关系的人因为同一个标签连接起来，多参与Twitter上的热门话题讨论，可以增加粉丝数量。

参与流行话题和"造节"，特别是下半年国外节日众多，通过话题标签"#"宣传产品或者为营销造势，例如圣诞节期间，用搞笑的圣诞老人、圣诞树等来吸引用户注意力，在图片的礼物盒子中放入自己的产品，文字中插入产品链接等。

（5）不定期活动。粉丝累积到一定数量的时候，要经常举办一些不定期的活动，让Twitter的用户都来到你这里，给他们赠送礼品，他们自然会开始慢慢关注你的产品，最终成功转化为买家。

（三）TikTok

TikTok是发展最快的短视频社交平台之一，正迅速成为众多年轻人首选的社交平台。许多年轻人会花时间在TikTok上，平均每天约52分钟，而且他们会很关注自己最喜欢的TikTok网红。如果TikTok的超级明星推荐某一个产品品牌，其关注者（或粉丝）就很可能会注意到这个品牌，并产生购买此品牌产品的欲望。

1.TikTok的流量对跨境电商的重要性

TikTok从社交基因的SNS平台，摇身一变成为转化率极高的电商平台。在所有的手机应用平台下载安装量上独占鳌头，呈现出一个蝉联榜首的强势趋势。继而使得Facebook都不得不急忙推出新功能，从这一方面可以看出TikTok目前在海外的影响力。

2.充分认知TikTok的流量价值

TikTok是一个非常适合跨境电商推广自己产品的短视频社交平台，外贸业务员可以通过短视频来展示自己的产品，视频经过一些简单的处理就可以发布，从而触达潜在用户。跨境电商外贸业务员也可以通过和TikTok上面的Contentcreators（内容创作者）合作，并通过添加相关的热门标签（hashtags），将视频判定到相对应的标签之中，然后再经系统推送给相关目标用户。

（四）Tumblr

Tumblr成立于2007年，是微博客的一种，沿用了博客的形式，并将其演变成了一种意识流式的琐碎叙述，日志短小精悍、出发点十分随意，可以是一张图片、一句话、一段视频等。

Tumblr是全球最大的轻博客网站，含有2亿多篇博文。轻博客是一种介于传统博客和微博之间的媒体形态。与Twitter等微博相比，Tumblr更注重内容的表达；与博客相比，Tumblr更注重社交。因此，在Tumblr上进行品牌营销，要特别注意"内容的表达"。

比如，给自己的品牌讲一个故事，比直接在博文中介绍公司及产品，效果要更好。

有吸引力的博文内容很快就能通过Tumblr的社交属性传播开来，从而达到营销的目的。跨境电商网站拥有众多的产品，如果能从这么多的产品里面提炼出一些品牌故事，或许就能够达到产品品牌化的效果。

（五）YouTube

YouTube在全球范围拥有超过20亿活跃用户，也是搜索量仅次于Google的世界第二大搜索引擎——这为跨境电商独立站品牌外贸业务员的引流和营销提供了一片沃土。值得一提的是，独立站商家并非必须在YouTube上投放大量付费广告，只要你的视频质量高、频道做得好，就会吸引大量潜在消费者主动关注。

　　YouTube是全球最大的视频网站，每天都有成千上万的视频被用户上传、浏览和分享。相对于其他社交网站，YouTube的视频更容易带来"病毒"式的推广效果。

　　因此，YouTube也是跨境电商中不可或缺的营销平台。开通一个YouTube频道，上传一些幽默视频吸引粉丝，通过一些有创意的视频进行产品广告的植入，或者找一些意见领袖来评论产品宣传片，都是非常不错的引流方式。

 **相关链接**

YouTube如何利用视频引流

　　YouTube是全球最大的视频社交网站，每日视频观看累计时长超过3亿小时，受众范围广，YouTube视频营销也是跨境电商重要的推广营销方式。拍客或买家把产品链接贴在他们的YouTube视频描述里，一方面看到视频的观众可以直接点击链接进入产品页从而直接购买产品；另一方面，由于YouTube是Google旗下的产品，YouTube视频下的产品链接极易使产品被Google收录，从而使产品在谷歌搜索中的排名提升。

1. 视频营销通用原则

　　（1）以观众为中心：观众想知道什么（买家需求）？我们要向观众传达什么？

　　（2）内容是王道：视频一定要提供有价值的信息，所以产品展示一定要突出卖点和亮点。

　　（3）怎样开始很重要：提供解决方案；提出问题；用故事引入；简单的自我介绍；直接进入正题。要做到一开始就引起观众的兴趣。

　　（4）语言简单且口语化：用和观众谈话一样的方式进行，不要太严肃或太正式，幽默的视频容易获得观看量。

　　（5）呼吁观众行动起来：表明自己需要他们的肯定和建议，主动呼吁观众点赞或发表评论，提醒他们通过描述框里的链接访问我们的店铺或购买产品。

　　（6）观看量比较多，点赞的比较多，评论比较多：说明这个视频比较活跃，互动性很强。

2. YouTube常见的营销视频类型

　　建立品牌印象：赋予目标受众娱乐体验和参与感。

　　在营销的第一个阶段，目标客户对外贸业务员和产品并不熟悉，因此外贸业务员在这一阶段的目标就是通过创造娱乐体验、用户教学、网红推荐，提高视频的曝光度和品牌的影响力。以下是几种视频类型案例。

（1）教学型视频

"How-to"教学型视频是常见的视频营销形式之一，外贸业务员可以在这类视频中演示目标受众可能感兴趣的操作和话题，并利用分步骤说明带入产品。

如果外贸业务员正处于尝试的阶段，那么教学类视频是很好的选择。因为外贸业务员所拥有的产品知识对很多消费者而言是专家级别的建议。而这也是创建和品牌相呼应内容的简单方法之一。

外贸业务员应注意视频时长问题。例如 The Home Depot 的大部分视频都是1～3分钟，但如果主题需要，可以适当地延长时间。教学类视频通常较长，平均长度约为7分钟。

（2）娱乐类视频

娱乐类视频大都需要团队的配合，往往可以引起广泛的传播。幽默、有趣或壮观惊叹的视频都可以很好地吸引用户。

（3）网红推荐类视频

让潜在的目标用户了解品牌的最简单方法之一就是赞助网红视频。

这类视频比直接广告拥有更普遍的受众和更好的效果，因为它是由 YouTube 上的红人们进行推荐的。

（4）产品测评

产品测评视频类似于产品视频，但通常情况下不那么正式和精致，更有"接地气"的感觉。

但有一种意外风险是这些专业测评视频在分析产品的优点同时也指出了产品的不足。因此外贸业务员需要对该类视频的投放时机做好把控，最好将视频引向已经对产品有兴趣的客户。

（5）再营销视频

在用户访问外贸业务员的网站后，外贸业务员可以向他们展示与其感兴趣的产品相关的 YouTube 广告。

（六）Vine 应用

Vine 是 Twitter 旗下的一款短视频分享应用，在推出后不到8个月的时间，注册用户就超过了4000万。用户可以通过它来发布短视频，并可添加一点文字说明，然后上传到网络进行分享。社交媒体平台8thBridge调查了800家电子商务零售商，其中38%的商家会利用Vine短视频进行市场拓展。

对于跨境电商，显然应该抓住这样的一个免费平台，即可以通过Vine进行360°全视角展示产品，或利用缩时拍摄展示同一类别的多款产品，也可以利用Vine来发布一些有用信息并借此传播品牌。

比如，卖领带的商家可以发布一个打领带教学视频，同时在视频中植入品牌。

2012年10月10日，Twitter收购了Vine。2016年12月16日，Twitter宣布保留短视频应用Vine，并将其变为Twitter平台上一款简单的工具，改名为"Vine Camera"。用户可以通过该应用将视频上传至Twitter，或将这些视频保存至本地照片库。Vine用户可以链接至Twitter账号，帮助粉丝找到自己。

（七）Pinterest

Pinterest由美国加州帕罗奥多的一个名为Cold Brew Labs的团队创办，于2010年正式上线。

Pinterest是全球最大的图片分享网站，拥有超过300亿张图片。图片非常适合用于跨境电商网站的营销，因为电商很多时候就是依靠精美的产品图片来吸引消费者。外贸业务员可以建立自己的品牌主页，上传自家产品图片，并与他人互动分享。

2014年9月，Pinterest推出了广告业务。品牌广告主可以利用图片的方式推广相关产品和服务，用户可以直接点击该图片进行购买。Pinterest通过收集用户个人信息建立偏好数据库，以帮助广告主进行精准营销。因此，除了建立品牌主页外，跨境电商网站还可以购买Pinterest的广告进行营销推广。与Pinterest类似的网站还有Snapchat、Instagram以及Flickr等。

 相关链接 ◁ ·········

Pinterest营销技巧

Pinterest是目前全球最火爆的图片分享网站，有来自世界各地的图片分享者，也会有很多公司在上面进行商业化分享，宣传本公司产品。那么在Pinterest上营销有什么技巧呢？

（1）营销策略中最重要的组成部分是图片。

（2）目前的主流用户群体是25～55岁的女性。

（3）与其他社媒平台链接。

（4）Pinterest是图片社交网而不是图片储存站。

（5）数量真的很重要——新产品出来了就要上传上去。

（6）你不是在推产品，而是在推一种生活方式。

（7）发动群众的力量——利用好群体板块（group boards）。

（8）当地时间下午2～4点和晚上8～11点是上传的最好时机。

（八）其他

社交媒体营销的范围很广，除了以上渠道之外，还有论坛营销、博客营销、问答社区营销等。这三类社区尤其适合有一定专业门槛的产品，比如电子类、开源硬件等。主打3C电子产品的DX（指外贸B2C网站Deale Xtreme），起家时依靠的正是其创始人高超的论坛营销能力。此外，如果你的目标人群是毕业生或职场人士，全球最大的商务社交网站LinkedIn是一个不错的选择；Google+作为全球第二大社交网站，将社交和搜索紧密结合，也越来越受到营销者的青睐。

六、通过搜索引擎寻找客户

搜索引擎是互联网信息收集的重要工具，它具有搜索功能、地图功能，还可以用来了解趋势等，通过搜索引擎每个人都能获取相关信息。

（一）常用的五种搜索引擎

常用的五种搜索引擎如下。

（1）谷歌：全球最大的搜索引擎，市场占有率超90%。

（2）必应：Microsoft公司旗下搜索引擎，在北美地区市场占有率仅次于Google。

（3）雅虎：适合日本等市场开发。

（4）Yandex：最大的俄语搜索引擎，开发俄罗斯市场必备。

（5）Naver：韩国最大的搜索引擎，在韩国相当于我国的"百度"。

谷歌作为搜索引擎份额占有率最高的公司，不光有海量的使用人群，还收录了非常多的网页信息，其中就包括对外贸企业有价值的潜在客户信息。

（二）利用搜索引擎寻找客户的方法

外贸业务员利用搜索引擎寻找客户的方法有下列几种。

（1）产品名称（products name）+公共邮箱名后缀。

① 产品+通用邮箱后缀。

如：产品名称LED lights（LED灯）

      LED lights @hotmail.com

      LED lights @gmail.com

      LED lights @aol.com

      LED lights @yahoo.com

② 产品+Yahoo各国邮箱后缀。

@yahoo.co.jp，@yahoo.com.cn，如"LEDlights email"

③ Google各国的版本搜索，如Google.cn输入"LED lights Email"。

④ 产品名称+importers+email

    产品名称+distributors+email

    产品名称+wholesaler+email

    产品名称+buyer+email

    产品名称+supplier+email

email还可用@代替

⑤ 产品+地区公共邮箱后缀或"产品名称+buy+地区邮箱"。

美国：@netzero.net @twcny.rr.com @comcast.net @warwick.net @comcast.net @cs.com @verizon.net

德国：@t-online.de @multi-industrie.de

法国：@wannado.fr @mindspring.com @excite.com @club-internet.fr

日本：@ yahoo.co.jp @candel.co.jp

英国：@cwgsy.net @btinternet.com @sltnet.lk

印度：@wilnetonline.net @cal3.vsnl.net.in @rediffmail.com @sancharnet.in @vsnl.com @del3.vsnl.net.in

新西兰：@xtra.co.nz

俄罗斯：@yandex.ru @mail.ru

新加坡：@pacific.net.sg

以色列：@netvision.net.il @candel.co.jp @xx.org.il @zahav.net.il @fastmail.fm

赞比亚：@zamnet.zm

阿根廷：@amet.com.ar @infovia.com.ar

马其顿：@mt.net.mk

几内亚：@sotelgui.net.gn

墨西哥：@prodigy.net.mx

津巴布韦：@africaonline.co.zw @samara.co.zw @zol.co.zw @mweb.co.zw

科特迪瓦：@aviso.ci @africaonline.co.ci @afnet.net

纳米比亚：@mti.gov.na @namibnet.com @iway.na @be-local.com

尼泊尔：@infoclub.com.np @mos.com.np @ntc.net.np

蒙古国：@mongol.net @magicnet.com @mail.mn

汤加：@kalianet.to

阿塞拜疆：@mail.ru

阿曼：@omantel.net.om

南非：@webmail.co.za @vodamail.co.za @iafrica.com

爱尔兰：@indigo.ie @eircom.net

沙特阿拉伯：@nesma.net.sa

瑞典：@caron.se

希腊：@spark.net.gr @otenet.gr

泰国：@ji-net.com @adsl.loxinfo.com

澳大利亚：@bigpond.com @westnet.com.all @cairns.net.au @gionline.com.au @eunet.at

卡塔尔：@ qatar.net.qa

英国：@cwgsy.net @btinternet.com @sltnet.lk

加拿大：@mondis.com @sourcesexpert.com

马来西亚：@tm.net.my

韩国：@hanmail.com/net @naver.com @daum.net（hanmail.net）@kornet.net @korea.com @naver.com @hanafos.com @yahoo.co.kr

巴基斯坦：@cyber.net.pk @wilnetonline.net @cal3.vsnl.net.in @rediffmail.com @sancharnet.in @ndf.vsnl.net.in @del3.vsnl.net.in

阿拉伯联合酋长国：@emirates.net

（2）B2B采购信息+Email到Google搜索。B2B会有公布采购信息中的部分信息，如公司名称、地址等，要想获得此公司的Email可采取在Google搜索此买家的"电话+Email""公司名称+Email"等。

（3）公司名称后缀+产品名称+Email。每个国家的公司名称后缀都不一样，如中国习惯的是Co.，LTD；美国习惯是INC 或LLC；意大利习惯是S.R.L；西班牙是S.P.A。然后把产品名称或产品属于哪个大范围名称输进去，如搜索西班牙LED灯具客户，即输入：S.P.A LED lights。

北美公司名称后缀常为CO.，或INC 或LLC，英国法律规定有限责任公司名称后必须明确标识Limited，因此大部分的公司名称就变成了XXX Company Limited。

在印度、巴基斯坦、斯里兰卡、尼泊尔和孟加拉国，私人企业名称中一般含有PVT 字样。如CHAWLA AGENCIES PVT（印度），DAVANN INTERNATIONAL（PVT）LTD（斯里兰卡）。在马来西亚，企业一般注册为个人企业、合伙人企业或私人有限公司，其中SDN BHD 私人有限公司最为常见，如CSP CORPORATION M ALAYSIABHD，UNITED MS ELECTRICAL MFG（M）SDN BHD。

（4）展会搜索展商Email。先通过Google搜索展览会，找出展商列表，再到Google搜索展商名称+Email。

（5）行业品牌的distributor或dealer的Email搜索。任何行业都有名牌企业，尤其是世界五百强，可以搜索它的Distributor 或输入Dealer 等，一般五百强或是著名企业都会把它们的世界分销商写在自己的网站上。

（6）用alexa找出跟行业品牌链接的网站。在Alexa的Trafic ranking里输入skf.com 可以找出skf.com的related link网站，把这些公司的Email找出来，有可能找到潜在的客户。

（7）在世界各地的协会/工会网站找出协会会员，再到Google搜索Email。

（8）除了Google，还可以用以上方法到Google世界各地的版本去搜索。

（9）利各地的搜索引擎、B2B、黄页、目录指南，用以上的方法在搜索引擎上找到潜在客户的Email。

七、通过免费的B2B网站寻找客户

外贸业务员可以在免费的B2B平台发布产品，也有机会找到客户。有下列免费的B2B网站可供选择。

（1）国内平台：环球资源、中国制造、敦煌网。

（2）东南亚：Tradeindia。

（3）欧洲：Archiproducts、Businessmagnet。

（4）北美：MFG、Buyerzone、Business、Directindustry。

（5）南美：B2brazil。

八、寻找客户的其他方式

（1）利用人脉关系寻找客户。外贸业务员可以通过本企业或个人建立的人脉关系寻找客户。如通过现有客户介绍过来的新客户，相对来说比较精准，并且容易成交订单。

（2）合理高效利用资源寻找客户。外贸业务员可以同朋友交换资源，比如你自己有海关数据，朋友那里有阿里巴巴，你们可以交换一些客户资源，或者交换工具使用，这样可以节省营销费用。

（3）通过海外政府网站、海外行业协会寻找企业名录。

第二节　外贸开发信

开发信就是业务员第一次写给潜在客户的邮件、信函。外贸开发信是指外贸业务员写给潜在客户的第一封邮件、信函，目的是开发这个潜在客户，希望同客户建立业务合作，获得订单，扩展业务。

外贸业务员得到潜在客户的邮箱地址等联系方式后，接下来就要主动出击，吸引客户，争取贸易订单。通常来说，给客户写外贸开发信是开展业务的第一步，是非常重要的一个环节。

一、开发信的写作要求

开发信的写作要求如图2-1所示。

简单 → 开发信的语言一定要简练，不要啰唆。因为很多外国商人没有多少耐心，如果第一封开发信无比冗长，用词深奥，他们根本不会读下去，结果往往是当作垃圾邮件处理了

专业 → 在信中一定要表明是专业的公司，拥有专业的产品和专业的销售及售后人员。写的信简单并不是把自己的专业和基本的礼仪也省略掉，在信的末尾一定要附上自己详细的联系方式，包括姓名、职位、公司名、电话、传真、Email地址、网址和公司地址等信息，给对方一个"很正规"的印象

图2-1

恰当其实是最不容易的！买家总希望和精通产品的人打交道，如果在写第一封开发信时就错误百出，一看就是外行，买家会认为你不是真正的生产厂家，或者对产品并不熟悉，很可能就不会回信。这也是写信前了解客户背景和对客户进行分析的重要性所在，因为如果对这个客户一点都不了解，写出的开发信很可能就会言之无物

一定要充分利用电子邮件传递图片的优势，这样更能说明问题，同时也可以降低成本，图文并茂的效果会比单纯的喋喋不休更直接。另外，发出信件之前，要再仔细地检查一下，看有无拼写或语法错误，尽量把可能给别人的不良印象减到最少，清晰明了的开发信才是一封成功的开发信

图2-1　开发信的写作要求

在第一封开发信发出后，不断地细致跟踪客户也很重要。即使客户现在没有购买的意向，但是因为你经常跟踪往返，客户会对你有很深的印象，一旦他有购买同类产品的需求会第一时间想到你，而且就算客户没有意向购买，他也会推荐你的产品给他的朋友。

二、开发信的格式

开发信的常用格式，首先是说明获得客户联系方式的途径，以免唐突，比如"有幸在广交会上得到您的名片""经同行介绍""在某某网站上看到您的求购信息"等。接下来，简要介绍一下自己的情况，包括公司规模、成立时间（国际贸易商青睐成立时间较久的企业，觉得信用度较高）、自身产品特别是主打产品的简介、对双方合作的诚意以及联系方式等。

需要注意的是，开发信应言之有物，凸显公司与产品的优势，提高吸引力。但也不宜太过详细，长篇大论。须知开发信不是用于作文比赛，其目的是引起客户的注意和兴趣，吸引客户回复联系。因此，有收有放，有所保留，"欲知情况如何，请联系详谈"才是上招。

以下是一封不错的开发信。

Dear Mr. Steven Hans，

We get your name and e-mail address from your trade lead on www.×××.com that you are in the market for ball pen. We would like to introduce our company and products，hope that we may build business cooperation in the future.

We are factory specializing in the manufacture and export of ball pen for more than six years. We have profuse designs with series quality grade，and expressly，our price is very competitive because we are manufactory，we are the source. You are welcome to visit our website www.×××.com which includes our company profiles，history and something latest designs.

Should any of these items be of interest to you，please let us know，we will be happy to give you details.

As a very active manufacture，we develop new designs nearly every month.If you have interest in it，it's my pleasure to offer news to you regular.

Best regards，

Dafu Wong

请注意这封开发信的写法。作为初次联系的信件，它简洁明了，鲜明地展示了自己的特点：自有工厂、款式多、价格有竞争力，并暗示客户绕开中间商直接跟厂家合作。因为不知道客户的详情，特别强调有多种品质，这样无论对方是精品路线还是廉价路线，都有洽谈的空间。此外，并没有谈论太深，而是引导客户去访问自己的网站。最后再抛出诱饵，以不断提供新款设计信息为由吸引客户回复，而客户一旦回复，就极可能确认了应该联系的人——要知道，你原先获得的名称、地址很可能只是个打字员的。

这样的开发信再随附一张展现琳琅满目款式的产品照片，效果会很不错。

小提示

外贸开发信要自己写，而不要抄书上或者网上那种固定的范文。古板雷同的文字只会让客户反感。况且产品种类不同，写法也不一样。如果卖的是工艺品或日用消费品、时尚产品等，不妨轻松活泼，如果你卖的是阀门，那还是严谨专业些比较好。

三、外贸开发信写作的注意事项

（一）写外贸开发信前需要考虑的几个问题

在力求内容简洁、明确的基础上，完成一封完整的开发信时，要考虑以下几个问题。

（1）为什么要写开发信给对方？

（2）开发信计划写什么内容？

（3）写开发信要达成什么目的？

（4）希望潜在客户收到开发信后，对方下一步怎么做？

（二）开发信正文的核心内容

外贸业务员整理好上述问题后，开始着手写开发信。开发信正文的核心内容应该包括以下内容。

（1）明确的称谓，比如：

Hello/Hi ×××（对方的名字）

Hello Kathrine（对方名字）

避免使用 Dear Sir/Madam 比较官方且一看就是群发的词语。

（2）是如何获得对方的联系信息的。

① 如果是引荐的：（引荐人名字）suggested I contact you。

② 如果是展会上获得的联系方式：It was a pleasure to know you at INNOTRANS 2016 in Berlin（城市/国家）或 We met at the AutoInterior Shows in Florida USA in 2019（城市/国家）+ 时间。

③ 如果是网上获得的联系方式，则要换一种婉转的方式。Noticed you are in the market for LED displays（产品）或 Glad to know you are in the Railway industry.

（3）为什么同对方联络。这部分是开发信中最核心的内容。任何一个行业从上游到下游，由于分工协作关系、生产线不同，产品价值点不同，产品/服务优势各有特点。所以，在写开发信的时候，你这样思考一下，对方与你完全不认识，那么当你给对方写开发信邮件的时候，你一定要弄清，产品是否正是客户需要的，客户的规模是怎样的，你们直接存在的共同联结点是什么，这样的话，对方才能明确你的意图。

（4）提及行动号召，比如：

询问客户是否需要产品目录；

询问客户是否有时间电话沟通；

询问客户是否需要你提供产品样板；

希望对方收到邮件后有需求再联系你，还是希望对方给你机会，进一步给他更多的介绍。

若没有向对方表达明确的行动召唤，也许客户看完后也就没有下文了。

小提示

有针对性地发邮件，哪怕一天只发十几封，甚至是几封，效果都要好过没有针对性地发上几百封。

（三）写外贸开发信的注意事项

1. 开发信内容不要过长

客户在浏览邮件时留给每封邮件的时间只有2～3秒。如果你的邮件比较长且英语表述水平有限，再加上几个MB的附件，可想而知这样的开发信的结果会如何。

2. 要有明确的主题吸引客户

在写开发信时，要少用形式化的标题，如We are the manufacturer of …

3. 切忌长篇大论的介绍

在写开发信时，切忌长篇大论的介绍。例如，我们是×××科技贸易有限公司，地处历史悠久的古城洛阳，交通便利，风景优美。我们公司成立于2016年，具有丰富的LED灯具生产和开发经验，产品享誉全球。我公司已获得ISO 9000质量体系认证，严格按照5S管理。真诚欢迎您来我司参观拜访，希望和您建立起长久的业务关系……

在写开发信时，要明确突出产品优势，因为你的最终目的是销售产品给客户的。

如：We supply LED lights for Alstom with high quality and competitive price.Hope to cooperate with you！（我们为阿尔斯通提供高质量且价格有竞争力的LED灯，希望能与您合作！）。

阿尔斯通是世界知名公司，你公司既然能给这样的公司供货，就从侧面告知客户你公司有高质量的产品，还有价格优势。

4. 不要炫耀英文水平

外贸开发信的精髓就是"简单，简单，再简单"。少用冷僻生词，避免各种语法从句层出不穷，要多模仿国外客人的表达方法和语法习惯。能让小学生都看懂的开发信才是最棒的。几句话点到主题，表达清楚就可以了。能用一句话表达的，千万不要写两句，省掉一切多余的内容。

写完开发信后可以多读几遍，检查一下哪句可以删掉，哪句可以换另一种更好的表达方式，要尽量少用第一人称，多用被动语态。

5. 少用奇奇怪怪的字体

写外贸开发信及邮件时，常用的字体有：Arial，Verdana，Calibri，Times new roman。字体颜色一般以黑色、蓝色为主。不要为了醒目而用夸张的字体、醒目的颜色，放大加粗斜体，甚至全篇大写，一封开发信写得五颜六色会让客人很不舒服的。

6. 主动语态不要用太多

在国外客户的邮件中，他们很少会用 We or I（我们或我）这样的第一人称，大多数用的是被动语态。

例如：我们明天会寄样品给您。国外客户一般会说 "The sample will be sent to you tomorrow"，而我们常用的表达方式为 "We will send the sample to you tomorrow"。

7. 不要问毫无意义的问题

在写外贸开发信时，不要问一些毫无意义的问题，比如：

Do you want our products？

Are you interested in our products？

Are you sourcing for LED panel lights？

How is your business recently？

Would you like to cooperate with us？

写开发信的目的是推荐你的产品，而非让客户回答是或者否，否则就等于把自己逼上了绝路。开发信还是要直接一点，告诉客户你是什么公司，做什么产品的，你的优势是什么，产品以往的供货业绩有哪些，只要清楚地向客户表达这几点，就可以让客户对公司有初步的了解，至于其他内容可以以后慢慢谈。

8. 最好不要附件和图片

写开发信邮件时，并不是说附件或图片不好，而是这类邮件很容易被国外的服务器拦截。

9. 尽量不要插入 URL 链接

不要在开发信邮件中插入公司网址的链接，或者在邮件签名中加入链接。这种做法被国外服务器拦截的概率也是很大的，会导致客户收不到你发的邮件。

若客户有了回复，你第二次给他写邮件时插入附件或链接就没有问题了。

10. 语气不能过于生硬

写开发信时，语气不能过于生硬，开发信本身比较死板，在电脑前阅读这些冷冰冰的文件，和面对面或者电话中同客户交谈是完全不同的，要常用 Please，help，kindly，could，thank you，appreciated 等词。比如：

Please give me reply today.

Would you help to give reply today？

11. 一定要记录、整理客户信息

对发过开发信的客户信息一定要记录、整理，对读取邮件并回复的客户要实行重点跟进，对没有回复开发信的客户要分析没有回复邮件的原因。

12. 计算好中国与客户所在地的时差

写开发信时最好计算好中国与客户所在地的时差，在客户上班或即将上班的时候发给客户，这样客户读到开发信并回复的概率就会大大提高。

小提示

对于暂时没有下订单的客户，要保持联系。比如假日的问候，有新产品时向其推荐等，一直保持友好的联系，客户只要有需要，首先就会想到你。

第三节　客户询盘与报价

回复询盘的原则：快、准。

一、接到询盘

接到询盘分以下两种情况。

（一）内容空泛的询盘

接到询盘，如果发现询盘是很空泛的内容，应查一下客户的公司，看一下其网站，了解其经营的产品，然后给一个简单的回复，说明我们可以提供给他们经营的产品。然后要对方提供所需产品的详细信息，并且跟客户说大家都是经营这种产品的，一定知道不同的规格价格是不一样的，没有规格是无法报价的。让客户看本公司的网站，网站上有很多产品可供参考。同时，还可以根据客户网站的产品，给他一个大致的规格，让客户确认是不是需要，如果需要进一步的信息再联系。

（二）内容详细的询盘

如果接到一个规格很详细的询盘，首先需要查看对方的资料。接下来可以制作一个表

格，里面涵盖客户所需产品的详细规格，比客户询盘更详细（没有报价），而且可以将其中一项参数稍稍改动（一定不要是最重要的一项），与客户所需稍有不同，并用有颜色的字体展示出来。然后，在邮件中询问客户：我们可以提供的产品与你的要求稍有不同，如果认为可以，将进一步提供详细信息。通常，客户一定会回信。

一般来说，客户对内容详细的询盘回复都会很快回信，确认是可以的，要报价。这时候就应该给客户一份详细的报价了。

客户发的询价单如图2-2所示。

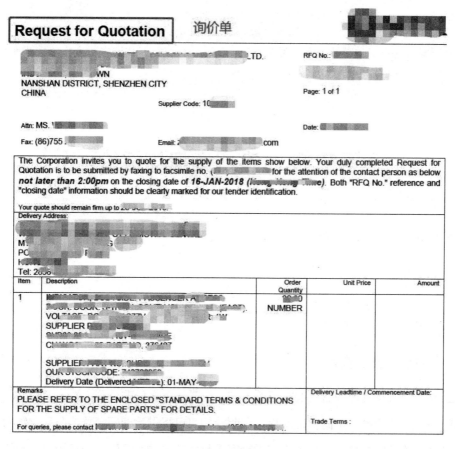

图2-2 询价单

二、报价

外贸有自己独特的报价方式。术语叫发盘（offer），而现实生活中客户多半会用quote或干脆用lowest price代替。一个正式的外贸报价，不但应有完整的价格术语表达式（FOB、CIF、CFR等），还应包括品名、数量等，特别是要加上报价有效时间，因为国际市场变化大，价格常常要随行就市作调整。此外，规定有效时间还可以起到促使客户早日下订单的作用，其潜台词就是"这个价格很便宜，要买就赶快，过几天可能就不是这个价了"。这种正式的报价，教科书里称为实盘（firm offer），行规上比较看重，一经报出，如果客户在报价所规定有效期内回复接受，出价方就不可再作更改了。

（一）报价的基本要求

报价一定要中肯，要快。

（1）价格太高或太低都会直接被客户踢出。

（2）报价不能太慢，十天半个月后才报价，客户可能早就找到卖方了。

（3）要做到报价准确。

小提示

　　要做到报价准确有两个方法：一是经常打探同行的价格；二是经常跟工厂技术人员接触，知道自己产品生产的每一环节的成本，最好有一个关系很好的技术人员，可以每天和你讨论价格。注意不要"压榨"工厂，大家都有钱赚才好，这样才会有长期合作的工厂。

（二）报价前与客户的沟通

每个公司都有自己的一套报价体系，可是有时候客户也会提供自己的报价单让我们按他们的要求来进行报价。值得一提的是，一份完整的报价单除了如产品图片、货号、货物描述、单价、出货港口、单个产品包装、装箱率、外箱用料、毛重、净重等因素外，还要特别与客户沟通以下信息。

（1）产品是否需要作测试，测试费用谁来承担。如果测试费用由工厂承担，要向客户要测试明细，了解一款产品大致需多少测试费。有很多客户会承担测试费用，但也有客户不承担这部分费用，所以，报价前一定要与客户确认是否含此费用。

（2）产品是否需要买保险，保险费用由谁承担。

（3）付款方式若是信用证××天，若公司要做折扣，也要将银行利率这部分算在报价成本内。

（4）产品的包装：这里所说的包装不是指多少个装一个内箱，然后几个内箱装一个外箱的意思，而是单个产品包装，比如blister card，backer card，PVC box，hangtag，UPC sticker，color box等，有些产品包装客户会自己提供，因为他们有自己配套的印刷厂，这时，我们报价时可以减去这部分成本；但有些客户需工厂来承担产品包装的费用，若是这样，报价时就应该加上这部分成本。

（5）有些要查产品进口商关税代码，请注意不要自以为是地说这部分应该是进口商的资料，我们没有义务帮他们查，因为有些大客户就是这么"无理"，他们要求我们填。因此，不明白时，可以写邮件问客户，税率一定要准，否则到时候由于实际税率高于你所查的，这部分差价就得由你自己来承担了。

（6）最后，要问一问客户大概的订单量，这个时候只能是个大概，然后将以上所产生的费用平均到产品成本中去。

（三）价格核算

报价通常使用FOB、CFR❶、CIF三种价格。对外报价核算时，应按照以下步骤进行：明确价格构成，确定价格构成，确定成本、费用和利润的计算依据，然后将各部分合理汇总。以下用实例说明三种贸易术语的对外报价核算。

背景材料：

A贸易公司某年收到B公司求购6 000双中牛皮粒面革腰高6英寸（1英寸=2.54厘米，下同）女靴［一个40英尺（1英尺=0.304 8米，下同）集装箱］的询盘，经了解每双女靴的进货成本为人民币90元（含增值税13%），进货总价90×6 000=540 000元；出口包装费每双3元，国内运杂费共计12 000元，出口商检费350元，报关费150元，港区港杂费900元，其他各种费用共计1 500元。A公司向银行贷款的年利率为8%，预计垫款两个月，银行手续费率为0.5%（按成交价计），出口女靴的退税率为13%，海运费（大连—都柏林），一个40英尺集装箱的包箱费率是3 800美元，客户要求按成交价的110%投保，保险费率为0.85%，并在价格中包括3%佣金。若A公司的预期利润为成交金额的10%，人民币兑美元的汇率为6.43∶1，试报每双女靴的FOB、CFR、CIF价格。

第一步，核算成本。

实际成本=进货成本−退税金额［退税金额=进货成本÷（1+增值税率）×退税率］
$$=90-90\div（1+13\%）\times13\%=79.646（元/双）$$

---

❶ FOB，全称为Free On Board（...named port of shipment），即船上交货（指定装运港），习惯称为装运港船上交货。FOB也称"离岸价"。

CFR，全称为Cost and Freight（...named port of destination），即成本加运费（……指定目的港），指卖方在船上交货或以取得已经这样交付的货物方式交货。

第二步，核算费用。

（1）国内费用＝包装费＋（运杂费＋商检费＋报关费＋港区港杂费＋其他费用）＋

进货总价×（贷款利率÷12）×贷款月份

＝3×6 000+（12 000+350+150+900+1 500）+540 000×（8%÷12）×2

＝18 000+14 900+7 200=40 100（元）

单位货物所摊费用＝40 100元÷6 000双＝6.683元/双（注：贷款利息通常以进货成本为基础）

（2）银行手续费＝报价×0.5%

（3）客户佣金＝报价×3%

（4）出口运费＝3 800÷6 000×6.43＝4.072 3（元/双）

（5）出口保险费＝报价×110%×0.85%

第三步，核算利润。

利润＝报价×10%

第四步，三种贸易术语报价核算。

（1）FOB C3报价的核算：

FOB C3报价＝实际成本＋国内费用＋客户佣金＋银行手续费＋预期利润

＝79.646+6.683+FOB C3报价×3%+FOB C3报价×0.5%+

FOB C3报价×10%

＝86.329+FOB C3报价×13.5%

等式两边移项得：

FOB C3报价−FOB C3报价×13.5%=86.329

FOB C3报价（1−13.5%）=86.329

FOB C3报价＝86.329÷（1−13.5%）

FOB C3报价＝99.802 3（元）

折成美元：FOB C3=99.802 3÷6.43=15.52（美元）

（2）CFR C3报价的核算：

CFR 3报价＝实际成本＋国内费用＋出口运费＋客户佣金＋银行手续费＋预期利润

＝79.646+6.683+4.072 3+CFR C3报价×3%+CFR C3报价×0.5%+

CFR C3报价×10%

＝90.401 3+CFR C（3+0.5+10）

＝90.401 3+CFR C×13%

CFR C 报价−CFR 3 报价 × 13.5%＝90.401 3

CFR C 报价 × （1−13.5%）＝90.401 3

CFR C 报价＝90.4013÷（1−13.5%）

CFR C3 报价＝104.510 2 （元）

折成美元：CFR C3＝104.510 2÷6.43＝16.25 （美元）

（3）CIF C3 报价的核算：

CIF C3 报价＝实际成本＋国内费用＋出口运费＋客户佣金＋银行手续费＋

出口保险费＋预期利润

CIF C3 报价＝79.646+6.683+4.072 3+CIF C3 报价 × 3%+CIF C3 报价 × 0.5%+

CIF C3 报价 × 110% × 0.85%+CIF C3 报价 × 10%

＝90.401 3+CIF C3 报价 × （3%+0.5%+110% × 0.85%+10%）

＝90.401 3+CIF C3 报价 × 0.144 35

等式两边移项得：

CIF C3 报价−CIF C3 报价 × 0.144 35＝90.401 3

CIF C3 报价＝90.401 3÷（1−0.144 35）＝105.652 2 元

折成美元：CIF C3＝105.652 2÷6.43＝16.43 （美元）

第五步，三种价格对外报价。

（1）USD15.52/pair FOB C3 Dalian（每双15.52美元，包括3%佣金，大连港船上交货）

（2）USD16.25/pair CFR C3 Dublin（每双16.25美元，包括3%佣金，成本加运费至都柏林）

（3）USD16.43/pair CIF C3 Dublin（每双16.43美元，包括3%佣金，成本加运费、保险费至都柏林）

（四）制作报价单

1.报价单的最优文档形式——PDF 文档

在制作报价单时一定要考虑你发给客户的文档是怎样的格式，有的人习惯在邮件中附上 Excel 或 Word 文档的报价单，结果发出之后常常没有客户的回音。

究其原因，不少病毒伪装成 Excel 和 Word 文档在邮件中出现，因此欧美大部分公司的邮件系统都采用了垃圾邮件过滤，只要邮件中出现 Excel 和 Word 文档附件，就统统删除。

解决这个问题的最好办法就是把文件制作成PDF文档。PDF文档是世界上最流行的文档之一，目前还没有病毒能伪装成PDF文件或在PDF文件中寄生。PDF文档可以在任何系统中兼容。我们把报价单制作成PDF文档之后加入邮件中发送，客户的邮件系统就不会把邮件误判成垃圾邮件或病毒邮件，邮件就可以顺利进入客户的邮箱，从而打开贸易之门。

2.报价单样式

每个公司、每个产品的报价单都有所不同，但内容基本一样。在此提供一个范本供参考，见表2-1。

（五）怎样对付客户的压价

几乎每一次报价客户都会说高，跟单新手在对产品不是很熟的时候，常常被动地马上降价，虽然会说明理由，如"很期望跟您合作""我们很重视您并且愿意跟大公司合作"……但这样轻易降价之后，客户依然会认为你的产品价格比别人的高，你会因此失去很多客户……所以，一定不要轻言降价。非要降价时必须做到以下几点。

（1）每一份价格都要经过仔细核算，不要报得太离谱。

（2）每一份报价单都要做完整，有公司的抬头等，这样至少客户会认为你很认真，不要直接在邮件里给一个价格，这样客户不好保存，也不好查阅。

（3）每一份报价单都应包含相关产品完整的规格。

（4）每一份报价单都要有期限，可以设定为一个月或两个月。

> **小提示**
>
> 　　不轻言降价的前提是熟悉自己的产品，熟悉每一个生产环节的成本组成。知道了这些，就知道了价格底线在哪里，就不会盲目报出超高价格。价格一旦报出，决不轻言降价。

（六）报价单的管理

价格报出去了，自己一定要留底，你可以设计一份表格来管理所有的报价，表单名称可按客户名来分类，每张表单中有不同日期报给该客户的报价，包含日期、对方的要求、报价的计算（各项成本分别列出，再汇总）。这样当客户在未来的某个日期来函要求对价格进行调整时，就能回顾当时的报价，了解当时报价的基础，再根据现在的情况进行必要调整。报价单管理表如表2-2所示。

表 2-1　Price List（报价单）

报价日期：＿＿＿年＿＿月＿＿日

Supplier（供应商）				Address（公司地址）				
Contact（联系人名称）				Approvals（产品认证）				
Tel（电话号码）				Fax（传真号码）				
Messenger（即时通信）MSN:　　QQ:				Skype:				
Email（邮箱地址）				Website（公司网址）				
Item No.（货号）	Product's Photo（产品图片）	Description Materials, approvals, technical parameters, etc.（产品描述包括产品材料，认证技术参数等）	Specification L×W×H, Dia.（长、宽、高、直径等）	FOB Zhongshan USD（美元离岸价）	QTY./CTN PCS（每箱个数）	CTN's Measure L×W×H（cm）（外箱尺寸）	N.W.（kg）（产品净重）	G.W.（kg）（产品毛重）

Remarks（备注）:

1. Payment terms（付款方式）

2. Single package's type, materials and size（单个包装的方式，材料及尺寸）

3. Inner package's type, materials and size（内包装的方式，材料及尺寸）

4. CTNs/20', QTY./20'（每个20英尺柜中的箱数和产品个数）

5. CTNs/40', QTY./40'（每个40英尺柜中的箱数和产品个数）

6. Delivery time（交货期）

7. Others（其他条款）

表2-2 报价单管理表

客户名称：　　　　　　　　　　　　　　　　　报价日期：＿＿年＿＿月＿＿日

客户要求的产品型号（规格）			
证书要求		报价数量	
结算方式		报价价格	
报价的计算			
成本项目		计算方式	金额
国内费用	原材料费用		
	包装费		
	运杂费		
	商检费		
	报关费		
	港区港杂费		
	其他费用		
	银行贷款利息		
	银行手续费		
	客户佣金		
	出口运费		
	出口保险费		
备注			

报价单管理表最好按客户名的字母顺序来排序，这样找起来非常方便。

第四节 寄样品/样板

在国际贸易中，外贸业务员在同客户交流沟通过程中，都会涉及产品样品/样板的寄送，以供客户检测、确认样品，为以后签订正式订单做准备。

通常来讲，给客户寄送样品时，对于体积不是特别大的产品，都会使用国际快递，国际快递虽然费用较贵，但时效快，客户早收到样品可以早确认，这样可以提高签订订单（合同）的效率。

一、选择国际快递公司

外贸业务员可以根据国外客户的收件地址与货物的重量大小选择不同的国际快递公司。下面介绍一些国际快递及其优劣势。

（一）DHL

DHL，在中国叫中外运敦豪，时效很快，小货价格有优势，发往欧美、东南亚表现不错。

（二）UPS

UPS在南美、欧美的价格相对有优势，但是只针对大货，小货整体优势不明显，排仓时间久。

（三）TNT

TNT发往澳大利亚、欧洲、新西兰、加拿大、中东的价格优势明显。

（四）FedEx

FedEx，东南亚、美国、欧洲价格还可以，但是旺季排仓问题严重。

（五）SF International

SF International（顺丰国际），顺丰发往美国的价格还是可以的。

（六）aramex

aramex是中东专线，顾名思义是服务中东的群体，中东清关能力优秀。

当然，如果样品重量或体积比较大，也可以选择空运。快递和空运都是通过飞机运输送达目的地，但是快递是门到门服务，操作简单，一般只需向快递公司提供发票就可以了；空运则较复杂，要拖运、报关，通常空运只发货到对方的邻近机场。

二、送样方法

（一）发送工厂现有产品

有些客户看到满意的产品，便直接以所寄目录上的型号、款式要求工厂送样、报价。报价一般需由经理级别以上人员核准以后，才能传真给客户。客户确认后，需填写"样品订单"，待样品制作好经质量管理部检验合格后，则以客户需求时间的紧急与否，选择快递方式或普通方式发出。

（二）开发的新产品

部分客户需要企业为其开发新的产品，这时则需要事先核算所需模具的费用，再报价给客户。报价时应考虑正式订单的数量，若超过一定数量，模具费可以分摊在货款中，即客户在订单超过一定的数量后可收回已预交的模具费。然后，将每件样品的单价传真给客户，客户同意并签章确认之后，通知研发部门排"模具开发日程表"。之后需追踪新模具开发的进度，同时要追踪研发部门制作"物料清单"，当这些工作完成后，下"样品订单"给生产部（有些企业是下给工程部）。完成的生产样品须经质量管理部检验合格后，才能发送给客户。

开发新款式时应将客户关于样品的要求资料传真件转送研发部门，通常由研发部门与模具制作部门共同核算所需模具费用。对于客户同意的确认单据须由客户盖章签名后生效并使用。对新开发的产品，至少需保留一件样品，以便作为日后正货订单的依据。

三、寄样后及时确认

（1）当样品寄出之后，用邮件第一时间通知客户你的发样信息，最好将快递单扫描给客户，告知大概何时到达，请客户收到样品后确认。在估计客户收到的时间前后，发传真或电子邮件给客户，请客户确认是否收到样品，同时应将样品寄送情况登记在"样品寄送记录表"（表2-3）上。

表2-3　样品寄送记录表

序号	日期	客户	寄送样品名	数量	寄送单号	预计到货时间	客户确认到货时间	备注

（2）及时了解客户对样品的评估情况，从客户那里得到对产品的具体评价，无论客户对产品满意与否。

> **小提示**
>
> 　　不管样品在短期内是否能带来订单，都要与客户建立起一种稳定的联系，并适时地推荐新产品，发出新的报价单。

四、样品费和快递费的处理

样品费和快递费可以做以下处理。

（1）对于新客户，若样品货值比较低，免收样品费，快递费到付；若样品货值比较高，要收样品费，快递费也到付。如果觉得客户诚意不是很大，样品货值低的情况下也可以适当收一些样品费。

（2）对于资信较好的老客户，样品费和快递费都可以由出口商预付。

（3）新客户如果要求免样品费，可以告诉他，收样品费是公司的规定，如果客户下单，这些费用将在客户付款时抵扣。

（4）如果客户已经下了订单，再要求寄产前样或大货样，快递费一般由出口商承担。

> **小提示**
>
> 　　运费到付的话，要以客户的书面确认（Email或传真）为准，否则会有客户拒付的风险。

第五节　客户验厂

一、客户验厂的定义与内容

（一）什么是客户验厂

欧美采购商会要求对订单生产企业进行必要的评估，这就是所谓的客户验厂。客户验厂又叫工厂审核，俗称查厂，简单的理解就是检查工厂。

客户验厂称为社会责任审核、社会责任稽核、社会责任工厂评估，可分为企业社会责任标准认证和客户方标准审核，主要内容包括童工、强迫劳动、歧视、自由结社、工时、工资福利、环境、健康、安全和管理评审。

客户验厂一般分为人权验厂、反恐验厂、品质验厂等。

人权验厂主要是关于工厂的工资、考勤、福利方面。

反恐验厂主要是关于货物的流向的追溯及货物的存放安全条件等。

品质验厂主要是关于工厂生产质量体系的管理，整体的质量体系是否完善。

（二）验厂主要内容

1.公司的合法性

客户通过对公司营业执照、税收登记证、消防走火图等文件数据的查看，以证实该公司的合法及安全。

2.童工和未成年工

客户绝对禁止公司雇用未满16周岁的童工，能接受雇用16周岁以上18周岁以下的未成年工，但必须有政府部门的批文以及有实际行动确保未成年工的身心健康。

3.歧视

客户不允许公司在录用及提升员工的时候存在性别、种族、年龄、信仰等各方面的歧视。验厂人员一般会查看所有的在职人员人事档案及最近6个月离职的人事档案及劳动合同。

4.工作时间

公司必须按当地的法律法规确保工人的休息时间，每周至少休息一天，每周工作不可以超过60小时。

5.劳动报酬

平时加班及法定假日加班要按当地法律规定的资率支付员工的工资，并且每个月的工资不可以低于当地的最低工资标准。客户一般会查看最近3个月或12个月的员工考勤及工资发放记录。

6.惩戒性措施

客户不接受公司对员工进行任何的罚款、打骂等措施，更不接受公司有强迫劳动的行为。

7.健康与安全

公司要提供健康安全的工作场所以及有必需的环境保护措施及相关的许可证件。对特种职业的员工要有相应的操作证件。

8.反恐

对人员来往以及货物的流通不仅要有相应的程序，还要有相应的运作记录。对公司的实体安全（包括环境安全、设备安全、存储媒体安全和硬件防护），防控管理必须按客户的要求保存记录。

二、客户验厂的目的和意义

欧美外商希望供应商在质量、社会责任（人权）、反恐等方面的管理体系达到一定的要求，因此在下订单之前自己或者委托第三方公证行检查工厂状况，在确认工厂没有大的、严重的问题存在后，才能够将工厂纳入合格供应商名单，才会下订单并长期合作。对于外商来说，验厂的主要目的是保护公司品牌形象。为了减少不必要的麻烦，优化供应链管理，外商在进行采购前都会实施验厂，对合约工厂进行全面的评估，待合约工厂各方面都合格之后再下订单。通过验厂能有效监督合约工厂的劳工、质量等问题，有利于保护和提升企业品牌的价值，避免公司声誉遭受损失。欧美等发达国家通过法律、行政和投资贸易等手段鼓励跨国公司监督国外工厂遵守劳工标准，制裁违反劳工标准的工厂。

那么，工厂为什么一定要接受欧美客户的验厂呢？一般来说，企业通过欧美客户验厂具有以下几个好处。

（1）通过验厂最直接的好处就是得到订单。这是欧美客户供应商管理的关键条件，只有通过他们的验厂，才能有资格成为他们的供应商。只有得到国际买家的认可，工厂才能获得与更多欧美客户做生意的机会。一般来说，如果不能通过验厂审核，会有非常严重的后果，比如不再给供货商新的投标项目，还可能会取消已签订单，冻结现有大货订单，甚至列入黑名单并终止合作关系。因此，工厂要想获得更多的生产订单，就一定要做好验厂这门功课。这是出口外贸企业稳固与国际采购商的合作，拓宽国外市场，为长期发展奠定的坚实基础。

（2）通过验厂获得竞争优势，能强化公司的品牌形象。在国际贸易中，外贸出口企业竞争的形势非常严峻。同时，跨国集团，如阿尔斯通、西门子等都是面向全球选择供货商的。仅是在中国，希望成为他们合格供应商的工厂就有成千上万，竞争异常激烈。只有通过这些跨国集团的验厂，才能有资格成为其供货商。所以，工厂要想成为国际采购商的合格供货商，必须满足客户的验厂要求，达到客户要求的标准，从而在激烈的市场竞争中脱颖而出，最终成为国际采购商的合作伙伴。通过国际验厂和国际认证的工厂，也可以说是一张代表企业经营管理能力的形象名片，能够帮助工厂提升企业的信誉度，以及开发更多的新客户和新市场。

（3）通过验厂还可堵塞漏洞，减少潜在的商业风险、法律诉讼。客户验厂的内容是全面而细致的，除了遵守法律情况、人权维护情况、绿色环保情况、员工招聘及培训情况、档案文件资料等，也包括生产环境安全和生产设备维护等方面。因此，通过验厂活动，可以促使工厂及时发现和修正存在的不足，重视解决好工作条件和设备方面的问题，这样有利于堵塞生产中的不安全漏洞，解除安全隐患，减少生产中意外，提高企业的安全生产效率。同时，通过验厂活动，也可以促使工厂更加关注与员工的劳动关系和福利问题，重视与员工的沟通，提升企业凝聚力。

客户验厂时，企业提交的部分文件，目录如图2-3所示。

2020年上半年员工满意度调查表.docx
2020年营销中心奖金方案.pdf
ISO14001 环境安全管理体系证书.pdf
ISO45001 职业健康安全管理体系证书.pdf
REACH承诺书.pdf
产品设计奖管理规定 B.docx
关于"八禁"规章制度的通知.pdf
关于2019员工体检的通知.pdf
化学品管理规定 E.pdf
环境记录管理程序 B0.pdf
环境监测和测量管理程序 B0.pdf
劳工关系-工会.jpg
培训有效性管理规定 D版.pdf
薪酬管理制度 A.docx
薪酬管理制度A.pdf
信息安全管理程序A.pdf
员工职业健康安全手册B.pdf
招聘管理制度D.pdf
职业生涯管理制度.pdf
职业生涯规划管理办法A.docx

图2-3 企业提交的部分文件目录

虽然验厂审核会加大企业的社会责任和管理成本，但明显的好处是，促进了企业管理系统的提升。通过验厂，企业的法治意识、人权意识、环保意识都会有明显的提高，对社会责任的理解会更加透彻。其次，企业在管理的制度化建设方面会有明显提升，为实现管理的规范化、流程化、标准化，打下坚实的基础。

另外，企业在员工的生产条件和生活保障方面会有实质性的改善。通过验厂提升管理系统，改善与员工的关系，调动了员工的生产积极性，从而提高生产力、提高利润。验厂，实际上是一件四方得利的好事，对社会有利、对工厂有利、对客户有利、对员工有利。

客户或是第三方机构在验厂时，都会让企业填写一些资料，CSR社会责任审核申请表如图2-4所示。

CSR Solutions Limited　　　　　　**CSR Global Solutions Limited (UK)**

CSR Audit - Application Form
CSR 社会责任审核 - 申请表

◆ **Applicant Details (Billing information) 申请方/付款方信息** (Filled by Applicant/由申请方填写)

Company name: 公司名称	
Address & Postal Code: 地址及邮政编码	
Name of Contact/Position: 联系人/职位	
Tel/Fax number: 电话/传真号码	
E-mail address: 电子邮件	

◆ **Buyer / Trading Company Details 买家/贸易商信息** (Filled by Applicant/由申请方填写)

Buyer / Company name: 买家/贸易商名称	
Address & Postal Code: 地址及邮政编码	
Name of Contact/Position: 联系人/职位	
Tel/Fax number: 电话/传真号码	
E-mail address: 电子邮件	

◆ **Details of Factory to Be Audited 被审核工厂的资料** (Filled by the factory/工厂填写此部分)

Factory name: 工厂名称			
Address & Postal Code: 地址及邮政编码			
Business Registration# 营业执照号码			
Name of Management Representative/Position: 工厂管理者代表/职位			
Tel/ Fax number: 电话/传真号码			
E-mail address: 电子邮件			
Products/Services to be Audited/certified 体系覆盖的产品/服务			
Main Manufacture/Service Processes 主要生产工艺/服务流程			
No. of employees involved in the system 体系涵盖的所有员工总数			
Main Buildings 主要基础设施	No. of Production Buildings 生产厂房数量(几栋几层)	No. of Dormitory 宿舍数量(栋)	No. of Canteen 食堂数量(栋)

第 1 页 共 6 页

 **CSR Solutions**
for a sustainable business
CSR Solutions Limited

 **CSR Global Solutions Limited (UK)**

No. of employees involved in the system 体系涉及员工数目							
	Local 本地员工			Migrant* 外来工			Home workers 家庭工 / Total 合计
	Permanent 长期工	Temporary 临时工	Agency 劳务中介	Permanent 长期工	Temporary 临时工	Agency 劳务中介	
Worker numbers – Male 男工数量							
Worker numbers – Female 女工数量							
Total 合计							

Nationality and Language 国籍及语言			
Nationality 国籍 / Countries 国家	Nationality of workers 工人国籍	Approx % of total workforce 占工人总数的百分比	Nationality of Management 管理人员国籍
Country 1: 国家#1			
Country 2: 国家#2			
Country 3: 国家#3			
Country 4: 国家#4			
Country 5: 国家#5			

Shifts and Working Time of Production and Operation 员工班次及起止时间			
Normal Working Time: 正常上下班时间	Morning: 上午:	Afternoon: 下午:	Evening: 晚上:

Shift Rotation Pattern 多班次或轮班安排			
Shift 班次 / Workshop 部门	Shift #1 班次#1	Shift #2 班次#2	Shift #3 班次#3

图2-4

CSR Solutions Limited

CSR Global Solutions Limited (UK)

Form of Worker Representation or Union 工人代表或工会组织				
	☐ Union (name) 工会	☐ Worker Committee 工人委员会	☐ Other (specify) 其它形式,如工人代表	☐ None 无
Name: 组织名称				
Chairman: 主席/总负责				
Established in: 成立日期				

◆ **VAT Invoice information 增值税发票信息** (Filled by the Local Payee 人民币付款, 本栏必须填写)
　　☐服务业增值税普通发票　　☐服务业增值税专用发票
　　(China Local Applicants must tick the checkbox 需要开发票的工厂必须勾选, 信息必须完整填写)

Your VAT Invoice information (贵公司开发票资料)	
公司账号名称:	
公司开户银行:	
开户银行账号:	
开户银行地址:	
公司统一税号:	
公司营业地址:	
公司固定电话:	
发票邮寄地址:	
发票收件人姓名及电话:	

◆ **Audit Request 审核需求**

Standard 标准	Audit Type 审核类型		
	☐ 2-Pillar ☐ 4-Pillar	☐ Full Initial 初次审核 ☐ Periodic 年度复审 ☐ Full Follow-up 完整跟进 ☐ Partial Follow-Up 部分跟进 ☐ Partial Other – Define 其它 ☐ Pre-Audit 预审	☐ Announced 通知审核 ☐ Semi-Announced: Time Window: 2-4 weeks 2-4 周半通知审核 ☐ Unannounced 不通知审核
☐ Sedex/SMETA	SAQ Completed? 是否已完成自我评估问卷?	☐ YES	☐ NO
	Sedex Membership#: Sedex 会员编号	ZC:	ZS:
	REPORT/CAPR Uploaded to Sedex Advance? 报告和 CPAR 是否上传 Sedex 平台?	☐ UPLOAD 上传	☐ NOT UPLOADED 不上传
	Audit Code (if any): 审核代码 (如有的话)	ZAA	

第 3 页 共 6 页

CSR Solutions Limited

CSR Global Solutions Limited (UK)

☐ C-TPAT	☐ Full Initial 初审 ☐ Periodic 复审 ☐ Renewal 换证	☐ Full Follow-up 完整跟进 ☐ Partial Follow-Up 部分跟进	☐ Announced 通知审核 ☐ Semi-Announced: Time Window: 2-4 weeks 2-4 周半通知审核 ☐ Unannounced 不通知审核
☐ SLCP (Social & Labor Convergence Program)	☐ Joint Assessment 联合评估 ☐ Full Initial Verification 初次验证 ☐ Periodic Verification 年度验证 ☐ Full Follow-up 完整跟进验证 ☐ Partial Follow-Up 部分跟进验证 ☐ Partial Other – Define 其它		☐ Announced 通知验证 ☐ Semi-Announced: Time Window: 2-4 weeks 2-4 周半通知验证 ☐ Unannounced 不通知验证
	SLCP Verification Model SLCP 验证模块(必须选择)		☐ Step 1 only ☐ Step 1+2 ☐ Step 1+2+3
	REPORT Uploaded to AH Platform: 验证报告上传到哪一个平台? (必须选择)		☐ FFC AH Platform ☐ SAC Higg ☐ Sedex Advance
	Requested by Brands/Buyer/Client (Optional): 提出验证要求的品牌商/买家/客户(可选项)		
☐ SA8000 ☐ ISO9001 ☐ ISO14001 ☐ ISO45001 ☐ ISO13485	☐ Pre-Audit 预审核		☐ Re-Certification 再认证
	☐ Initial Certification Audit 初次认证		☐ Transfer 转证书
☐ Other Audits 其它审核	☐ WRAP	☐ EICC/RBA	☐ BSCI
	☐ CoC	☐ Special Requirements 特殊要求:	
Additional: 附加要求	☐ Follow-up Audit 复审	Last Audit Date_____ Last Report No. _____	
The requested duration of issuing final audit report and uploading to the website: 要求出报告和网络上传的时间 (Normal duration is 5 working days after the on-site audit 正常时间是现场审核后5个工作日)		☐ Within 5 working days after audit /5 个工作日内出报告 ☐ Within 7 working days after audit / 7 个工作日内出报告 ☐ Within 10 working days after audit /10 个工作日内出报告 **Refer to:** Special Notes #i.	
Date audit/Verification expected: 希望审核日期		_____(dd/mm/yyyy, only for Announced, 仅适用通知类)	

Notes 注意事项:

It is to be pointed out to the company that the following prerequisites must be fulfilled before auditing:
在开始审核之前, 贵公司必须已经完成如下必要事项:

1) For Sedex/SMETA audit, the Company shall have been completed the B/AB Member Registration to Sedex System in advance, and have been completed the On-line Self-Assessment Questionnaire (SAQ).
对于 Sedex/SMETA 审核,请确保贵公司已经注册成为 Sedex 系统的 B/AB 级会员, 以及已经完成网上自我评估问卷 SAQ。

2) For SA8000 Certification Audit, please ensure that the Company has been registered in SAI Training Center and has been completed the Social Fingerprint Self-Assessment.
对于 SA8000 认证审核请确保已经在 SAI 培训中心注册并完成了"社会责任指纹自我评估问卷"。

3) For SLCP Verification, please ensure you have completed the Self-Assessment and confirm the verification is requested from which brands/buyers/clients and to upload to which AH Platform, and the Verification Model.
对于 SLCP 验证,请确保贵公司已经完成了自我评估、了解发起验证要求的品牌商/买家/客户以及报告上传到哪一个托管平台, 采用哪一个验证模式。

第 4 页 共 6 页

图 2-4

CSR Solutions Limited

CSR Global Solutions Limited (UK)

4) Declaration of Consent has been signed by the top management of the auditee.
被审核方管理层已经签署了"同意审核声明书"。

5) For Management System Certification Audit, please ensure that Internal Audit and Management Review has been completed.
对于管理体系认证审核,请公司确保内部审核和管理评审已经完成。

Confirmation by Applicant 申请方确认	
Signature of Authorization 公司授权负责人签名	Date 日期: ▓▓▓▓▓ (dd/mm/yyyy)
Name and Position 姓名/职位	Company Chop 公司盖章

Special Notes 特别说明:

a. Please make sure the factory details in the application form are correct to be listed in the audit report. Otherwise an extra cost of RMB500.00 will be charged for any request of amendment on the report.
请正确填写申请表上的工厂资料,确保其可用于审核报告,否则修改报告需加收人民币 500.00 元。

b. Quotation will be sent via email to Applicant within 3 working days after audit application is received.
报价会在审核申请收到后的三个工作日之内通过电子邮件发给申请方。

c. The quotation is valid for acceptance within 60 days from the date of quotation issued.
报价开出后于 60 个日内有效,请及时确认。

d. Please offer the business license, organization license, factory map and traffic map (from airport/bus station to the factory) to us before on-site audit otherwise the audit could be postponed because of insufficient audit information.
现场审核前请提供被审核工厂的营业执照、组织架构图、工厂平面图和机场或车站到工厂的交通图。

e. Once the audit arrangement is confirmed by both Applicant and CSR Solutions Limited, we will proceed with the audit as scheduled. For any request to change the original agreed audit date, a new audit dated will be proposed by CSR Solutions Limited via email. Under this situation, audit will be conducted after your email endorsement. Please make sure the factory is ready for audit before CSR SULUTIONS's auditor(s) arrival.
申请方接受审核安排后,我们将会如期进行审核。如需变更审核日期,我司会通过电子邮件做最终确认。在审核员到达工厂时,请确保工厂已被知会且容许审核如期进行。

f. In keeping with best industry practice, our audits are normally **Semi-announced** – that is to say that a period of **2-4 weeks** is normally notified within which the audit can be expected, but a precise date is not given.

g. The normal audit arrangement needs 10 working days and we can arrange the audit within 10 working but the surcharge should be added based on the time before on-site audit:
如果申请方要求在两个星期内安排审核,我们需要加收以下费用:(正常程序安排的审核应是付款确认后的 10 工作日后)。

Days prior to the committed on-site audit date 预定审核日期前	Additional Audit Fee 审核费
Within 10 working days 10 个工作日内	20% surcharge 20%费用
Within 5 working days 5 个工作日内	50% surcharge 50%费用

h. There will be no extra charge for any advance cancellation/postponement notice made by Applicant earlier than 6 business days prior to the agreed audit date. On the contrary, auditor man-day(s) reserved for the postponed/cancelled audit shall be chargeable, the fee charges will be according to the following.
如果申请方正式提出取消审核,或更改审核日期,需至少提前 6 个工作日通知我们,否则将按以下规定收费如下:

Days prior to the committed date 预定审核日期前	Audit Fee 审核费
Within 5 working days 5 个工作日内	50% of quoted charge 50%费用
Within 2 working days 2 个工作日内	80% of quoted charge 80%费用
Access Denied (审核当天)工厂拒绝审核	Full Charge 全额

第 5 页 共 6 页

CSR Solutions Limited

CSR Global Solutions Limited (UK)

i. The normal duration of issuing final audit report and uploading to the website is 5 working days; If the applicant requests the final report within 3 working days additional 20% audit fee should be added for the express service.
正常出报告和网络上传的时间是 5 个工作日，如果申请方要求 3 个工作日内出报告我们会分别加收 20%的审核费用。
注 1：若所需发票抬头和申请方信息不一致或以私人账号付款时，请在回传申请表时告知所需发票抬头。
注 2：需要我司开具增值税服务类专用发票的申请方，请将开票所需资料一并与申请表回传。
注 3：请把申请表每页都签字盖章并回传(扫描件或 PDF 文件格式均可)，我们会尽快给您出合同！

j. The prevailing interpretation of clauses in this Application Form should be from **CSR Solutions Limited**.
本申请表格内容的最终解释权归 **CSR Solutions Limited** 所有。

Code of Ethics - CSR Solutions Limited 公司商业道德准则

APSCA Member Audit Firm#11600036, Sedex/SSF Membership#ZC1078692; SLCP Approved Verifier Body ID#VB935859.
我们是 APSCA 会员审核机构(会员编号 11600036)，Sedex/SSF 审核会员(会员编号#ZC1078692)，以及 SLCP 验证机构(会员编号#CB935859)。

1) Statement of the Impartiality 公正性声明

CSR Solutions Limited has fully understood that the impartiality is crucial to the confidence of the system certification. We will conduct the identification and analysis of potential threats to the impartiality and take corrective and preventive actions to manage the impartiality, to ensure the confidence and integrity of the system certification activities.
CSR Solutions Limited 充分理解公正性在实施管理体系认证活动中的重要性。我们对影响公正性的利益冲突进行识别、分析和管理，确保管理体系认证活动的客观性和公正性。

2)Anti-bribery and Anti-corruption Policy 反贿赂反腐败政策:

1. Bribery and Corruption in all forms is prohibited. 任何形式的贿赂和腐败都是不允许的。
2. No person to whom this policy applies may commit, or knowingly assist another person to commit, a breach of this policy. 任何约束在此政策下的人员不可违反或有意协助他人违反此政策。

3)Confidential Statement 保密性声明:

CSR Solutions Limited will never disclose any information acquired in the course of our work for the client unless we have a legal duty or we are authorized by the client to do so. We will never use any such information for our or any other party's advantage. We will always protect our client's privacy by safeguarding any information which we hold in relation to the client's affairs to the best of our ability.
在没有法律职责或客户授权的情况下，**CSR Solutions Limited** 绝不会披露工作过程中获得的任何信息。绝不会为我们或任何一方的利益使用任何这样的信息。我们将永远保护客户的隐私，尽我们所能地保护我们在客户事务中所掌握的一切信息。

4) 全球保密投诉热线 Confidential Complaints Hotline: info@sai-china.net

Reminder for Marketing / CS staff 市场销售或客户人员提醒:
When received this completed Application Form from the Client, please check all the details necessary for the Audit/Verification Services have been filled in and understood
在收回客户填写完成的本《申请表》时，应检查和确认审核/验证服务所需要的基本信息都已经完整和填写清楚。

图2-4 CSR社会责任审核申请表

三、接待客户验厂

验厂有客户自己来验的，有委托第三方来验的，也有客户的中间商过来验的。一旦国外客户来验厂，就表明客户同供货商合作的意向很大，也是签订正式合同的前期准备。客户验厂后下单的概率很大，所以，外贸业务员要认真对待客户的验厂，特别是客户的首次验厂。

（一）准备工作

（1）客户安排的验厂人员，有时是一个人，有时会有几个人。要提前获知客户验厂人员的安排，了解他们的行程，如来验厂的有几个人、联系电话、何时到机场（或车站）、是否需要给他们预订当地的酒店等事项。

（2）安排车辆及司机，并告知他们验厂人员航班信息等行程时间，让司机按时去接。

（3）整理好与客户的函电往来内容、聊天记录，特别是一些表格、单据、文件等，根据验厂内容及流程安排，提前列出会议内容，并打印出来，发给参加验厂的所有人员。

（4）准备宽敞明亮、整洁的会议室，桌上放上鲜花，摆好椅子、杯子，准备好名片、会议资料，同时检查投影仪、话筒、投影笔、相机、录音用MP3设备等设备是否正常。

（5）了解客户所在的国家/地区及饮食习惯、生意习惯和宗教习俗。

附：客人自己验厂的会议内容列表。

会议议程 Meeting Agenda				
No.	时间 Time	主要内容 Main Activities	负责人/发言人 Who	发言时间 during time
		××××.××.××		
1	8:00:00—8:45:00	Pick up at hotel at 8:00 on Wed. 16th. No.28，Fumin Road Futian District Shenzhen 518048，China 周三早上8点到酒店接客户 地址： 邮编： 电话： 传真：	Wenao	45min
2	9:00:00—9:10:00	Introduce each other 互相介绍	Sindy	10min
3	9:10:00—9:50:00	Presentation of Dacheng（3 parts by PPT & Video）大成展示介绍	Sindy	40min

续表

	会议议程 Meeting Agenda			
No.	时间 Time	主要内容 Main Activities	负责人/发言人 Who	发言时间 during time
4	9:50:00—10:10:00	Presentation of H-Hotem and agent's speaking 现代公司介绍	H-Hotem&Marry	20min
5	10:10:00—10:30:00	Factory tour 参观公司（样品间，研发部门，生产、包装线）	Sindy	20min
6	10:30:00—11:45:00	Auditing issues（1.Purchasing，2.financial，3.engineering，4.QC，5.testing and etc)验厂审核	Both party	75min
7	11:45:00—12:45:00	Lunch time 午餐	Both party	60min
8	12:45:00—13:30:00	Lunch break 中午休息	Both party	60min
9	13:30:00—16:00:00	Auditing issues（1.Purchasing，2.financial，3.engineering，4.QC，5.testing and etc)验厂审核	Both party	240min
10	16:00:00—16:45:00	Send guests to the hotel	Both party	45min

H-Hotem Team（客户来访人员）:
Overseas procurement: Mr.×××, general manager for overseas purchasing
QC: Mr.×××, assistant manager for QC
R&D: Mr.×××, deputy general research engineer
Agent: Mr.×××, General manager/Miss Evelyn

Dacheng Team（供货商参加验厂人员）:
Mr.×××, General Manager
Mr.×××, Vice general manager
Mr.×××, PM
Mrs.×××, Sales manager
And each Department Manager

附：客户验厂清单列表

序号	检查项目	内容
1	Company profile 公司介绍	1）General company introduction公司基本介绍
2		2）List of items intended to supply for H-Rotem 向客户建议产品清单
3		3）Existing record of manufacturing & supply with project / customer information（Over recent 5 years）当前项目生产记录与供货/客户信息（5年以上）
4		4）Product brochure，if available 产品手册
5		5）Final product samples of proposed items 产品样品

序号	检查项目	内容
6	Engineering capability 研发能力（组织构架图，工程师背景介绍）	1）R&D Organization chart. No. of R&D employees. 研发组织构架图
7		2）Human resource（Employees）competency（Career record & Training record）人力资源（包括培训记录）
8		3）Design & Analysis Tools available，No. of copies 设计/分析工具
9	Engineering procedure 开发程序（研发程序流程图或生产规格书，并提供纸质文件）	1）Design input data management，how to manage the customer's requirements 设计输入数据管理，如何管理客户需求
10		2）Customer request & Interface control method 客户需求和接口控制方法
11		3）Design submission & approval procedure 设计提交与批准程序
12		4）Configuration（design change）management 配置（设计变更）管理
13		5）Approval sample management 样品批准管理
14	Documentations 文件（提供流程图）	1）Document control procedure 文件控制程序
15		2）Document database 文件数据库
16		3）Sample of following documentations（for each proposed major part）shall be provided 需提交以下文件样本 A. Project management plan 项目管理计划 B. Technical description 技术描述 C. Drawings 图纸 D. Strength calculation or analysis 强度计算与分析
17	Test & verification 测试与验证（提供设备清单、测试文件）	1）List of International standards available 国际标准清单
18		2）List of test facilities 测试设备清单
19		3）List of measuring tools 检测工具清单
20		4）Calibration certificates 校验证明
21		5）Sample of following documentations（for each proposed major part）shall be provided 提交以下文件样本 A. Test procedure 测试程序 B. Test result 测试结果 C. Fire performance certificates 防火认证
22	Production control 生产控制	1）Major dimension & Manufacturing tolerance identification 重要尺寸&生产公差识别
23		2）Sample of following documentations（for each proposed major part）shall be provided 提交以下文件样本 A. Work instructions for assembly 组装工艺指导书 B. Work instruction for Surface finishing（painting，plating，brush，blasting or etc.）表面处理工艺指导书（喷漆、电镀、刷漆、喷砂等）

续表

序号	检查项目	内容
24		1）Quality management procedure 质量管理程序
25	Quality control	2）Non-conformity control procedure 不合格品控制程序
26	质量控制	3）Inspection & measuring criteria 检验＆测试标准
27		4）Sample of Existing inspection records（visual，measurement）shall be provided 现有检验报告样本（外观检验、测量）
28	Manual 说明书	Sample of following documentations（for each proposed major part）shall be provided 提交如下文件样本 A. Installation & disassembly instructions 安装与拆卸说明书 B. Repair procedure 维护、维修程序 C. Cleaning details 清洁说明
29	Others 其他	How to support field modification　怎么支持现场改进

附：客户验厂通知

行政部要提前至少一天下发客户验厂通知给企业全体员工。

各位同事：

大家好！明后两天（10月27日—28日）×××客户将到公司进行验厂，为迎接此次审核工作，给客户展示我司专业统一的良好印象，要求各部门做好以下准备工作。

1. 各部门办公区域做好5S管理工作，由各部门负责人完成部门5S自查工作。

2. 生产线做好工艺点检及按规范操作，做好工艺控制，生产车间各班组做好5S整理工作，安全通道保持畅通，提前准备好客户防静电衣、帽，摆放好自动鞋套机。

3. 厂区大院请PMC组织人员做好清理工作，严禁在大院堆放产品、物料，务必保持整洁、干净。

4. 办公室职员注意工作纪律，穿戴整洁；严禁在办公室吃零食；不能玩手机、聊天！

在客户来访期间，生产、品质、PMC一线全体员工穿工衣，办公室职员要求穿正装衬衣，严禁穿拖鞋、短裤、短裙，统一佩戴厂牌。

请各部门务必重视！谢谢！

（二）客户来了之后，要做好接待工作

按时接客户到企业后，引领客户到预先准备好的会议室，安排座位、互换名片，企业行政部人员准备好茶水、饮料等，提供公司、网站及服务推广资料，拿出一些相关业务联系资料进行面洽，向客户介绍工厂及产品情况，带客户参观公司主要部门并作简要介绍，合影留念，通知客户厂车大概到达时间，催促厂车及时到达。

小提示

如果客户在酒店宾馆下榻，那就要预估从公司到酒店所需时间，同时通知工厂派车去酒店宾馆迎接。

（三）陪客户看厂

（1）在看厂之前，要准备好包、名片、纸巾、口香糖、MP3、手机、数码相机、纸、笔、零钱等。

（2）记好厂方相关负责人（外贸人员、工程技术人员、司机等）的联系电话、手机号码、公司名称、工厂地址等资料并打印出来。

（3）与外商合影最好选择有代表性的场所，如在商贸部办公室里，客户正坐在电脑旁并操作灯饰网时，客户正坐在办公室里与商务中心人员洽谈时，与客户在一楼前台处合影，与客户在其下榻的酒店宾馆合影，与客户在厂家的门口、样品房、模具房、洽谈室、生产线、工程部、质检室等现场合影；另外，在工厂里面拍照的时候，只要有产品样品的地方，在拍照的时候，要尽量避免拍摄工厂样品架上的样品，除非已经征得厂方的同意。

（4）陪同客户验厂时，要注意让其了解以下内容。

① 工厂是否有这种产品的生产线、生产经验和生产能力。

② 工厂产品样品检测过程的观摩，产品获得的认证。

③ 产品的性价比。

④ 需要工程技术人员在一旁对样品进行现场检测，打印出产品检测的技术参数，并加以解释。所用的检测设备、产品的性能及技术参数是客户关注的重点。

⑤ 样品的外表美观程度和内部构造及部件的质量。

⑥ 工厂的模具开发能力。

⑦ 交货的及时性。

⑧ 工厂的规模。

⑨ 工厂的生产经验及历史。

⑩ 产品的OEM加工。

⑪ 货柜的装货数量。

⑫ 单个包装、内外包装方式。

（5）就餐时间，应提醒客户就餐；另外，用餐时要尊重客户的宗教信仰和饮食习惯。

（6）在个别词句没听懂时，要请求客户重复或放慢语速，或者用笔写出来，或者用手势示意客户等。

（7）在与外商告别时，要对其行程表达谢意，表示愿意继续提供相关帮助和服务（如预订房间、机票、兑换外汇、叫出租车等），并建立长期合作关系，希望其能再次来访中国。另外，可顺便探问其接下来的行程，并估计其到达目的地的时间，适时联系，并加以问候，记得将合影发到其邮箱中。

通过初次的见面和采购行程，一般来说，客户都会比较信任我们及我们的服务了，因此，下一步就是如何跟进客户的询盘、订单意向或订单了。

小提示

陪同客户验厂回来后需要及时整理整个行程的经历、思绪和感想，再加上一些合影，及时整理出一篇资讯报道，并发布到公司网站上加以推广；另外，要整理一些费用单据找直属上司、部门经理、部门总经理、行政部办理报销事宜。

03

第三章

合同签订

【本章要点】▶▶ ···

⇨ 签订合同

⇨ 审核信用证

第一节　签订合同

　　贸易业务员经过前一轮的接单工作，接下来就是签订合同或订单。签订合同时，主要是审核订单、确认订单。通常来讲，只要收到客户的定金（如T/T方式，是30%的预付款）或收到信用证，就可以完全确认这笔订单成交了。

　　订单签字页，如图3-1所示。采购订单如图3-2和图3-3所示。

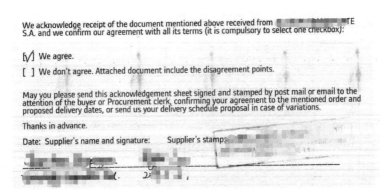

图3-1　订单签字页

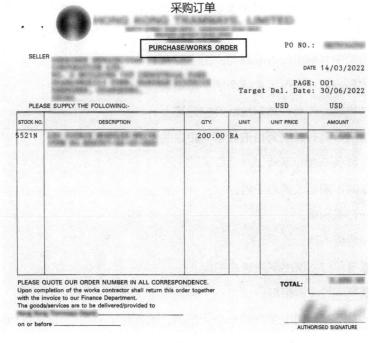

图3-2　采购订单（1）

图3-3 采购订单（2）

一、合同常见差错

在我国外贸企业执行出口合同的实践中，常因一些合同中的漏洞与差错而影响了合同的正常履行。

外贸出口合同中容易出现的漏洞与差错主要有：

（1）合同的客户名称写得不全或个别字母错误。

（2）客户的电话、传真、邮箱地址等忘记写上。

（3）产品价格计算有误或阿拉伯数字与相应的大写不符。

（4）产品包装条款含混不清。

（5）合同条款不明确或前后矛盾。

（6）唛头标记不明确。

（7）目的港选择不当。

（8）装运港规定过死或出现原则性错误。

（9）贸易条款同约定不相符。

以上情形，并不是同时发生在同一个合同内，也往往不易引起我们的注意，然而就是这些漏洞与差错却影响了很多出口合同的正常履行，因此要认真审核。

二、订单的审核内容

外贸业务员在收到客户的订单后，第一件要做的事就是审核订单，主要审核产品名称、规格、数量、单价、币种、金额、交货期、交货方式、单价条款、付款方式、包装要求等内容。

（一）产品名称、规格、数量

国外客户发过来的订单通常是英文的，有些只有一些产品代码，外贸业务员应核对该客户相关资料册，查出产品的中文名称及规格。例如，客户订单中显示"OUR STOCK CODE：7782700050"，根据同客户的商务交流文件与产品备案文件，7782700050对应的供货商货号为SZD08-08-LO-DC110V，为车侧灯。如果是客户从未订购过的产品，外贸业务员翻译产品描述并确认产品名称后，要将对应的产品名称登记在对应客户资料册上，以便第二次下单时有据可查。

有时，客户在订单时，为避免混淆与弄错，会同时把客户产品货号与供货商产品及产品描述写在订单中的"产品描述"一栏中，如图3-4所示。

Item	Description　　　产品描述
1	INDICATOR, BODYSIDE. PASSENGER ACCESS DOOR. DOOR. S-TRAIN. SIL(E).
	COUNTRY OF ORIGIN: CHINA MANUFACTURER: SHENZHEN HENGZHIYUAN TECHNOLOGY CORPORATION LTD.
	SUPPLIER PART NO.: SZD08-08-LO-DC110V OUR STOCK CODE: 7782700050 Delivery Date (Delivered MTRCL): 02-MAY-2020

采购订单中供货商产品货号

采购订单中客户产品货号

图3-4　订单的"产品描述"一栏

（二）单价、金额

客户下订单时，会把产品单价标出，这时，应把企业单价表拿出，对应单价条款，查看客户单价打印是否有误，同时复核金额有没有错；如果客户订单上没有标出单价，就应该拿出企业单价表，查出对应单价，计算出金额。如果是新客户下单，应查核以前给此客户的报价。

核对订单中的单价同报价单一致，如图3-5和图3-6分别为订单与报价单。

图3-5　核对订单中的单价

图3-6　报价单中的单价

（三）交货期

客户下单时一般有规格说明，有具体交货期的要求（见图3-7），有时也可能没有规定交货期。

无论客户是否规定交货期，都应根据订单数量的多少、材料采购进仓的状况、目前生产部的生产排程，再结合客户的交货期要求，报一个实际的工厂交货期给客户。对于急单，能插单则插，不能插单的，要与客户解释协商确定交货期。

图3-7　核对订单上的交货日期

（四）单价条款

主要审查订单的单价是否为对应单价条款（见图3-8）。因为企业的单价表中可能有CIF价、C&F❶价、FOB价、工厂交货价。不同的单价条款对应不同的单价，千万不能混用，比如把工厂价当作C&F或其他价来用。

（五）付款方式

审核订单上的付款方式是否为双方约定的付款方式（见图3-9、图3-10）。对于外贸企业来讲，最有利的付款方式是信用证及预付款方式。对于信誉较好的知名公司，也可以接受T/T付款。

---

❶ C&F：全称为cost and freight，指成本＋运费，后面跟目的地港口名称，也就是说运费要算到目的港，责任也到目的港为止。C&F价通常是FOB价再加上海运费的价格。

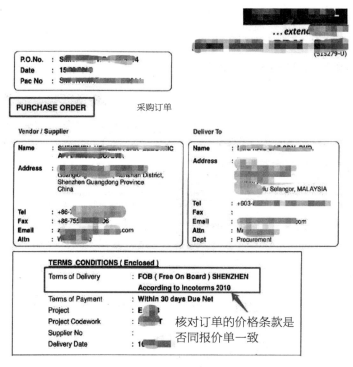

图3-8 审查订单的单价是否为对应单价条款

图3-9 采购订单上的付款条件

采购订单

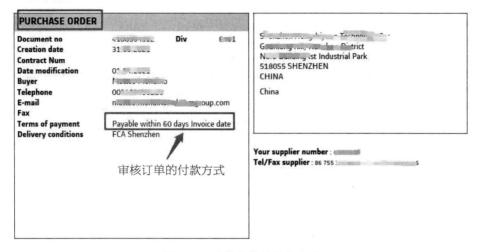

图3-10　审核订单的付款方式

（六）包装要求

主要审查客户的包装要求本企业是否能够满足，客户提供的包装资料是否齐全，有无明显错误。客户的包装资料一般包括内包装、外包装、标签、说明书。内包装主要有白盒包装、彩盒包装、吸塑包装；外包装主要是印刷唛头；标签主要是看客户规定哪些地方需贴标签，印刷要求是什么。很多时候，客户对产品的了解不及工厂那么清楚，会弄错尺寸，因而该修改的一定要修改。

小提示

若客户提供彩盒胶卷，本企业只负责印刷，这较简单一点，但也要审查胶卷尺寸，做出彩盒后能否装下产品。

（七）交货方式

交货方式主要有空运、海运、陆运、邮寄等。若是量少又较急的货物，采用空运；若货多而不急，一般采用海运。在接到订单时，首先要看费用由谁支付，若由客户支付，由客户决定采用何种交货方式；若由工厂承担运费，则尽量采用海运。若产品单价所含运费只是海运费，而客户要求空运时，可以要求客户承担多出部分的费用。

三、合同审核的工具

外贸业务员在审核订单条款时，为了使各条款清晰明了，可自制一份表格（见表3-1）。

表3-1　合同审核单

合同编号：	签订日期：	信用证到期地点：
买方地址：	电话：	传真：
成交方式：	价格术语：	

品名及规格	单价	数量	金额

重量：	溢短装比例：

包装要求：

唛头：

质量要求：

保险	保险金额：
	保险险别：

装运	装运期： 装运港： 目的港： 装运方式：□不可分批装运 　　　　　□可分批装运,可以分_____批,时间规定：

商品检验	检验时间：　　　　　地点：　　　　　机构： 是否要复验：　　　复验时间：　　　地点：　　　　机构： 检验内容： 检验项目： 检验证书要求：

本合同有疑义的地方：

第二节　审核信用证

通常来讲，外贸订单最终获得的标志是收到定金（T/T结算方式）或信用证。

一、催开信用证

如果买卖双方约定采用信用证方式，买方应严格按照合同规定按时开立信用证，这是卖方履约的前提。但在实际业务中，有时买方在市场发生变化或资金发生短缺的情况下，往往会拖延开证。因而，跟单员有必要催促对方迅速办理开证手续。特别是大宗商品交易或应买方要求而特制的商品交易，更应结合备货情况及时进行催证。如遇以下情况，应注意向买方发出函电提醒或催促对方开立信用证。

（1）在合同规定的期限内，买方未及时开证这一事实已构成违约。如卖方不希望中断交易，可在保留索赔权的前提下，催促对方开证。

（2）签约日期和履约日期相隔较远，应在合同规定开证日之前，去信表示对该笔交易的重视，并提醒对方及时开证。

（3）卖方货已备妥，并打算提前装运，可去信征求对方是否同意提前开证。

（4）买方资信欠佳，提前去信提示，将有利于督促对方履行合同义务。

> **小提示**
>
> 　　撰写这类书信时，注意用词要得体，千万不要使用责怪和厌烦的口吻。应该有礼貌地说明所订货物已经备妥，但有关的信用证却没有收到。如果第一封信函没有回音，可以发第二封信函。这次，仍应克制情绪，但可以适当表示失望的心情。

写催开信用证可使用以下常用语句。

（1）As the goods against your order No.111 have been ready for shipment for quite some time,it is imperative that you take immediate action to have the covering credit established as soon as possible.

由于贵方订单第111号的货已备待运有相当长时间了，贵方必须立即行动尽快开出信用证。

（2）We repeatedly requested you by faxes to expedite the opening of the relative letter of credit so that we might effect shipment for the above mentioned order,but after the lapse of 3 months,we have not yet received the covering L/C.

我们已经多次传真要求贵方从速开来有关信用证，以使我们装运上述订单的货。但是三个月过去了，仍未收到有关信用证。

（3）We hope that you will take commercial reputation into account in all seriousness and open L/C at once,otherwise you will be responsible for all the losses arising therefrom.

希望贵方认真考虑商业信誉，立即开证，否则，由此产生的一切损失均由贵方负责。

（4）The shipment time for your order is approaching,but we have not yet received the covering L/C.Pls do your utmost to expedite the same to reach here before the end of this month so that shipment may be effected without delay.

贵方订单的装船期已经临近，但我们尚未收到有关信用证，请尽最大努力从速将信用证在本月底开到，以便及时装运。

以下提供两个催开信用证的函件供参考。

Dear Mr. Smith,

We are so glad that we made a conclusion with you and signed the contract No. NEO2001/026. Please note that the delivery date is approaching and opening the relative L/C immediately is necessary.

To avoid the subsequent amendment, please make sure that the stipulations in the L/C must be strictly conformed with those of the contract.

Yours faithfully,

亲爱的史密斯先生：

我们非常高兴和贵公司的合作终于有了结果,我们签订的合同号是"NEO2001/026"。

请注意装运期越来越近,您有必要尽快开立信用证了。

为了避免将来改证,请确保信用证中的条款和合同中的条款一致。

Dear Sirs:

Your Order No. AB 153

With regard to your order No. AB 153 for 3,000 metric tons of cotton we regret up to this date we have received neither the required credit nor any further information from you.

Please note that, as agreed, the terms of payment for the above order are sight Letter of

Credit established within 2 weeks upon the arrival of our Sales Confirmation.

We hereby request you to open by cable an irrevocable sight Letter of Credit for the amount of ... in our favor, with which we can execute the above order according to the original schedule.

Yours truly,

敬启者：

合同第 AB 153 号

有关贵方 3 000 吨棉花的订单 AB 153 号，我们对至今尚未收到信用证，也未听到贵方任何消息感到遗憾。

请注意，上述订单的货款经双方同意是以即期信用证方式支付，而信用证必须在收到我们的销货确认后两个星期内开出。

我方在此恳请贵方电开金额为……以我方为受益人的不可撤销即期信用证，使我方得以按原定计划执行上述订单。

二、受理信用证通知

如果你自己直接出口，国外的信用证开到你自己的名下，那么你的开户银行收到信用证后会直接通知你，并把正本或复印件（一般是复印件，如无必要，正本建议留在银行保存）交给你。如果你是通过代理出口，信用证开到代理名下，那么就要及时敦促代理去查询，收到后让代理传真给你。在实务中，因为代理不熟悉你的客户，所以交接上容易出现问题。代理接到信用证却不知道是谁的，导致耽误，所以，一旦得知你的客户开证了，就要把名称、金额告诉出口代理，盯紧进度。一般来说，从客户开证，到自己收到信用证，快则1周，慢则10天。

跟随信用证一起交给你的，通常还有一页"信用证通知书"，这是你的银行出具的，主要列明了此份信用证的基本情况如信用证编号、开证行、金额、有效期等，同时盖章。除了银行公章外，还会有个"印鉴相符"章或"印鉴不符，出货前请洽我行"一类的章。什么意思呢？因为目前信用证一般是通过电报传递的（通行的是SAIFT电传，一个银行专业的电讯服务机构，有特定的编码格式），理论上有伪造的风险，冒充银行名义开信用证。因此银行间会预留密码和印鉴，以兹核对。不过现实生活中这种现象很少见，因为信用证能通过SWIFT开立，基本就是真实的，印鉴不符的原因恐怕多为交接操作问题。所以，碰到"印鉴不符"的情况，也不必紧张，必要时咨询一下银行即可。

三、阅读信用证

收到信用证后要马上阅读，具体可根据编号看信用证，一目了然。可以用办公用品中常见的那种绿色荧光笔，把重要部分，比如日期、金额、单证项目等涂抹出来，这样平时备货制单的时候方便查询。通过"编号看证"法，用不了几次就熟悉信用证了。以后拿到新证，轻车熟路地直"扑"40A条款看信用证类型，50条款看客户名，59条款看受益人，45A条款看货物品名，32B条款看金额对否，31D条款看"大限"（效期），44C或44D条款看交货期，46A看单证，47A看要求，48看交单期限（即货物装船后什么时限内要备齐所有单证交给银行，这一点非常重要）等。一份信用证的核心内容基本如此。

在实际工作中，我们还可以通过制定信用证分析表的方法来对信用证各条款的内容有更清晰、明了的了解（见表3-2）。

表3-2　信用证分析表

1. 信用证文本格式　　□信开　　□电开　　□SWIFT
2. 信用证号码 _____
3. 通知银行编号 _____ □未注明
4. 开证日 _____
5. 到期日 _____
6. 到期地点 _____ □未注明
7. 付款方式　　□付款　　□承兑　　□议付
8. 货币 _____
9. 金额（具体数额）_____
10. 最高限额规定（具体数额）_____ □未注明
11. 金额允许增减幅度_____ □未注明
12. 交单期（中文）_____
13. 开证申请人（名称）_____
14. 受益人（名称）_____
15. 开证银行（名称）_____
16. 通知银行（名称）_____ □未注明
17. 议付银行（名称）_____ □未注明
18. 付款/偿付银行（名称）_____ □未注明
19. 货物名称 _____
20. 合同/订单/形式发票号码_____ □未注明
21. 合同/订单/形式发票日期_____ □未注明

续表

| 22. 价格/交货/贸易术语 _____ | □未注明 |

22. 价格/交货/贸易术语 _____ □未注明

23. 最迟装运日 _____

24. 装运港 _____

25. 目的港 _____

26. 分批装运　　□允许　　□不允许

27. 转运　　　　□允许　　□不允许

28. 运输标识 _____ □未注明

29. 运输方式　　□海运　　　□空运　　　□陆运

30. 向银行提交单据列表（用阿拉伯数字表示）

名称	汇票	发票	装箱单	重量单	尺码单	承运人证明	船公司证明	船程证明	受益人证明	寄单证明	装船通知
份数											
名称	海运提单	空运提单	产地证	贸促会产地证	普惠制产地证	商检证	官方商检证	商会商检证	保险单	投保通知	寄单快件收据
份数											

四、信用证审核

在实际单证业务中，由于各种原因，买方开来的信用证常有与合同条款不符的情况，为了维护己方的利益，确保收汇安全和合同顺利履行，跟单员应对照合同对国外来证进行认真的核对和审查。从以下案例就知道确保信用证与合同条款相符是多么重要。

20××年底，ABC出口公司与香港某客户成交一批商品，价值318 816美元，买断香港，然后再由该客户转口去西非。合同中的包装条款订明：均以三夹板箱盛放，每箱净重10千克，二箱一捆，外套麻包。香港客户如期通过中国银行香港分行于第二年2月6日开出G-05-HL1203号不可撤销跟单信用证。ABC公司发现信用证的包装条款与合同有出入，信用证的包装条款为：均以三夹板箱盛放，每箱净重10千克，二箱一捆。在这个条款中没再要求外套麻包。有关人员经过推敲，认为信用证收汇方式应遵循与信用证严格相符的原则，当信用证与合同有出入时，应凭信用证，而不凭合同，以保证安全收汇。

因此，该批货物的包装就根据信用证的条款办理，办装箱打捆，不加套麻包。一切有关单据都按信用证的条款及实际情况缮制，即"均以三夹板箱盛放，每箱净重10千克，二箱一捆"。该批货物共500捆，于第二年3月15日装"锦江"轮H航次运往香港。

ABC公司持全套单据交中国银行上海分行办理收汇。中国银行上海分行审核后未提出任何不符点，因信用证付款期限为提单后的30天，不做押汇，全套单据由中国银行寄开证行，整个过程并无异常。

但第二年3月23日，即货物出运后的第八天，香港客户致电ABC公司声称："兹告发现所有货物未套麻包，现通知你，我们的客户不会接受此种包装的货物。请告知你们所愿采取的措施。"

ABC公司在次日就电复指出："有关货物，根据你信用证规定的包装条款办理，鉴于此，我不能承担任何责任。"

香港客户当天立刻再来电拒绝ABC公司的答复，并提出索赔。次日，香港客户又来电，除重申信用证包装条款外，还指出信用证订有"其他均按销售确认书SC6542号"，并声称："因此，你们应按照合同及信用证详细规定办。我们在任何时候都不能接受错误是由我们造成的这样的说法，因合同和信用证都详细规定了包装条款。我们坚持货物风险由你们承担，要求你们确认承担所有重新打包的费用。"在该电的结尾中，要求"ABC公司把货转交香港德信行"，另于"4月15日前重新发货。"在该电中，除重申打包费用损失外，还进而表示了退货的主张。显然，香港客户想利用其提单后30天远期付款的有利地位迫使ABC公司接受其赔偿要求。

按香港客户开列的费用条件估算，约折合20 860美元。ABC公司认为客户的要求不仅费用损失较大，而且于理不合，因此在第二天再电告香港客户，指出："经查核，对过去多次来证均按合同规定在信用证内列明具体包装条款。而这次G-05-HL1203号信用证中未注明外套麻包，我们理解为你对该包装有特殊要求，并完全按你信用证规定办理。至于你上述信用证内载明：其他详情均按销售确认书SC6542号办。因你信用证已详细列明包装条款，据此，我完全按你来证要求办理，对你上述电传提出的要求歉难考虑。"

该电抓住"其他"一词不放，令对方也感到自己有欠妥之处。沉默一天后才来电称："G-05-HL1203信用证，我已通知我方银行，单据与信用证不符。"ABC公司迅即复电，说明单证完全相符，要其如期履行付款。

4月8日香港客户来电称："重新包装的材料人工费110 000港元，仓租和搬运费60 500港元，诚如你们所知，我们所获的薄利极有限，因此我们没道理再全部承担此项额外开支，请确认你方将承担该费用。"

显然香港客户在电文中采取了协商的口气，态度已软化。据此，并考虑到卖价中也包含了麻包的因素，ABC公司因势利导，与香港客户进行了友好的协商。在香港客户最终实际支付材料等费用计35 000美元的基础上，由ABC公司贴补费用4 000美元，较顺利地友好结案。

出口商审核信用证时的主要依据是国内的有关政策和规定、交易双方成交的合同，《UCP600》（《跟单信用证统一惯例》2007年修订版的简称）以及实际业务中出现的具体情况。

审核信用证通常应遵守图3-11所示原则。

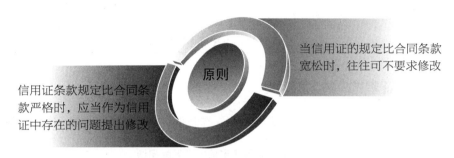

当信用证的规定比合同条款宽松时，往往可不要求修改

信用证条款规定比合同条款严格时，应当作为信用证中存在的问题提出修改

原则

图3-11　信用证审核原则

（一）信用证审核的基本要点

信用证审核的基本要点如表3-3所示。

表3-3　信用证审核的基本要点

项目		基本要点
信用证本身	信用证性质	（1）信用证是否不可撤销 （2）信用证是否存在限制性生效及其他保留条款 （3）电开信用证是否为简电信用证 （4）信用证是否申明所应用的国际惯例规则 （5）信用证是否按合同要求加保兑
	开证申请人和受益人	要仔细核对名称及地址
	到期日和到期地点	（1）信用证的到期日应该符合买卖合同的规定，一般为货物装运后15天或者21天 （2）到期地点一定规定为出口商所在地，以便做到及时交单
专项审核	信用证金额、币种、付款期限	是否与合同一致
	货物项目	货物名称、货号、规格、数量、包装（含唛头）等是否与合同一致
	装运项目	装运/卸货港、装运期限、分批转运的规定是否与合同一致

项目		基本要点
专项审核	单据项目	信用证项下要求受益人提交议付的单据通常包括商业发票、海运提单、保险单、装箱单、原产地证、检验证书及其他证明文件。审核时要注意单据由谁出具、能否出具、信用证对单据是否有特殊要求、单据的规定是否与合同条款一致等
	对信用证批注的审核	对信用证上用铅字印好的词句内容和规定，特别是信用证空白处、边缘处加注的字，缮写或橡皮戳记加注字句应特别注意。这些词句往往是信用证内容的主要补充或修改，如不注意可能造成损失

（二）信用证审核中常见的问题

信用证审核中一些常见的问题（见表3-4），在我们的审核过程中要特别加以注意。

表3-4 信用证审核中常见的问题

序号	项目	常见问题
1	信用证的性质	（1）信用证未生效或有限制性生效的条款 （2）信用证为可撤销的 （3）信开信用证中没有保证付款的责任文句 （4）信用证内漏列适用国际商会UCP规则条款 （5）信用证未按合同要求加保兑 （6）信用证密押不符
2	信用证有关期限	（1）信用证中没有到期日（有效期） （2）到期地点在国外 （3）信用证的到期日和装运期有矛盾 （4）装运期、到期日或交单期规定与合同不符 （5）装运期或有效期的规定与交单期矛盾 （6）交单期过短
3	信用证当事人	（1）开证申请人公司名称或地址与合同不符 （2）受益人公司名称或地址与合同不符
4	金额货币	（1）信用证金额不够（不符合合同、未达到溢短装要求） （2）金额大小写不一致 （3）信用证货币币种与合同规定不符
5	汇票	（1）付款期限与合同规定不符 （2）没有将开证行作为汇票的付款人
6	分批和转运	（1）分批规定与合同规定不符 （2）转运规定与合同规定不符 （3）转运港口与合同规定或成交条件不符 （4）目的地与合同规定或成交条件不符 （5）转运期限与合同规定不符

续表

序号	项目	常见问题
7	货物	（1）货物品名规格不符 （2）货物数量不符 （3）货物包装有误 （4）贸易术语错误 （5）使用术语与条款有矛盾 （6）货物单价数量与总金额不吻合 （7）证中援引的合同号码与日期错误 （8）漏列溢短装规定
8	单据	（1）发票种类不当 （2）商业发票要求领事签证 （3）提单收货人一栏的填制要求不当 （4）提单抬头和背书要求有矛盾 （5）提单运费条款规定与成交条件矛盾 （6）正本提单全部或部分直寄客户 （7）产地证明出具机构有误（国外机构或无授权机构） （8）漏列必须提交的单据（如CIF成交条件下的保险单） （9）费用条款规定不合理 （10）运输工具限制过严 （11）要求提交的检验证书种类与实际不符 （12）保险单种类不对 （13）保险险别范围与合同规定不一致 （14）投保金额未按合同规定

五、处理信用证的遗漏或差错

如果按上述各条目检查的时候发现有任何遗漏或差错，那么应该就下列各点立即作出决定，采取必要的措施。

（1）能不能更改计划或单据内容来相应配合。

（2）是不是应该要求买方修改信用证，如果要求修改信用证，应注意以下几点。

① 凡是需要修改的内容，应做到一次性向客户提出，避免多次修改信用证的情况。

② 对于不可撤销信用证中任何条款的修改，都必须取得当事人的同意后才能生效。

③ 对信用证修改内容的接受或拒绝有两种表示形式：受益人作出接受或拒绝该信用证修改的通知；受益人以行动按照信用证的内容办事。

④ 收到信用证修改后，应及时检查修改内容是否符合要求，并表示接受或重新提出修改。

⑤ 对于修改内容要么全部接受，要么全部拒绝，部分接受修改中的内容是无效的。

⑥ 有关信用证修改必须通过原信用证通知行才具真实、有效；通过客户直接寄送的修改申请书或修改书复印件不是有效的修改。

⑦ 要明确修改费用由谁承担。一般按照责任归属来确定修改费用由谁承担。

小提示

若有疑问，可向本单位的联系银行或通知行咨询。但有一点请记住：只有申请人和受益人及有关银行共同同意，才有权决定修改。

（3）要让客户修改信用证，跟单员要做的一项重要工作就是拟写改证函。一份规范的改证函主要包括以下三方面内容。

① 感谢对方开来信用证。

② 列明不符点并说明如何修改。

③ 感谢对方合作，并希望信用证修改书早日开到。

以下提供两个范本供参考。

Dear Sir:

RE: EXTENDING VALIDITY F THE L/C

We regret to say that we have not received your L/C related to above mentioned Sales Confirmation until today. It is stipulated clearly in the Sales Confirmation that the relevant L/C must reach to us not later than the end of August. Reaching time of the L/C is overdue, we would like still to ship your goods in view of long-standing friend relationship between us. However, we can not make shipment of your goods within the time stipulated in the Sales Confirmation owing to the delay of the L/C. Therefore, the L/C needs to be extended as follows.

（1）The time of shipment will be extended to the end of Oct.

（2）Validity of the L/C will be extended to NOv 15.

Your kind attention is invited to the fact that we must receive your L/C amendment before Sept 30.Otherwise, we will not be able to effect the shipment in time. Looking forward to receiving your L/C amendment early.

Yours truly

敬启者：

我们遗憾地告诉你方，直到今天我方才收到你方有关上述售货确认书的信用证。在所述确认书上清楚地规定有关信用证应不迟于8月底到达我处。虽然你方信用证到达的期限已过，但鉴于我们之间的长期友好关系，我们仍愿装运你方订货。然而，由于信用证迟到，我们不能按售货确认书所定时间装运货物。因此，需将信用证展期如下。

（1）将装运期延期至10月底。

（2）将信用证有效期展至11月15日。

请注意我们要求在9月30日之前收到信用证修改件。否则，我们无法如期装运货物。

期盼及早收到你方信用证修改通知书。

Dear sir,

Your letter asking for amendment to the L/C No. 0088-IA has been received with thanks.

We feel sorry for the discrepancies existing between the L/C stipulations and terms & conditions of Sales Contract No. 123.

We wish to inform you that we have submitted an application form to the issuing bank asking for the L/C amendment in accordance with your instructions in your letter of October 20, 2003. You may rest assured that ABC Bank, Osaka, Japan will send the amendment notification to you soon.

Please inform us immediately of the arrival of the L/C amendment.

Sincerely yours,

敬启者：

你方要求修改0088-IA号信用证的信函已经收悉，谢谢。

对于信用证和123号销售合同条款之间的不符之处，我们深感抱歉。在此，我们通知你方：我方已经根据你方2003年10月20日来函的要求向开证行提交了申请表，要求对该证予以相应修改。你方尽可放心，ABC银行很快就会将修改件发送给你方。

如收到信用证的修改件，请立即通知我方。

六、妥善保管信用证

信用证的正本是银行凭以办理结汇的凭据，无论是交单结汇还是押汇，银行都要求提供信用证的正本。因此信用证正本十分重要，必须妥善保管，不可丢失。

信用证保管的注意事项如下。

（1）所有的信用证必须按不同客户进行分类保管。

（2）如果信用证有修改，要将修改书与原证一起保存。

（3）在该证项下货物装运出口并制单结汇完毕后，要将正本与合同副本、留底单据副本以及来往函电装订成册存档。

（4）用完的信用证不得随便销毁，应与留底单据一同装订好妥善保存。

04

第四章

备货与跟单

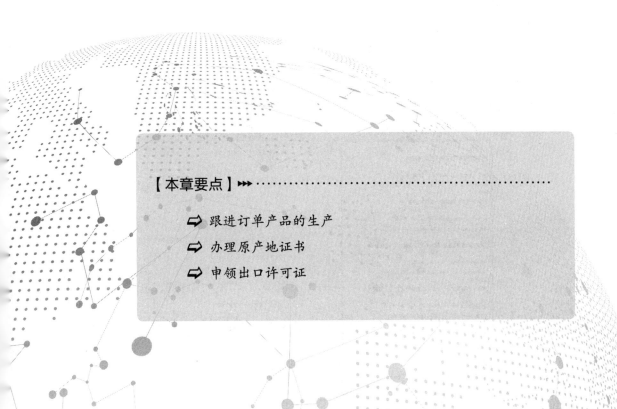

【本章要点】▶▶ ·······································

➡ 跟进订单产品的生产

➡ 办理原产地证书

➡ 申领出口许可证

第一节　跟进订单产品的生产

外贸企业在收到客户的正式订单，特别是收到客户的定金或者信用证后，就可以准备安排生产了。国外客户的订单一般都是英文版本，外贸业务员需将英文订单进行整理，转化为企业内部可以理解的中文订单，并录入企业内部系统或下发至有关部门。

一、英文订单转为中文订单

客户下订单后，外贸业务员应在第一时间将英文订单（见图4-1）转化为中文订单，或是转化成企业内部的订单格式，同时与相关部门核对品名、规格、数量、交期等，并将订单信息立即录入企业内部系统（如ERP系统）或下发至有关部门。如对客户订单有不清楚的地方，如产品描述不准确、产品货号错误等，应立即发邮件给客户进行沟通与确认，待客户确认后，再转化为中文订单。

将订单中产品英文描述转化为中文，连同产品数量、交货期下发给相关部分备料生产。
注：在下发订单时，要注意订单价格保密。

Purchase Order　5550012377　Div B101
date　30.07.2019

Page 3 on 4

Item	Item description	Unit price	Target qty & unit	Value
0010	SW0501 **LIGHTING TUBE - 1200MM** Delivery storage location : OX60 Vendor mat. no : SW202-L48EA40K-DC110V	39,47 USD / 1PCE	1.080,000 PCE	42.627,60
0020	SW0502 **LIGHTING TUBE - 900MM** Delivery storage location : OX60 Vendor mat. no : SW202-L36EA40K-DC110V	29,61 USD / 1PCE	180,000 PCE	5.329,80
0030	SW0503 **OPALINE PLEXI PC-1252MM X 160MM** Delivery storage location : OX60 Vendor mat. no : SW202-L36EA40K-01-000	58,25 USD / 1PCE	1.080,000 PCE	62.910,00
0040	SW0504 **OPALINE PLEXI PC - 963MM X 160MM** Delivery storage location : OX60 Vendor mat. no : SW202-L36EA40K-02-000	58,25 USD / 1PCE	180,000 PCE	10.485,00
0050	SW0505 **TUBE HOLDER - WITHOUT SPRING** Delivery storage location : OX60 Vendor mat. no : SW202-L36EA40K-04-000	2,50 USD / 1PCE	1.260,000 PCE	3.150,00
0060	SW0506 **TUBE HOLDER - WITH SPRING** Delivery storage location : OX60 Vendor mat. no : SW202-L36EA40K-03-000	2,50 USD / 1PCE	1.260,000 PCE	3.150,00
		Total value net of VAT USD		127.652,40

图4-1　英文订单

小提示

订单最终确认的另一个重要指标是客户定金到账（如30%定金）或开来信用证，特别是同客户第一次签订合同时，需要客户预付10%～30%的定金。如定金或信用证未到位，外贸业务员可下发订单给计划部门计算用料情况，但要书面通知采购部"所有物料采购等通知"，以避免客户因各种原因未能最终履行订单而给企业造成损失。

二、安排生产

安排生产分两种情况：一种是公司自己的工厂生产；另一种是直接向供货商订货。

（一）自己有工厂时的生产安排

在订单确认后，外贸跟单员要根据同客户所签订的合同，把客户的要求转成易于生产加工部门理解的"生产通知单"。在转换过程中，外贸跟单员必须明确客户订单中的产品名称、规格、型号、数量、包装要求、出货时间等，并且要保证各项信息不得有差错，有什么特别要求更要在"生产通知单"（见表4-1）上特别注明。只有这些资料明确，各相关部门才能凭此安排备料生产，做好生产计划。

表4-1　生产通知单

订单编号		品牌		生产批量	
验货日期			交货日期		
一、生产项目总览表					

序号	名称	规格	颜色	条形码	……	数量（套）	箱数	包装要求
合计								

二、特别要求

三、附件

"生产通知单"打印后要交给主管或经理确认，签字后下发到生产部。如有可能，企业在每次下发"生产通知单"时，要召集相关部门主管开会，由负责此订单的外贸跟单员再次向其他部门讲解订单的详细要求，做到相关部门对每张订单都能有充分了解。

在将订单转化成生产加工单时，交货期可以设置得比较靠前，如交货期为12日时，工厂可以显示为10日，多留几天时间给自己，以防安排生产时有特殊情况发生。

（二）与国内生产企业签订供货合同

如果外贸公司没有自己的工厂，就要积极寻找供货商，与之签订供货合同并做好跟催工作。外贸企业与代加工厂签订供货合同的要点如表4-2所示。

表4-2　签订供货合同的要点

序号	要点类别	具体说明
1	合同号、日期、地点、买卖双方名称、地址、联系方式	如实详尽填写，不能简写，因为提供货物的人并不一定是供货合同的供方。有许多工厂下属有分厂或独立的加工车间，一个集团内部也会有很多独立的公司。如果签订供货合同后，供方要求需方将货款支付给另一收款人，需方一定要要求供方出具书面指示，以防产生纠纷
2	购货商品的名称、规格、单位、数量、单价、总值	这是购货合同最重要的一部分，出口商要对所采购货物的材质、规格、型号、尺寸、颜色等在合同中做出尽可能详细的描述，以防止生产厂家提供的货物与出口合同不符导致外商拒收或索赔；货物的数量要与出口合同和信用证的规定相符
3	交货日期和地点	（1）交货日期一定要与出口合同或信用证的规定日期衔接好，因为出口合同或者信用证上规定的交货日期是指货物装船后提单签发的日期，而这个日期与工厂交货期之间应留有足够的时间，供出口商履行租船订舱、商检（如有必要）、报关等手续 （2）外贸跟单员在与生产厂家洽谈价格时，一般应要求对方报"到港价"，即厂家负责将货物送至需方指定的港口，在此以前发生的包装费、国内运费等各项杂费，由厂家承担。否则，如果厂家报"出厂价"，双方会因货物从出厂到港口的费用产生分歧而影响合同的顺利履行
4	包装及标志	（1）在购货合同中对包装材料、包装重量及包装方法予以约定，要做到既能保护商品完好运输，又与出口合同和信用证的要求相符 （2）如果出口合同和信用证有规定，运输标志应严格按照规定；如果出口合同和信用证中未做具体规定，出口商应自行编制，并写入购货合同。运输标志应简洁明朗，一般编制原则为"出口合同号＋目的港"

下面提供一份加工定做合同范本，供读者参考。

范本

加工定做合同

定做方：_____ 　　合同编号：_____

承揽方：_____ 　　签订地点：_____

签订时间：____年____月____日

| 一、定做物品名或项目、规格型号、计量单位、数量、单价、总金额、交货数量及交货期限 |

定做物品名或项目	规格型号	计量单位	数量	价款或酬金		交货数量及交货期限
				单价	总金额	

二、定做方带料

材料名称	规格型号	计量单位	数量	质量	提供日期	消耗定额	单价	总金额

三、质量要求、技术标准
四、承揽方对质量负责的条件及期限
五、技术资料、图纸提供办法及保密要求
六、验收标准、方法和期限
七、包装要求及费用负担
八、交（提）货方式及地点
九、交付定金预付款数额及时间
十、结算方式及期限
十一、违约责任
十二、如需提供担保，另立合同担保书，作为本合同附件

续表

十三、解决合同纠纷的方式		
十四、双方协商的其他条款		
定做方 单位名称（章） 单位地址： 法定代表人： 委托代理人： 电　话： 电报挂号： 开户银行： 账　号： 邮政编码：	承揽方 单位名称（章） 单位地址： 法定代表人： 委托代理人： 电　话： 电报挂号： 开户银行： 账　号： 邮政编码：	鉴（公）证意见： 经办人： 鉴（公）证机关（章） ____年____月____日 注：除国家另有规定外，鉴（公）证实行自愿原则

有效期限：_____年____月____日至_____年____月____日

三、生产进度跟踪

为了更好地把控进度，外贸跟单员在下发生产通知单或与供货商签订加工合同后，必须要求对方提供一份生产进度安排表（见表4-3），然后根据该表对生产进行全面跟踪。

表4-3　生产进度安排表

订单号：

序号	产品型号	订单数量	拟生产日期	实际完成日期

制表人：　　　　　　　　　　　　　　审批：

为了使订单产品能保质、保量、保期地出货，外贸跟单员必须重点跟进产品的生产进度。生产进度跟踪事项如图4-2所示。

图4-2　生产进度跟踪事项

（一）跟进生产计划

在下发生产通知单后，跟单员要协助生产部将生产通知单转化为具体的生产计划，并要求生产部提供具体的生产进度安排表，依据该表对生产进行全面跟踪。

（二）生产现场巡查，确保质量

为了做好生产进度的跟踪，跟单员要亲自到生产现场去进行督促检查，以确保生产过程符合进度要求。通常而言，跟单员要做好以下工作。

（1）了解生产过程的流程次序（工序），顺着流程行进方向跟进各个过程（工序），要注意对各个生产环节进行巡视。

（2）在现场查看时，要多看少动、多听少问、多记少说、多征求意见少发表观点。尤其要与一线的生产员工进行适当的交流，了解生产的实际进度和问题。

（3）与各班组长进行沟通交流，确保各班组的生产顺利进行。如果有异常问题，还应及时与车间主管沟通解决。

（三）查看生产日报表，了解真实情况

生产日报表是一种直接反映生产结果的报表（见表4-4），生产部门按计划安排生产，具体结果如何，一般会用企业规定格式的生产日报表进行总结并报告。通过生产日报表，可以了解每天完成的成品数量、不良品数量，或者生产到哪一工序，从而对生产的进度情况有更加真实的了解，以确保准时交货。跟单员可以自行制定一个跟踪表来进行具体的跟进（见表4-5）。

表4-4　生产日报表

日期：　　　　　　　　　　　　　　　　作业人员：

产品名称	产品编号	型号规格	工序	当日产量	当日不良品数	累计产量	累计不良品数	备注

表4-5　生产情况跟踪表

客户名称：　　　　　　　　　　　下单日期：

生产安排日期：

产品型号规格	订单数	指定完工日期	实际生产					
			日期	生产数	累计	日期	生产数	累计

备注：如果进度落后可用不同颜色标识。

（四）生产出现异常，要协助解决

生产异常是指造成生产现场停工或生产进度延迟的情形。生产异常问题主要表现在两个方面：生产进度落后和发生生产事故。这时，跟单员需要主动协助处理，尽量消除对交货的影响，具体应做好以下工作。

（1）及时赶到生产现场，配合现场主管调查生产异常的具体情形。

（2）结合异常情形，分析对生产可能造成的影响，判断是否影响生产进度、影响程度等。

（3）根据生产异常情况，做出下一步的跟单安排，包括跟踪进度的频次、相关部门协调、督促执行改进措施等。

（五）不能满足客户要求的情况及时反馈

生产过程中，如有意外情况不能满足客户要求时，跟单员一定要及时将情况反映到公司最高层，找到解决的办法。同时，为了跟踪产品的质量问题，有时候，跟单员要亲自到生产车间去检查产品质量、查阅产品质量检查报告。

小提示

跟单员要多同本厂内的各部门沟通，面对生产部门，跟单员就是客户，所做的一切在对公司负责的同时也要对客户负责。

四、客户供料跟催

有的客户要求用自己的物料，如彩盒、说明书或贴纸等。在这种情况下，对客户的供料一定要跟紧。

当收到客户寄来的物料后，跟单员需开立一张"客户供料通知单"（见表4-6），交仓管点数、品管验收。

表4-6　客户供料通知单

制表人：　　　　　　　　　　　　　　　　日期：

客户名		订单号		数量	
品名		交货日期			
交货方式：					
制作要求：					
客户检验报告：					
客户检验规范：					
检测仪器：					
备注：					

当品管提出物料有异常时，外贸跟单员需填写"客户供料异常处理单"（见表4-7），并传真给客户处理。

表4-7　客户供料异常处理单

至：＿＿＿＿＿＿＿　　　　　　从：＿＿＿＿＿＿＿

□特急件　　　　　　　□急件　　　　　　　□一般件

	相关单号		品名		品号	
	数量		交货期			
异常内容：						
		审查：		填表：		

续表

客户回文处理： <div align="right">客户签字：</div>	
异常内容： 　　　　　审查：　　　　　　　　　　填表：	
备注：特急件请客户2小时内回复　　　急件请客户8小时内回复 　　　　一般件请客户24小时内回复	

五、交货期延误的处理

当发现有交货期延误的迹象时，外贸跟单员应立即与客户联系，寻求妥善的解决办法。

（一）己方工厂原因

如果是己方工厂的原因，如因待料、技术问题等需延迟出货的，外贸跟单员应与生产部确认新的交货期再以传真或电话方式告知客户，取得客户同意之后，更改订单交货期。如果客户不同意延迟交货期，或者取消订单，可与客户协商，工厂负担部分运费或其他杂费，做出让步以取得客户同意。

（二）部分订单客户供料不及时

如果因客户未提供其应提供的包装材料、网印材料等，工厂需打电话或发送传真要求客户提供材料，一般在客户给齐包装材料之后半个月出货。

外贸跟单员必须与工厂（生产企业）密切合作，定期去工厂督促检查，对工厂的生产设备、技术条件以及工人操作水平都做到心中有数。对有些具有特殊要求的产品，外贸跟单员要帮助工厂一起制订生产工艺和生产计划，并根据拟订的跟单计划，适时敦促工厂及时安排生产，以保证各项工作顺利进行。

六、订单有变更要及时处理

客户所下订单，不可避免地会发生临时更改的情况。一般来说，订单更改主要是对数量、结构、包装要求的更改。外贸跟单员接到客户变更订单的通知，要马上放下手头的事情，第一时间处理好。外贸跟单员若耽延，有可能造成很大的损失。例如，产品的结构有变化，外贸跟单员若不及时通知相关部门，待出货时发现再更改，返工成本会很大，有的甚至会造成一些废品。

（一）确认更改

收到客户的更改通知后，外贸跟单员首先应确认更改内容是什么、工厂能否接受、工厂现有的生产条件能否满足。如果是工厂不能完成的修改，则要同客户协商采用其他方法或本批货不修改。

（二）书面通知相关部门

如果是工厂可以完成的修改，外贸跟单员应第一时间通过书面形式把更改内容通知相关部门，特别是生产部。

（1）订货通知单发出后，如客户临时有数量、交期或技术方面的变更要求时，跟单员应另行填写"订货变更通知单"（见表4-8），分发到各相关部门。

表4-8　订货变更通知单

客户		订单批号		订货通知单号码	
变更原因说明					
项目		变更前		变更后	备注
产品名称					
规格/型号					
单位					
订货数量					
项目		变更前		变更后	备注
交期					
其他					
说明					
核准		审核		填单	

（2）变更后的订货通知单应加盖"已修订"字样，并标记取消原订货通知单的号码，应在分发新单的同时回收旧单，以免发生混淆。

（3）在订货通知单发出后，如客户取消订单，应发出订货变更通知单，通知各部门订单取消的信息，并回收原发出的订货通知单。

（4）如果是客户修改订货的产品型号、规格，则视同原订单变更，依变更流程处理，并将客户订单依新订单发出订货变更通知单。

第二节　办理原产地证书

一、如何办理原产地证书

（一）原产地证书的概念

原产地证书是出口商应进口商要求而提供的、由公证机构或政府或出口商出具的证明货物原产地或制造地的一种证明文件。原产地证书是贸易关系人交接货物、结算货款、索赔理赔、进口国通关验收、征收关税的有效凭证，它还是出口国享受配额待遇，进口国对不同出口国实行不同贸易政策的凭证。由于原产地证书是国际贸易中用于确定货物"国籍"的证明文件，是出口货物在进口国家或地区享受关税减免优惠的凭证，在国际贸易中享有"纸黄金"的美誉。

（二）原产地证书的分类

在我国，按原产地证书的作用分，为出口货物签发的原产地证主要有三大类，即非优惠原产地证书、优惠原产地证书、专用原产地证书。

1.非优惠原产地证书

非优惠原产地证书是通常所称的一般原产地证书，是证明货物原产于我国，享受进口国正常关税（最惠国）待遇的证明文件，英文名称为Certificate of Origin，简写CO或C/O。这种类型的产地证书一般由中国国际贸易促进委员会（简称贸促会）签发。签证依据为《中国进出口货物产地证条例》及《关于非优惠原产地规则中实质性改变标准的规定》。贸促会的英文全称为China Council for the Promotion of International Trade，简写CCPIT。

大多数发展中国家（同中国签有自由贸易协定的除外），比如非洲、中东、中南美的绝大部分国家需要的是这种贸促会签发的一般原产地证书。

特别注意的是：沙特阿拉伯、阿联酋、埃及等还要求一般原产地证（贸促会签发）上必须加盖"中国商会章"，由于贸促会就是中国商会，所以加盖的"中国商会章"是这样的"CHINA COUNCIL FOR THE PROMOTION OF INTERNATIONAL TRADE IS CHINA CHAMBER OF INTERNATIONAL COMMERCE"，意思是"中国贸促会就是中国商会"。

贸促会签发的 CO 证书如图 4-3 所示。

ORIGINAL

1. Exporter GUA_____ CO.,LTD VIA MAC_____ INTERNATIONAL ____ CO., LTD. ADD: THE BELGIAN BANK BUILDING, UNIT : 1402-A, 14TH FLOOR, N O.7 _____ ROAD, MONG KOK, KOWLOON, HONG KONG CHINA ***	Serial No.　CCPIT620 2004018671 Certificate No.　20C620000037/00586 **CERTIFICATE OF ORIGIN** OF THE PEOPLE'S REPUBLIC OF CHINA
2. Consignee W_____ ___ LTD FAC: CHANDRA, KALIAKAIR, GAZIPUR, BANGLADESH. IRC: 2_____ ___ 03 VAT REG/BIN NO.: 0_____ ___ 03 TIN: _____	
3. Means of transport and route FROM SHENZHEN CHINA TO DHAKA BANGLADESH AIRPORT BY AIR	5. For certifying authority use only CHINA COUNCIL FOR THE PROMOTION OF INTERNATIONAL TRADE IS CHINA CHAMBER OF INTERNATIONAL COMMERCE　　中国商会 的章
4. Country / region of destination BANGLADESH	VERIFY URL:HTTP://CHECK.CCPITECO.NET/

6. Marks and numbers	7. Number and kind of packages; description of goods	8. H.S.Code	9. Quantity	10. Number and date of invoices
	SENSORS QTY: 6 PCS (1 BOX) HS CODE: 9025.80.00 TT NO:067819150372 DATE:201012 LCAF: 28424, BANK NAME: MERCANTILE BANK LIMITED, DHAKA, BANGLADESH 6 PCS （1BOX） TOTAL ONE(1)BOX ONLY ***	9025.80.00	6PCS	20200090300848CI DEC.04,2020
SHIPPING MARK: WALTON HI-TECH INDUSTRIES LTD. ADD: CHANDRA, KALIAKOIR, GAZIPUR, BANGLADESH IRC: 260326120033919 VAT REG/BIN NO.: 000356422-0103 TIN: 187338445014 COUNTRY OF ORIGIN: CHINA		贸促会的章		

| 11. Declaration by the exporter
The undersigned hereby declares that the above details and statements are correct, that all the goods were produced in China and that they comply with the Rules of Origin of the People's Republic of China.

_____ 贸易有限公司
_____ TRADE CO.LTD

GUANGZHOU,CHINA　DEC.04.2020
Place and date, signature and stamp of authorized signatory | 12. Certification
It is hereby certified that the declaration by the exporter is correct.

中国国际贸易促进委员会
单据证明专用章
（粤）
CHINA COUNCIL FOR THE PROMOTION
OF INTERNATIONAL TRADE
(GUANG DONG)

GUANGZHOU,CHINA　DEC.04.2020
Place and date, signature and stamp of certifying authority |

page 1 of 1

图 4-3　贸促会签发的 CO 证书

2.优惠原产地证书

该证书主要用于享受进口国关税减免等优惠待遇，优惠原产地证书分为单边给惠的普惠制原产地证书（FORM A）和互惠的区域性优惠原产地证书（包括FORM B、FORM E、FORM F、FORM P、FORM N、FORM X等）。

（1）普惠制原产地证书（FORM A）。

普惠制原产地证书（FORM A）是根据普惠制给惠国原产地规则以及有关要求签发的原产地证书。FORM A证书是受惠国（主要是发展中国家）货物出口到给惠国（主要是发达国家）时享受普惠制关税优惠待遇的原产地凭证。FORM A证书上所列的商品只有符合对应给惠国的普惠制原产地规则时，才有资格享受关税减免待遇。

普惠制，即普遍优惠制（Generalized System of Preferences），简写GSP，是一种关税制度，指工业发达国家给予发展中国家或地区出口的制成品或半制成品一种普遍的、非视的和非互惠的关税优惠制度，旨在增加发展中国家出口收益、促进工业化、加速经济增长等。

（2）区域性优惠原产地证书。

区域性优惠原产地证书是中国的原产货物出口到缔约方进口国海关通关时，国外客户享受关税减免待遇的必要凭证，是各自贸协定项下货物享惠的必要证据，有效期一般为1年。近年来，欧盟、日本等发达国家和地区相继调整了普惠制方案，普惠制优惠逐渐弱化，各种技术性壁垒层出不穷。而与普惠制原产地证相比，区域性贸易协定的关税优惠是对等互惠的，企业受到的技术性贸易壁垒非常少，区域性优惠原产地证项下产品所享有的优惠幅度和范围更为深广。专用原产地证书，此证书是专门针对一些特殊行业的特定产品，比如农产品、葡萄酒、烟草、奶酪制品、毛坯钻石等，根据进出口监管的特殊需要而规定的原产地证书。

区域性优惠原产地证书主要有表4-9所示几种。

表4-9　区域性优惠原产地证书

序号	证书名	说明
1	《亚太贸易协定》原产地证书（FORM B）	是根据《亚太贸易协定》原产地规则的要求签发，在签订协定的成员国之间就特定产品享受互惠减免关税待遇（跟非互惠的FORM A证书不同）的官方产地证明文件。可签发FORM B证书的国家为：中国、印度、斯里兰卡、孟加拉国、老挝和韩国（《亚太贸易协定》成员国）
2	中国-东盟自由贸易区原产地证书（FORM E）	是根据《中国与东南亚国家联盟全面经济合作框架协议》签发的、在签订协定的成员国之间就特定产品享受互惠减免关税待遇的官方产地证明文件。可签发FORM E证书的国家为：中国、老挝、越南、泰国、缅甸、柬埔寨、菲律宾、文莱、印度尼西亚、马来西亚和新加坡（东盟成员国）

序号	证书名	说明
3	中国-巴基斯坦自由贸易区原产地证书（FORM P）	是根据《中国-巴基斯坦关于自由贸易协定早期收获计划的协议》及其项下《中国-巴基斯坦自由贸易区原产地规则》签发的在中国和巴基斯坦之间就特定产品享受互惠减免关税待遇的官方产地证明文件
4	中国-智利自由贸易区原产地证书（FORM F）	是根据《中国-智利自由贸易协定》及其项下《中国-智利自贸区原产地规则》签发的在中国和智利之间就特定产品享受互惠减免关税待遇的官方产地证明文件
5	中国-新西兰自由贸易区原产地证书（FORM N）	是根据《中国-新西兰自由贸易协定》和《中国-新西兰自由贸易协定项下进出口货物原产地管理办法》签发的在中国和新西兰之间就特定产品享受互惠减免关税待遇的官方产地证明文件
6	中国-新加坡自由贸易区优惠原产地证书（FORM X）	是根据《中国-新加坡自由贸易协定》和《中国-新加坡自由贸易协定项下进出口货物原产地管理办法》签发的在中国和新加坡之间就特定产品享受互惠减免关税待遇的官方产地证明文件
7	中国-瑞士自由贸易协定产地证明书（FORM S）	是根据《中国和瑞士联邦自由贸易协定》及其相关规定的要求签发的在中国和瑞士之间就特定产品享受互惠减免关税待遇的官方产地证明文件
8	中国-秘鲁自由贸易区优惠原产地证书（中国-秘鲁FTA证书）	是根据《中国-秘鲁自由贸易协定》及其项下《中国-秘鲁自贸区原产地规则》签发的在中国和秘鲁之间就特定产品享受互惠减免关税待遇的官方产地证明文件
9	中国-哥斯达黎加自由贸易区优惠原产地证书（FORM L）	是根据《中国-哥斯达黎加自由贸易协定》及其项下《中国-哥斯达黎加自贸区原产地规则》签发的在中国和哥斯达黎加之间就特定产品享受互惠减免关税待遇的官方产地证明文件
10	RCEP原产地证书和背对背原产地证书	区域全面经济伙伴关系协定（RCEP）于2022年1月1日生效实施。依照RCEP和《中华人民共和国海关＜区域全面经济伙伴关系协定＞项下进出口货物原产地管理办法》有关规定，申请人可向中国国际贸易促进委员会及其地方签证机构申请签发RCEP项下原产地证书和背对背原产地证书

3.专用原产地证书

专用原产地证书主要有《输欧盟农产品原产地证书》《烟草真实性证书》《金伯利进程国际证书》《手工制品原产地证书》《奶酪制品证书》《托考依葡萄酒原产地名称证书》。

自1979年末中国开始作为受惠国享受普惠制待遇以来，普惠制原产地证书曾经是官方授权签证机构签发的最主要原产地证书，而近年来，普惠制原产地证书已有下滑的趋势，这主要源于普惠制待遇的特殊性，目前实施普惠制的国家为保护其贸易利益和产业安全，大多数实施"毕业条款"，而其中又分"产品毕业"与"国家毕业"，其"毕业"之意即取消相关关税优惠。以欧盟为例，自2014年后，我国所有产品均被"毕业"。自2019年起，日本也将中国剔除在普惠制受惠国之外。而且，随着中国经济实力的不断增长，我国被各普惠制给惠国"产品毕业"甚至"国家毕业"的风险也越来越大。可以预期的是，在今后一段时间内，中国享受普惠制待遇的产品和国家范围将不断缩小。

根据海关总署2021年第84号公告，自2021年12月起，海关不再对输往欧盟成员国、英国、加拿大、土耳其、乌克兰、列支敦士登的货物签发普惠制原产地证书。如货物发货人需要原产地证明文件，可申请签发非优惠原产地证书。

随着普惠制给惠条件越来越苛刻甚至不再给惠，自贸区将成为我国国际经济合作的突破重点，而且这种趋势已经显现出来。自贸区内签发的区域性原产地证书得到的关税优惠比一般原产地证所得到的最惠国待遇甚至比普惠制待遇还要优惠，而且区域性优惠原产地证涵盖了一般原产地证以及普惠制原产地证的所有功能。随着自由贸易区的壮大，区域性优惠原产地证书与一般原产地证书和普惠制原产地证书的利用将呈现此消彼长的势态。

 **相关链接**〈···

关检业务全面融合原产地证书的签发机构

国家授权的可以签发原产地证书的机构是原中国出入境检验检疫局和中国国际贸易促进委员会（简称贸促会），其他机构无权签发。原中国出入境检验检疫局可以签发所有种类的原产地证书。如果外方没有特别要求，原中国出入境检验检疫局或贸促会签发的都可以。

2018年4月20日，原中国出入境检验检疫局正式并入海关总署，并成为海关总署的重要部门。自4月20日起，原中国出入境检验检疫系统统一以海关名义对外开展工作，一线旅检、查验和窗口岗位要统一上岗、统一着海关制服、统一佩戴关衔。

1.中国海关签发的新版原产地证书和签证印章

自贸协定原产地证书更新备案说明会于2018年8月2日在北京举行。会上海关总署通报了中国海关签发的新版"优惠原产地证书"和签证印章等将于2018年8月20日启用，以保障我国出口企业使用海关签发的优惠原产地证书在相关国家享惠通关。韩国、澳大利亚、瑞士、泰国等我国自贸协定23个伙伴国家（地区）的驻华使馆代表参加。

按照关检业务全面融合的统一部署，新版原产地证书和签证印章于2018年8月20日启用。本次证书和印章更新仅涉及由中国海关签发的证书，中国贸促会及其他地方分支机构签发的原产地证书无变化。

中国海关印章如右图。

中国海关签发的区域性优惠原产地证书，如下图。

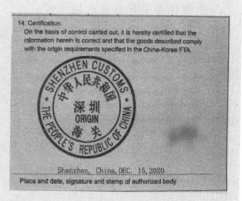

中国海关印章

中国海关签发的区域性优惠原产地证书

2.贸促会签发的原产地证书

中国国际贸易促进委员会（简称贸促会）根据国家相关规定，于2009年8月1日开始签发优惠原产地证书。中国贸促会发挥与国际商界联系广泛、与我国企业联系密切的优势，通过做好优惠原产地签证工作，力推企业用足用好优惠贸易政策，真正享受自贸协定带来的好处，受到了广大外贸企业的欢迎。目前，中国贸促会可签发《亚太自由贸易协定》《中国-新加坡自由贸易协定》《中国-新西兰自由贸易协定》《中国-秘鲁自由贸易协定》《中国-哥斯达黎加自由贸易协定》《海峡两岸经济合作框架协议》项下的优惠原产地证书。企业持贸促会签发的优惠原产地证书可享受5%至50%的关税优惠，销往新加坡的产品可享受零关税的优惠待遇。

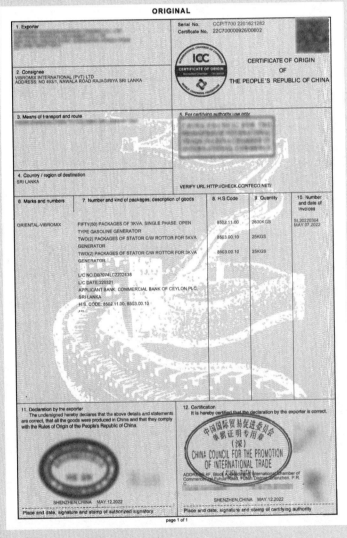

贸促会签发的原产地证书

（三）办理原产地证书

产地证办理有两大系统，一个是中国国际贸易"单一窗口"，一个是中国国际贸易促进委员会系统。"单一窗口"可以办理所有类型的产地证，而且可以自主打印，方便快捷。

企业可按以下步骤办理原产地证书。

1.进行企业备案

若公司是在2019年10月15日后完成对外贸易经营者备案的，取得对外贸易经营者备案的同时，自动同步完成原产地企业备案。若未完成原产地企业备案的，可以通过"互联网＋海关"或中国国际贸易"单一窗口"原产地证书综合服务平台向海关备案，具体备案流程如下。

（1）企业可通过中国国际贸易"单一窗口"单独申请原产地企业备案/变更，申请备案/变更时需上传营业执照、对外经营者备案登记表、企业公章、企业中英文印章等扫描件提交审核。

（2）海关审核后会发送回执，告知企业是否通过以及需补充资料内容。

2.进行生产型企业产品预审

由企业申请，且需对货物提交的预审信息真实性负责，并留存相关资料备查。可通过"互联网＋海关"或中国国际贸易"单一窗口"原产地证书综合服务平台，具体流程如下。

（1）企业通过中国国际贸易"单一窗口"申请原产地证签证产品预审。申请预审时需要提供生产商、主要原材料或零部件信息，以及主要原材料或零部件的国产证明文件等资料。

（2）海关工作人员通过产品信息判定产品是否具备中国原产资格。符合各优惠贸易协定原产地标准的，申请予以审核通过；不符合各优惠贸易协定原产地标准的，申请予以退回。

（3）根据产品信息难以判定产品原产情况的，开展书面核查，书面核查仍难以判定产品原产情况的，按规定发起实地核查，申请人应配合开展核查。

3.打印和盖章

完成企业备案和产品预审之后，企业可通过中国国际贸易"单一窗口"申请原产地证书，海关审核完成后，企业可通过中国国际贸易"单一窗口"完成自助打印（含电子签名和印章），或使用空白证书打印后签字盖章，就可用于进口国清关使用。

相关链接

中国国际贸易"单一窗口"申请原产地证步骤

中国国际贸易"单一窗口"申请原产地证步骤：

第一步：进入"单一窗口"标准版门户网站，选择"卡介质"，输入卡密码进入原产地证申请页面。

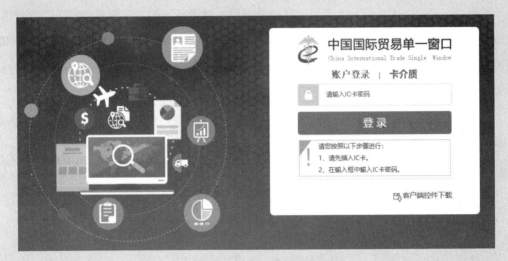

登录"单一窗口"标准版门户网站

"单一窗口"标准版门户网站首页

第二步：点击业务应用中的标准版应用。

点击业务应用中的标准版应用

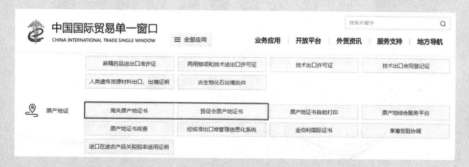

业务应用展示页面

原产地证模块中有"海关原产地证书"和"贸促会原产地证书"可申请。

第三步：若申请中国海关出具的原产地证书，点击海关原产地证书。

点击海关原产地证书界面

第四步：点击"海关原产证书"后，进入如下页面，点击"证书申请"。

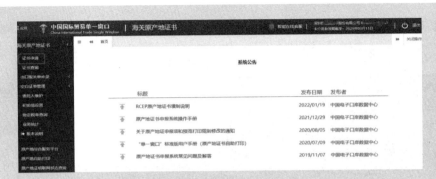

点击"证书申请"界面

第五步：点击"证书申请"后，进入如下页面，此页面显示所有类型的原产地证书，企业可以选中需要申请的产地证书种类。

所有类型的原产地证书界面

第六步：如果申请一般原产地证书，则点击一般原产地证书，进入如下申请页面，按要求填写基本信息与货物信息。这些信息同对应的提单、发票上的内容要一致。填写完成后，点击申报按钮提交。

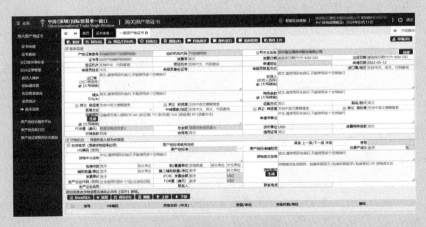

一般原产地证书申请页面

以下是其他原产地证书申请页面：

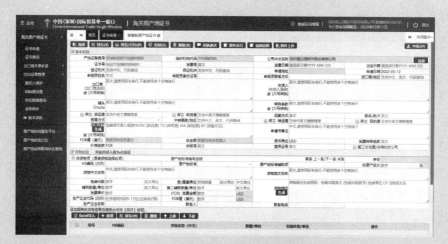

普惠制原产地证书申请页面

RCEP原产地证书申请页面

RCEP背对背原产地证书申请页面

第七步：原产地证书打印及领取。

签证机构审核通过后，企业可选择自助打印或到签证机构领取证书。

通过"单一窗口"申请的产地证，无法自助打印的，去海关现场领取产地证有以下2种方式。

（1）先去海关领取空白的产地证自己回来套打，然后盖上公司的签证印章，再到海关去盖章。

（2）直接去海关领取海关打印好的产地证，盖上公司的签证印章，然后海关再盖章。

只有在海关系统里注册的签证员，才可以到现场领取产地证。

 相关链接 <

自助打印的原产地证书范围

自2021年7月1日起，增加输泰国的《中华人民共和国与东南亚国家联盟全面经济合作框架协议》项下原产地证书以及《中华人民共和国政府和毛里求斯共和国政府自由贸易协定》项下原产地证书为可自助打印证书。这是自海关全面推广产地证自助打印后的第三次扩项，产地证"纸黄金"的效益再凸显。至此，已有17类20种原产地证书可自助打印。

根据海关总署2022年第129号公告，2023年起可申请进口国为印度尼西亚的原产地证书并支持自助打印。

目前有21种类型可使用原产地证自助打印：

（1）中国-东盟自贸区原产地证书（印度尼西亚、新加坡、泰国）（E证书）；

（2）非优惠原产地证书（一般原产地证书）（C证书）；

（3）亚太贸易协定原产地证书（韩国、印度）（B证书）；

（4）中国-韩国自贸协定原产地证书（K证书）；

（5）中国-澳大利亚自贸协定原产地证书（A证书）；

（6）中国-新西兰自贸协定原产地证书（N证书）；

（7）中国-巴基斯坦自贸协定原产地证书（P证书）；

（8）中国-智利自贸协定原产地证书（F证书）；

（9）中国-瑞士自贸协定原产地证书（S证书）；

（10）中国-冰岛自贸协定原产地证书（I证书）；

（11）中国-格鲁吉亚自贸协定原产地证书（GE证书）；

（12）中国-新加坡自贸协定原产地证书（X证书）；

（13）海峡两岸经济合作框架协议原产地证书（H证书）；

（14）烟草真实性证书（T证书）；

（15）转口证明书（TR证书）；

（16）加工装配证书（PR证书）；

（17）中国-毛里求斯自贸协定原产地证书（MU证书）；

（18）RCEP原产地证书（泰国、日本、新加坡、新西兰、澳大利亚、韩国、马来西亚）（RC证书）；

（19）RCEP背对背原产地证书（泰国、日本、新加坡、新西兰、澳大利亚、韩国、马来西亚）（BR证书）；

（20）印度尼西亚的RCEP证书；

（21）印度尼西亚的RCEP背对背证书。

二、原产地证书智能审核

（一）什么是智能审核

原产地管理系统自动对企业申报的原产地证书电子数据进行审核，并做出审核通过、退回修改、人工复核以及调查等审核结论。智能审核流程如图4-4所示。

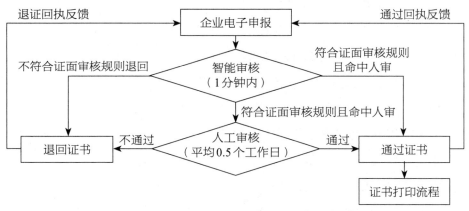

图4-4 智能审核流程图

（二）智能审核的优势

智能审核的优势如图4-5所示。

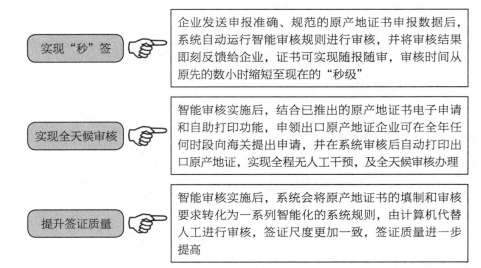

实现"秒"签 ☞	企业发送申报准确、规范的原产地证书申报数据后，系统自动运行智能审核规则进行审核，并将审核结果即刻反馈给企业，证书可实现随报随审，审核时间从原先的数小时缩短至现在的"秒级"
实现全天候审核 ☞	智能审核实施后，结合已推出的原产地证书电子申请和自助打印功能，申领出口原产地证企业可在全年任何时段向海关提出申请，并在系统审核后自动打印出口原产地证，实现全程无人工干预，及全天候审核办理
提升签证质量 ☞	智能审核实施后，系统会将原产地证书的填制和审核要求转化为一系列智能化的系统规则，由计算机代替人工进行审核，签证尺度更加一致，签证质量进一步提高

图4-5　智能审核的优势

（三）智能审核适用证书种类

智能审核适用证书种类有以下几类。

（1）一般原产地证（C）；

（2）普惠制原产地证（G）；

（3）中国-东盟自贸区优惠原产地证（E）；

（4）亚太贸易协定原产地证（B）；

（5）中国-巴基斯坦自贸区原产地证（P）；

（6）中国-智利自贸区原产地证（F）；

（7）中国-新西兰自贸区原产地证（N）；

（8）中国-新加坡自贸区原产地证（X）；

（9）中国-秘鲁自贸区原产地证（R）；

（10）《海峡两岸经济合作框架协议》原产地证（H）；

（11）中国-哥斯达黎加自贸区原产地证（L）；

（12）中国-冰岛自贸区原产地证（I）；

（13）中国-瑞士自贸区原产地证（S）；

（14）中国-韩国自贸区原产地证（K）；

（15）中国-澳大利亚自贸区原产地证（A）；

（16）中国-格鲁吉亚自贸区原产地证（GE）；

（17）中国-毛里求斯自贸区原产地证（MU）。

（四）企业申报注意事项

（1）提前自查企业备案信息内"企业英文名称""是否生产型企业"两项内容是否准确填写，如未填写或有误请及时补充修订。

（2）非缔约方/第三方信息请按照"智能审核'单一窗口'申报端修改说明"内容规范申报，勿在其他栏目重复申报。

（3）除唛头外，证书不能用英文小写及繁体中文，建议手动输入内容使用英文输入法大写输入，ECFA证书请使用简体中文。

（4）起运港、卸货港等可选择录入的项目尽量选择录入，避免手动输入不规范造成退单，录入内容若不在选择范围内请及时反馈。

（5）证书申报请严格遵循原产地证书填制说明，避免产生不必要的退单。

（五）智能审核常见退单原因

1. HS 编码

当你看到如下回执：

0259——第**项货物 HS 编码与 HS 编码栏不一致。

错误原因：货物描述栏填写的 HS 编码与 HS 编码栏不相符。例如，货物描述栏填写的是 HS CODE：940390；HS 编码栏填写的是 940320。

0260——第**项货物 货物描述中应打 6 位 HS 编码。

错误原因：中国—东盟、中国—新加坡、中国—巴基斯坦等自贸协定证书货物描述栏填写的 HS 编码的位数不是 6 位。例如，货物描述栏填写 HS CODE：94039090。

0261——第**项货物 应在货物描述栏填写相应的 6 位 HS 编码。

错误原因：中国—东盟、中国—新加坡、中国—巴基斯坦等自贸协定证书货物描述栏没有填写 6 位 HS 编码。

申报提示：

应按照证书 HS 编码的填制要求申报，例如，中国—东盟、中国—新加坡、中国—巴基斯坦自贸协定原产地证书要求在货物描述栏填报 6 位 HS 编码。建议按照"HS CODE：******（6 位数字）"的格式填报。货物描述栏填报的 HS 编码应与 HS 编码栏相符。

2.原产地标准

当你看到如下回执：

0266——证书第**项货物原产地标准有误，请核查！

0267——证书第**项货物非原产成分申报有误，请核查！

0274——证书第**项货物原产地标准申报有误，请核查！

申报提示：

（1）应根据货物的原材料构成、生产加工工序等情况，对照各类证书的原产地规则，填写正确的原产地标准。

（2）原产地标准的申报应与非原产成分比例的申报相符。例如：

当原产地标准申报为"P"或"WO"或"WP"或"PE"时，货物的非原产成分应申报为"0"；当中国—东盟原产地证书的原产地标准（原产地标准辅助项）申报为百分比时，申报的百分比应不小于40%，且与非原产成分比例相加等于100%。

3.发票信息

当你看到如下回执：

0285——发票金额与申请书FOB金额不一致，请核查。

错误原因：发票金额填写FOB美元金额，与FOB值（美元）填写的金额不一致。例如：发票金额申报为FOB 1 000 USD，FOB值（美元）申报为900 USD。

0286——发票金额或申请书FOB金额填写有误，请核查。

错误原因：发票填写的FOB金额并非以美元计算，与FOB值（美元）填写的金额相同。例如：发票金额申报为FOB 3 800 CNY，FOB值（美元）申报为3 800 USD。

0289——发票金额应大于申请书FOB金额。

错误原因：发票价格条款选择为CIF、CNF等应大于FOB的，但申报的发票美元金额小于或等于FOB值（美元）金额。例如：发票金额申报为CIF 2 500 USD，FOB值（美元）申报为3 500 USD。

0290——发票金额应小于申请书FOB金额。

错误原因：发票价格条款为EXW、FCA、FAS等应小于FOB的，但申报的发票美元金额大于或等于FOB值（美元）金额。例如：发票金额申报为FCA 8 000 USD，FOB值（美元）申报为6 500 USD。

申报提示：

（1）发票信息应根据清关发票中标注的价格条款、货币单位，在申报页面的价格条款和货币单位栏目中以英文填写。但中国—巴基斯坦、中国—新加坡和中国—东盟自贸协定证书的价格条款应填写为FOB（货币单位不限）。在申报每项货物的发票金额时，应根据所选择的价格条款和货币单位，填报相应的金额。

（2）申请书FOB金额指申报界面中的"FOB值（美元）"栏目的金额。在申报每项货物的FOB值（美元）时，应注意申报以美元计算的FOB金额。若发票并非以FOB美元计价，则应计算出货物的FOB美元金额，填入FOB值（美元）栏目。系统自动累计各项货物的FOB值（美元）。

4. 第三方发票/非缔约方公司信息

当你看到如下回执：

0308——生产商信息、非缔约方经营者信息应分别在生产商描述、非缔约方公司信息中申报，不应在证书备注信息或特殊条款中重复填写！

0322——中国、进口方境内的公司不属于非缔约方或第三方。

申报提示：

各申报平台均已升级了第三方发票/非缔约方公司申报栏目。若包含第三方/非缔约方经营者信息，应勾选"第三方发票/非缔约方公司"选项后，系统显示第三方发票/非缔约方公司录入信息界面，分别录入名称、地址（选填）、国别/地区（从下拉列表中选择）。不应在证书备注信息或特殊条款中填写。

应注意，中国（港、澳、台地区除外）、进口方境内的公司不属于非缔约方或第三方。

5. 证书出口商、收货方、生产商栏

有关证书出口商、收货方、生产商栏的回执信息及申请提示如表4-10所示。

表4-10　证书出口商、收货方、生产商栏回执信息及申请提示

回执信息	申请提示
0210——出口商栏名称与备案资料不符，请修改后再重新发送	核查出口商、生产商备案资料是否正确。若备案信息有误，应及时申请企业信息变更
0212——出口商栏需列明地址、国别。 0311——收货方栏未打收货人国别或国别拼写有误。 0216——生产商应列明所有生产商详细的名称、地址、国家或填写保密用语	应按照证书栏目的要求，规范申报出口商、生产商或收货人的名称、地址、国别
0224——生产商保密应填"AVAILABLE TO THE COMPETENT AUTHORITY OR AUTHORIZED BODY UPON REQUEST"。 0225——生产商保密应填"AVAILABLE TO THE COMPETENT AUTHORITY OR AUTHORISED BODY UPON REQUEST"	各类证书对生产商保密用语有不同的填制要求，应根据证书类别填写正确的生产商保密用语。生产商保密用语可通过勾选申报页面的"生产商保密"选项，由系统自动生成

续表

回执信息	申请提示
295——第**项产品申请书生产企业组织机构代码填写有误。 0298——第**项货物 申请书"生产企业/联系人/电话"栏不得留空。 0319——货物信息中的生产商名称、联系人请用中文填写。 0320——生产商中文名称与备案的中文名称不符	申报页面中每项货物的生产商信息应用中文申报，如实填写生产商的名称、生产商代码（填写组织机构代码，或社会统一信用代码的第9～17位）、联系人及联系电话

小知识：

为进一步优化营商环境，推进原产地证书签证智能化、标准化、规范化，2020年12月10日起，海关总署在全国全面推广原产地证书智能审核。标志着原产地证书审核正式进入7×24小时全天候"秒批"的新时代。

"智能审核'单一窗口'申报端修改说明"和"原产地证书填制说明"相关文件可在单一窗口原产地证申报首页下载，如下图所示。

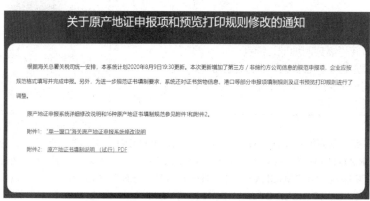

第三节　申领出口许可证

在国际贸易中，根据一国出口商品管制的法令规定，由有关当局签发的准许出口的证件就是出口许可证。出口许可证制是一国对外出口货物实行管制的一项措施。一般而言，某些国家对国内生产所需的原料、半制成品以及国内供不应求的一些紧俏物资和商品实行出口许可证制。通过签发许可证进行控制、限制出口或禁止出口，以满足国内市场和消费者的需要，保护民族经济。此外，某些不能复制，再生的古董文物也是各国保护对象，严禁出口；根据国际通行准则，鸦片等毒品或各种淫秽品也禁止出口。

出口许可证是由国家对外经贸行政管理部门代表国家统一签发的、批准某项商品出口的具有法律效力的证明文件，也是海关查验放行出口货物和银行办理结汇的依据。

一、哪些商品需申领出口许可证

出口以下商品需申领出口许可证。

（1）根据国家规定，凡是国家宣布实行出口许可证管理的商品，不管任何单位或个人，也不分任何贸易方式（对外加工装配方式按有关规定办理），出口前均须申领出口许可证。

（2）非外贸经营单位或个人运往国外的货物，不论该商品是否实行出口许可证管理，凡价值在人民币1 000元以上的，一律须申领出口许可证。

（3）属于个人随身携带出境或邮寄出境的商品，除符合海关规定自用、合理数量范围外，也都应申领出口许可证。

二、执行审批并签发出口许可证的机关

目前，我国执行审批并签发出口许可证的机关为商务部及其派驻在主要口岸的特派员办事处；各省、自治区、直辖市以及经国务院批准的计划单列市的对外经贸行政管理部门，实行按商品、按地区分级发证办法。

三、办理出口许可证应提供的文件和材料

办理出口许可证应提供的文件和材料，根据不同情况分别有以下几项。

（一）各类进出口企业

（1）出口许可证申请表。申请表（正本）需填写清楚并加盖申领单位公章，所填写内容必须规范。

（2）出口商品的出口合同（正本复印件）。

（3）申领单位的公函或申领人的工作证；代办人员应出示委托单位的委托函。

（4）非外贸单位（指没有外贸经营权的各机关、团体和企事业单位，下同）申领出口许可证，需提供其主管部门（司、局级以上）证明。

（5）第一次办理出口许可证的申领单位，应提供商务部或经其授权的地方对外经贸主管部门批准企业进出口经营权的文件（正本复印件）。

（6）外商投资企业第一次出口申领许可证，应提供政府主管部门批准该企业的批准证书和营业执照（复印件），由发证机关存档备案。

（二）一般贸易项下出口

一般贸易项下出口，还应分别提交以下材料。

（1）属配额管理商品，国家部委各类进出口企业应提交商务部出口配额审批部门的批件，各地各类进出口企业应提交各地对外经贸主管部门的出口配额审批文件。

（2）属军民通用化学品，须按有关规定提供有关部门出具的料件进口或制成品出口的批准文件；易制毒化学品应提交商务部的批件；重水应提交商务部的批件；计算机应提交商务部批准的《出口计算机技术审查表》。

（3）属配额有偿招标商品，应提交有关招标委员会下发的《申领配额有偿招标商品出口许可证证明书》；对无偿招标商品，应提交有关招标委员会下发的中标证明书。

（三）承包工程带出商品

配额有偿招标商品按招标的有关规定办理，国家部委各类进出口企业应提交商务部的项目批件及出口单位的合同；各地各类进出口企业应提交各地对外经贸主管部门的项目批件及出口单位的合同。出口合同应列明承包工程需带出的许可证商品的品类、数量。

（四）进料加工出口

属占用出口额度的商品，国家部委各类进出口企业应提交商务部批准的出口配额文件和进料加工的文件；各地各类进出口企业应提交各地对外经贸主管部门批准的出口配额和进料加工的文件。

非占用额度的进料加工复出口商品，国家部委各类进出口企业应提交商务部的批准文件和进料加工登记手册。

钢材、生铁、锌、食糖等商品的进料加工复出口，全国各类进出口企业应提交商务部的批件及进料加工登记手册。

（五）非贸易项下出口

1. 出运样品

（1）非外贸单位出口货样时，每批货样价值高于人民币5 000元、不超过人民币1万元的，应提交上级主管部门（司、局级以上）出具的公函。

（2）各类进出口企业，出运实行许可证管理的货样，每批货样价值高于人民币5 000元的，应按一般贸易管理规定申领出口许可证。

2. 出运展品

（1）非外贸单位主办出国展览会所带物品，凡需要在外销售或展后不带回国的，应提交经商务部批准的举办展览会的批件。

（2）商务部授权的部委直属总公司主办出国展览会所带在外销售的物品，属许可证管理商品，应提交经商务部批准的举办展览会的批件。

四、出口许可证的申领程序

出口许可证是商务部授权发证机关依法签发的、批准某项商品出口的具有法律效力的证明文件，也是海关查验放行出口货物和银行办理结汇的依据。出口许可证的申领程序如下。

（一）查阅出口商品是否需要申领出口许可证

外贸企业应明确出口商品是否在出口许可证管理范围内，以及该商品属于哪一级发证机关发证。外贸企业可查看《中华人民共和国进出口贸易管理措施：进出口关税及其他管理措施一览表》，先确定商品的HS编码，然后检索该编码项下商品的具体海关监管条件。如果显示海关监管条件为"4"，即说明需申领出口许可证。

（二）填写出口许可证申请表

出口许可证申请表如表4-11所示。

表4-11 出口许可证申请表

1.出口商: 代码	3.出口许可证号:
2.发货人:	4.出口许可证有效截止日期: _____年____月____日
5.贸易方式:	8.进口国（地区）:
6.合同号:	9.付款方式:
7.报关口岸:	10.运输方式:

11.商品名称: 商品编码:					
12.规格、型号	13.单位	14.数量	15.单价（币别）	16.总值（币别）	17.总值折美元
18.总计:					

19.备注 申请单位盖章: 申请日期:	20.签证机构审批（初审）: 经办人: 终审:

填表说明：1.本表应用正楷逐项填写清楚，不得涂改，不得遗漏，否则无效；
　　　　　2.本表内容需打印多份许可证的，请在备注栏内注明。

1.出口许可证申请表的填写要求

凡申领出口许可证的单位，应按表4-12所示的规范填写出口许可证申请表。

表4-12 出口许可证申请表的填写要求

序号	栏目	填写要求
1	出口商	（1）配额管理出口商品，应填写出口配额指标单位的进出口企业全称 （2）一般许可证管理出口商品，应填写有出口经营权的各类进出口企业的全称 （3）还贷出口、补偿贸易项目出口，应填写有出口经营权的代理公司全称 （4）非外贸单位经批准出运货物，此栏填写该单位名称 （5）企业编码应按商务部授权的发证机关编定的代码填写
2	发货人	（1）配额招标商品（包括有偿和无偿招标）的发货人与出口商必须一致 （2）其他出口配额管理商品的发货人原则上应与出口商一致，但与出口商有隶属关系的可以不一致 （3）还贷出口、补偿贸易出口和外商投资企业委托代理出口时，发货人与出口商可以不一致

续表

序号	栏目	填写要求
3	出口许可证号	由发证机关编排
4	出口许可证有效截止日期	（1）实行"一批一证"制的商品，其许可证有效期自发证之日起最长为三个月。供我国香港、澳门地区（不包括转口）鲜活冷冻商品的许可证有效期为一个月 （2）不实行"一批一证"制的商品、外商投资企业和补偿贸易项下的出口商品，其许可证有效期自发证之日起最长为六个月 （3）许可证证面有效期如需跨年度，可在当年将许可证日期填到次年，最迟至二月底
5	贸易方式	（1）此栏内容包括一般贸易、易货贸易、补偿贸易、进料加工、来料加工、外商投资企业出口、边境贸易、出料加工、转口贸易、期货贸易、承包工程、归还贷款出口、国际展销、协定贸易、其他贸易 （2）进料加工复出口，此栏填写"进料加工" （3）外商投资企业进料加工复出口时，贸易方式填写"外商投资企业出口" （4）非外贸单位出运展览卖品和样品每批价值在5 000元以上的，此栏填写"国际展览" （5）各类进出口企业出运展览卖品，此栏填写"国际展览"，出运样品填写一般贸易
6	合同号	（1）指申领许可证、报关及结汇时所用出口合同的编码 （2）原油、成品油及非贸易项下出口，可不填写合同号 （3）展品出运时，此栏应填写商务部批准办展的文件号
7	报关口岸	指出运口岸，此栏允许填写三个口岸，但仅能在一个口岸报关
8	进口国（地区）	指最终目的地，即合同目的地，不允许使用地域名（如北美洲等）
9	付款方式	此栏的内容包括信用证、托收、汇付、本票、现金、记账和免费等
10	运输方式	可填写海上运输、铁路运输、公路运输、航空运输、邮政运输、固定运输
11	商品名称和编码	按商务部发布的出口许可证管理商品目录的标准名称填写
12	规格、型号	（1）本栏用于对商品做具体说明，包括具体品种、规格（如水泥标号、钢材品种等）、等级（如兔毛等级）。同一编码商品规格型号超过四种时，应另行填写出口许可证申请表。"劳务出口物资"也应按此填写 （2）出运货物必须与此栏说明的出口品种、规格或等级相一致
13	单位	指计量单位。非贸易项下的出口商品，此栏以"批"为计量单位，具体单位在备注栏中说明
14	数量、单价及总值	（1）数量表示该证允许出口商品的多少。此数值允许保留一位小数，凡位数超出的，一律以四舍五入进位。计量单位为"批"的，此栏均为1 （2）单价是指与计量单位相一致的单位价格，计量单位为"批"的，此栏则为总金额
15	备注	填写以上各栏未尽事宜

2.缮制许可证应注意的事项

（1）出口许可证申请书中的出运数量应严格与合同和信用证规定的数量保持一致，实际出运的数量不得超出出口许可证允许的数量。

（2）出口许可证中的贸易方式、出运口岸等项目应与出口报关单一致。

（3）签订合同时商品的单价不得低于出口许可证允许的单价。

（4）出口许可证实行"一批一证"制，每一份出口许可证有效期自发证日起最长不超过三个月，在有效期内只能报关一次。

某些特殊商品不实行"一批一证"制，这些商品的出口许可证有效期最长为六个月，允许多次报关使用，但最多不能超过12次，由海关逐批签注出运数。

小提示

出口许可证一般不能跨年度使用，其有效期最迟到当年12月31日。如需跨年度使用，出口企业须向原发证机关换证，该证的有效期最迟只能延续至下一年的二月底，并不得再延。

（5）出口许可证应由出口企业或单位根据分级管理的原则，分级申请，于货物装运前向签证机关提出书面申请，经签证机关审核，符合有关规定，手续完备的，三个工作日内即可予以签发。委托代理出口的，由接受代理的单位申领出口许可证。

（6）出口许可证一经签发，出口单位需变更许可证内容时必须到原发证机关换证，并应在原出口许可证和合同有效期内进行，任何涂改或伪报，都要追究责任。

（三）提交申报

"出口许可证申请表"填写好后，要盖上公章，然后连同一份出口合同复印件及相应的资料，向有权签发该商品出口许可证的机关提交申报手续。经审核符合要求的，由发证机关将申请表各项内容输入计算机。

（四）领证

发证机关在申请表送交后的三个工作日内，签发《中华人民共和国出口许可证》，一式四联，将第一、二、三联交领证人，凭此向海关办理货物出口报关和银行结汇手续。同时，办证收取一定的费用，外贸企业要在三个工作日内去交费、领证。

五、出口许可证申请流程

（一）登录

从商务部业务系统统一平台登录，插入电子钥匙，系统自动读取电子钥匙中的用户名，企业输入密码进行登录，全程电子化。

进入业务大厅后，选择商务部进出口许可证统一管理平台，点击进入应用，如图4-6所示。

图4-6 进入应用

用户进入应用后，选择对应在有效期内的CA证书，点确定后进入应用系统，如图4-7所示。

图4-7 进入首页

（二）申请出口许可证

申请出口许可证分为录入申请表、上报申请、待审申请、复审未通过列表、打印申请表、已打印申请表、申请企业信息、查看电子许可证等模块。一般页面右上角标记数据权限级别，根据用户的数据权限，取本人、本部门或本公司的数据。企业端仅展示本公司数据。

1.录入申请表

企业用户录入出口许可证申请表，提供申请表所需项目的录入功能。第一步先选择申请表的预录入数据项，如图4-8所示，然后跳转到申请表录入页面。

图4-8　申请表预录入表项

当前位置：商品选择列表

代码：8703　　名称：请输入名称　　查询　确定

☰ 商品选择列表

·	商品大类	商品代码	商品名称
☜	C01802	8703101100	全地形车
☜	C03201	8703213010	仅装有排量≤1升的点燃往复式活…
☜	C03201	8703236110	仅装有2.5≤排量≤3升点燃往…
☜	C03201	8703235190	2<排量≤2.5升小轿车的成套…
☜	C03201	8703235110	仅装有2<排量≤2.5升点燃往…
☜	C03201	8703234190	1.5<排量≤2升小轿车的成套…
☜	C03201	8703234110	仅装有1.5<排量≤2升点燃往…
☜	C03201	8703223090	1<排量≤1.5升小轿车的成套…
☜	C03201	8703223010	仅装有1<排量≤1.5升点燃往…
☜	C03201	8703213090	排量≤1升小轿车的成套散件

共245条　每页10条　共25页　<上一页　1　2　3　4　5　…　25　下一页>　　确定

图4-9　预录入—选择商品代码

当前位置：报关口岸列表

| 代码：请输入代码 | | 名称：请输入名称 | 查询 | 确定 |

报关口岸列表

	企业代码	口岸名称
✍	9705	西宁综保
✍	9704	格尔木海关
✍	9703	西宁机场
✍	9701	西海海关
✍	9700	西宁关区
✍	9607	中卫海关
✍	9605	银关快件
✍	9604	银川综保
✍	9603	石嘴山关
✍	9602	河东机场

图4-10 预录入—选择报关口岸

选择商品代码和报关口岸后（见图4-9、图4-10），进入电子许可证申请表录入页面（见图4-11），已选择的信息自动带入。接下来填写附加说明信息（见图4-12）。

配额年度	○ 2020 ● 2021 年度许可证		申请表号	自动生成	
出口商代码 统一社会信用代码	████3389 ████IC	发货人代码	3400771133389　选择	出口许可证有效截止日期	20211115
贸易方式	请选择	进口国（地区）	选择	付款方式	请选择
合同号	请输入合同号	报关口岸	9705　选择 西宁综保	运输方式	请选择
商品代码	8703213010 选择	名称	仅装有排量≤1升的点燃往复式活塞内燃发动机的小轿车	设备状态	旧
品牌	请选择　点击查看品牌说明				

规格、等级	车架号（辆）	金额 币别 请选择	金额折美元

•增加一行　·删除一行

备注（最多32个汉字）　　　　　　　　　　是否一批一证 ● 是 ○ 否

发证机构	请选择 　(如您不能在发证机构领证，可选择如下两种打证点之一)
是否选择延伸打印终端	○ 是 ●否　　打印终端 请选择
是否选择异地出证机构	○ 是 ●否　　异地机构 请选择
联系人	请输入联系人　　部门代码 00
联系电话	请输入联系电话　　份数 1
批复单号	请输入批复单号 如果商品是臭氧层物质时，该项必须录入，如果商品是白银大类且贸易方式为来料加工或进料加工，该项必须录入 　最终用户证明书 请输入最终用户证明书

图4-11 录入电子许可证申请表

图4-12 填写附加说明信息

点击申请表合同信息表，填写相关信息（见图4-13）。如有附件，可上传附件（见图
4-14）。

申领企业信息（此信息只需填写一遍）			
* 企业代码	1100100000040	* 企业名称	测试企业
* 企业成立日期	1999-01-01	* 注册资本（万元）	9999999999
统一社会信用代码	5555555555555555	* 企业地址	234234
* 企业联系人	23424	* 企业联系人电话	01013333333
* 企业联系人手机	13800138000445645645666666666666	* 企业联系人邮箱	23424222@qq.com
* 传真	010-6780096	* 邮编	212122
对外贸易经营者备案登记证号	914201007030955017	外商投资企业批准证书号	234234
营业执照注册码	12		

对外成交合同/协议信息			
* 合同号	请输入合同号	* 外商中文名称	请输入外商中文名称
* 外商英文名称	请输入外商英文名称	* 出口商签署人（授权人）	请输入出口商签署人（授权人）
生产商	请输入生产商	* 商品名称及规格描述	请输入商品名称及规格描述
* 合同签订日期		* 合同有效期	
* 合同总数量	请输入合同总数量	* 计量单位	请输入计量单位
* 合同总金额	请输入合同总金额	* 结算币种	请选择
* 付款方式	请输入付款方式		

国内贸易（代理）合同/协议信息			
委托人名称	请输入委托人名称	代理人名称	请输入代理人名称
代理合同/协议号	请输入代理合同/协议号	代理合同签订日期	
合同/协议有效期		发货企业名称	请输入发货企业名称
发货企业联系人	请输入发货企业联系人	发货企业地址	请输入发货企业地址
发货企业联系电话	请输入发货企业联系电话	国内运输方式	请输入国内运输方式
国内运单号码	请输入国内运单号码		

其他相关信息			
启运港	请输入启运港	目的港	请输入目的港
启运日期		预计到港日期	
运费计价方式	请输入运费计价方式	运费合计（元）	请输入运费合计（元）
商品生产企业名称	请输入商品生产企业名称	商品生产企业地址	请输入商品生产企业地址
商品生产企业电话	请输入商品生产企业电话	商品生产企业传真	请输入商品生产企业传真
商品详细用途	请输入商品详细用途	* 本商品今年全年预计完成出口量与去年同比情况	请选择

保存　关闭

主办单位：中华人民共和国商务部　　网站标识码bm22000001　　京ICP备05004093号-1　　●京公网安备 11040102700091号
网站管理：商务部电子商务和信息化司　　统一平台技术支持电话：86-10-67870108

图4-13 申请表合同信息表

图4-14 上传附件

申请表填写完成后，点击"保存并盖章"时，系统会自动加盖企业电子签章（见图4-15），并弹出"加盖签章"成功的提示。

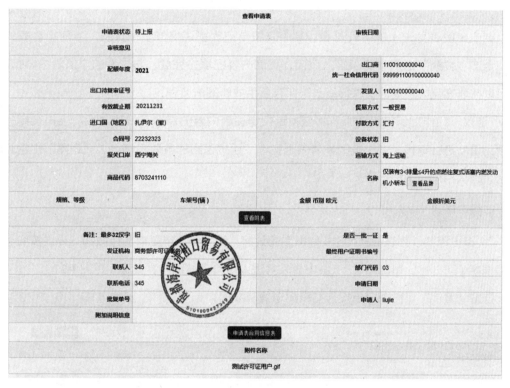

图4-15 保存并盖章

2.上报申请

"上报申请"列出录入完成待上报的申请表数据、初审不通过退回需要修改的申请表数据、企业申请撤销并成功被撤销的申请表数据（见图4-16）。同时列表提供按申请表号排列顺序改变（点箭头可按申请表号升序或降序排序）。企业在上报申请表前可以对其进行查看、修改、删除等操作。

图4-16　上报申请

点击申请表号进入申请表查看，其中查看申请表里还提供了"复制"当前申请表的功能，点击"复制"进入申请表录入页面，页面内容已填充完成，与查看的申请表内容相同，也可以在填充完成的基础上进行修改。保存后生成新的申请表。

"修改"操作指保持申请表号不变，进行申请表内容的修改。修改之后可上报至商务主管部门重新进行审核。未上报的申请表或初审不通过退回的申请表可点击"删除"提示删除确认，确认后申请表被删除。

3. 待审申请

"待审申请"以列表形式列出3种类型的数据：待初核、待复审、待撤销，提供按照申请表号排序（可升序，可降序），点击申请表号进入申请表详细内容查看（见图4-17）。

点击"撤销"可撤销已上报待初核的申请表数据。

图4-17　"待审申请"界面

4.复审未通过

"复审未通过"以列表形式列出复审未通过数据，提供按照申请表号排序（可升序可降序），点击申请表号进入申请表详细内容查看（见图4-18）。

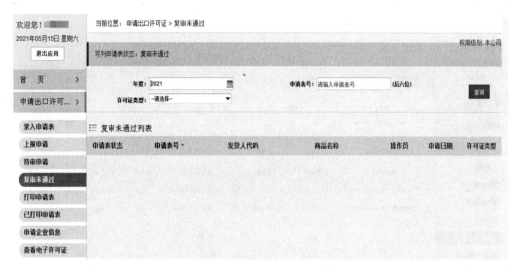

图4-18 "复审未通过"界面

5.打印申请表

"打印申请表"以列表形式列出复审通过未打印的申请表数据，提供按照申请表号排序（可升序可降序），点击申请表号进入申请表详细内容查看，点击许可证号进入查看许可证详细内容（见图4-19）。

	申请表号▾	许可证号	出口商	商品名称	操作员	申请日期	许可证类型	操作
☐	213400771133389600013	21AD800787	3...338 9	鲜、冷、冻或干的甘草(不...	YUN	20210511	电子	
☐	213400771133389600012	21AD800786	3...338 9	鲜、冷、冻或干的甘草(不...	YUN	20210511	电子	
☐	213400771133389600011	21AD800755	3...8 9	鲜、冷、冻或干的甘草(不...	YUN	20210507	电子	
☐	213400771133389600010	21AD800685	3...8 9	鲜、冷、冻或干的甘草(不...	YUN	20210422	电子	

图4-19 "打印申请表"界面

6. 已打印申请表

"已打印申请表"以列表形式列出复审通过已打印的数据，按照申请表号排序（可升序可降序），点击申请表号进入申请表详细内容查看，点击许可证号进入查看许可证详细内容，可再次打印申请表（见图4-20）。

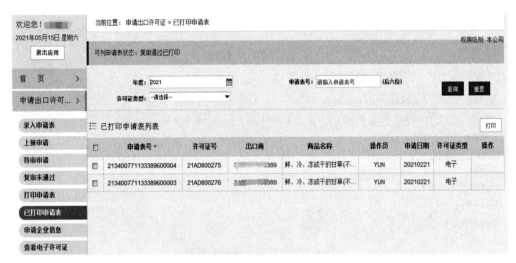

图4-20　已打印申请表

7. 申请企业信息

企业可通过左侧"申请企业信息"填写出口企业的信息（见图4-21）。

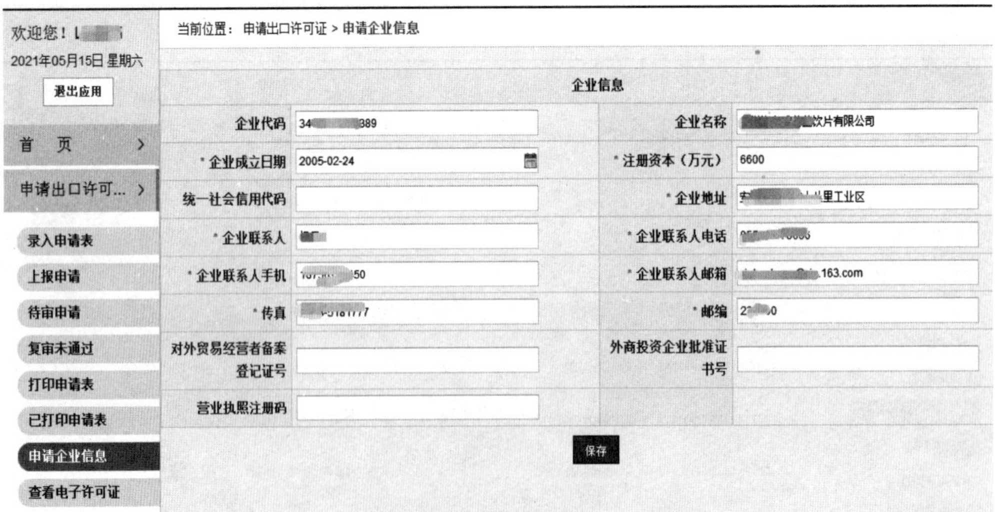

图4-21　申请企业信息

8.查看电子许可证

企业提交的申请表信息在复审通过之后，主管机关点击生成电子许可证，电子许可证信息被发往海关（见图4-22），同时，企业可在系统中查看并下载本企业的电子许可证。

图4-22　查看电子许可证

05

第五章

货物交付跟单

【本章要点】▶▶▶ ···

⇨ 订单交付之出货跟单流程

⇨ 办理国际货物运输保险

⇨ 出口商品报检

⇨ 跟进报关

第一节　订单交付之出货跟单流程

外贸跟单员要经常跟进工厂订单的生产进度，在交货期前十多天，询问工厂是否可以按时交货，如可以，则准备向货代订舱，同时安排验货人员验货。验货合格后，跟单员要向货代订舱，并在规定的日期内安排出货。这一阶段的工作事项很多，为使货物顺利地在合同规定的交货期前交运，外贸业务人员要跟踪好每个生产、交货环节。

一、给客户发送发货装箱资料单

外贸跟单员应提前通知客户出货信息。外贸业务人员应制作"发货装箱资料单"（见表5-1）并发送给客户，通知客户此单产品可以出货。

表5-1　发货装箱资料单

客户名称		订单号	
货物名称		规格/型号	
数量		装箱数	
净重		毛重	
外箱尺寸		总体积	

一般而言，客户接到发货装箱资料单后，会通知出货日期、方式。

二、开具出货通知单

一般情况下，外贸企业只有在得到客户确认的书面文件之后才可以出货。客户在接到发货装箱资料单后，一般会通知出货的日期、方式，外贸业务人员如果有任何疑问，一定要询问清楚。外贸跟单员接到客户的通知后，即可开具出货通知单（见表5-2）、出厂申请单等票据，并联系运输公司。

表5-2　出货通知单

通知日期：　　　年　　月　　日　　　　　　　　　　　　　　　　单号：

客户名称			订单号码		
序号	品名	规格/型号	出货数量	单位	装货（出货）方式
是否需提供易损件　　是□　否□					
报关时间			柜号		
来柜时间			要求货柜离厂时间		
要求配合部门		□品管部　　□业务部　　□仓库			
相关部门经理及签收					
业务经理意见及签名					

制表：　　　　　　　日期：　　　　　　　　审批：　　　　　　　　日期：

三、租船、订舱

货物交付和运输过程之中，如货物的数量较大，可以洽租整船甚至多船来装运，这就是"租船"。如果货物量不大，则可以租赁部分舱位来装运，这就是"订舱"。当卖方备妥货物，收到国外开来的信用证，并且经过审核无误后，能否做到船货衔接，按合同及信用证规定的时间及时将货物运出，主要决定于租船、订舱这个环节。

（一）基本要求

租船、订舱的基本要求主要包括以下几点。

（1）根据合同中不同的价格条件，在具体租船、订舱时应遵循各自的要点，具体说明如图5-1所示。

（2）如果货物不够装满一个集装箱（集装箱是一种能反复使用的便于快速装卸的标准化货柜），需以散货的形式运输，应向货代公司订散货舱位。拿到入舱单后，还要了解货物截舱时间、货物入舱报关要求等内容。

（3）向运输公司订舱时，一定要发送书面订舱单，注明所订船名、船期、货柜类型及数量、装货港、目的港、货物名称、重量、体积、发货人及收货人信息等内容，以免出现差错。

FOB条款	CIF条款
• 客户指定运输代理公司或船公司 • 尽早与货代联系，告知发货意向，了解将要安排的出口口岸、船期等情况 • 确认交货能否早于开船期至少一个星期，及船期能否达到客户要求 • 在交货期两个星期之前向货运公司发出书面订舱通知	• 尽早向货运公司或船公司咨询船期、运价、开船口岸等 • 选择价格优惠、信誉好、船期合适的船公司，并通知客户 • 客户不同意时要另选其认可的船公司 • 开船前两个星期书面订舱

图5-1　租船、订舱操作要点

（二）租船、订舱程序

1.填写货物订舱委托书

发货人委托货运公司（船公司或货代）托运货物时，需填写货物订舱委托书（见表5-3）预订舱位。

发货人根据贸易合同和信用证条款内容填制货物订舱委托书，委托船公司或货代办理货物托运。船公司或货代依据订舱委托书内容，并结合船舶的航线、装货港、目的港、船期和舱位等条件预订船期及舱位，并将装货单（Shipping Order，S/O，俗称落货纸或出仓纸）发给发货人，让其及时安排拖车公司将货物运输到指定地点。

订舱委托书的制作要求如表5-4所示。

在实际贸易操作中，一般是船公司或货代给发货人发送正式的S/O，发货人在验货完成后把S/O传真给拖车行（S/O上注明拖柜时间、地点及联系电话等信息），用来制作相关运输单据。

2.货运代理办理托运（以集装箱发货为例）

（1）货代接到货物订舱委托书后，根据和客户谈好的情况让船公司安排舱位。

（2）船公司发放S/O：船公司确认有舱并给货代发放S/O。S/O是货物提柜、装船的凭证。

（3）凭S/O提柜：货代拿到S/O后根据S/O的指示打单，并去指定地点提柜。

（4）货代提柜后，将其运至工厂装货，当货物装卸完毕后，关柜门、打铅封，并将铅封上的编号登记在还柜纸上。

注：封条其实就是一个由塑料或金属制成的锁头，是一次性的。

表5-3 货物订舱委托书

**订舱时请务必清楚填写箱型、箱量、起运港、目的港、货品的中英文名称、货重、体积、运费、运输条款、截关期及所需配载船公司，并请签名及加盖公章。如有特别要求请在备注中写明。

Shipper（发货人） Tel :　　　　　　PIC:		SHIPPING ORDER 公司 Logo	S/O: ××国际货运代理有限公司 ××Logistics Co., Ltd TEL: MAIL: Celina@XX.com.cn 　　　 Monica@XX.com.cn	
Consignee（收货人）				
Notify party（通知人）		Sea Freight PREPAID　☐ COLLECT　☐	Service Type on Receiving and Delivery CY - CY ☐　　CFS - CFS ☐ CY - CFS ☐　　CFS - CY ☐	
Pre-Carriage by （前程运输）	Place of receipt （收货地点）	Reefer temp. required （冷藏温度） 　℃　　　　℉	Seahonest Ref.	
Ocean Vessel / Voy. No. （船名/航次） 订舱时此处写截关时间	Port of loading（装货港）	提单类型：　船东单 　　　　　　电放单 Seaway Bill	FCL or LCL（整箱货/散货） 此处填柜型及柜量	
Port of discharge（卸货港）	Place of delivery（交货地）			
PARTICULARS FURNISHED BY SHIPPER - CARRIER NOT RESPONSIBLE（托运人填写）				
Marks and numbers （标记与号码）	No. of ctns/pkgs （箱数或件数）	Kind of packages : description of goods （包装种类与货名）	Gross weight （kgs） （毛重/公斤）	Measurement （cbm） （尺码/立方米）
Ocean Freight（海运费）				
B/L Type（提单类型） HBL or MBL		Signature & Chop by Shipper （托运人签名及盖章）		
Trucking Arrangement（拖车安排） （若由我司安排拖车，请填写装柜时间，地点，联系人，电话，报关方式）		托运人声明:我司托运的货物名称及重量为真实的，如因虚报或瞒报产生的一切连带责任及后果将由我公司全部承担! Person in Charge（经办人） Date（托运日期）:		

表5-4　订舱委托书的制作要求

序号	项目	填写要求
1	目的港	名称须明确具体，并与信用证描述一致，如有同名港，须在港口名称后注明国家、地区或州、城市。如信用证规定的目的港为选择港（Optional Ports），则应是同一航线上的、同一航次挂靠的基本港
2	运输编号	即委托书的编号。每个具有进出口权的托运人都有一个托运代号（通常也是商业发票号），以便核查和财务结算
3	货物名称	应根据货物的实际名称，用中英文两种文字填写，更重要的是要与信用证所列货名相符
4	标记及号码	又称唛头（Shipping Mark），是为了便于识别货物，防止错发货而在进出口货物的包装上所做的标记，通常由型号、图形、收货单位简称、目的港、件数或批号等组成
5	重量及尺码	重量的单位为千克，尺码的单位为立方米。托盘货要分别注明盘的重量、尺码以及货物本身的重量、尺码，对超长、超重、超高货物，应提供每一件货物的详细的体积（长、宽、高）以及重量，以便货运公司计算货物积载因素，安排特殊的装货设备
6	运费付款方式	一般有运费预付（Freight Prepaid）和运费到付（Freight Collect）。有的转运货物，一程运费预付，二程运费到付，要分别注明
7	可否转船、分批，以及装货期、有效期	均应按信用证或合同要求一一注明
8	通知人、收货人	根据贸易合同或信用证条款填写
9	有关的运输条款	关于订舱，如果客户有特殊要求也要一一列明

下面分别提供一份散货海运装货单据和整柜海运订舱单据的范本，供读者参考。

 范本 1

散货海运装货单据

入外运仓进仓通知书					
订舱号：	SZXPIT3896560V	目的港：	PITTSBURGH	目的国：	美国
外运代码：	TJHX（不能修改）		预约号：		01609266
请送货前预约入仓时间： 网上服务系统预约（通过预约号登录）： 入仓时间电话自动语音预约：××××××					

续表

货物名称 （必填）	唛头	数量和包装	重量（kgs）	体积 （cbm）	备注
请自行填写	请自行填写	10 CTNS	455	4.12	请如实申报货物重量，货名和目的港，否则后果自负！我司一律不收危险品，请知悉，谢谢！
截仓时间	2022-12-19 17:00	请于12月14日至截仓日期间送货，否则将产生仓租RMB2/CBM/天，如需LATE COME（延迟），请提前申请			

如实申报及非危险品申明

我方承诺上述货物名称、唛头、尺码、重量等相关信息与实际货物一致，不存在虚报和隐瞒的情况；承诺并保证办理入仓货物为一般物品，非易燃、非易爆、非腐蚀性、非有毒有害物质、非氧化剂、非麻醉品、非精神性药品、无放射性，亦非用于制造化学武器的原料，不属于《国际海运危险货物规则》（IMDG Code）和国家标准《危险货物品名表》（GB 12268—2012）所列之危险品；亦非外运仓公告禁止入仓货物。以上申报俱属实，因此货物存储运输产生的一切后果，由我方承担全部责任。

送货人签名：　　　　　　　　　　联系电话：

发货方签章：　　　　　　　　　　日期：____年____月____日

入仓注意事项

1.入仓程序。承运车辆到仓库后，送货人凭此单直接到操作中心大厅1～6号窗口办理卸货登记手续，然后凭指示交单卸货。

2.收费标准。按80元/PO号/车的标准收取进仓登记费，进仓登记费及其他所有收费均开具正式发票。

3.收货时间。星期一8:30至星期六19:00期间24小时收货；星期日8:30至17:30，星期六只收取转关货物，周日只收取清关货物。如遇节假日另行通知。

4.货物要求。（1）禁止入仓货物：《国际海运危险货物规则》（IMDG Code）和国家标准《危险货物品名表》（GB 12268—2012）所列之危险品；裸装货物或货物包装不适合存储和运输；单件货物重量超过5吨（含5吨）；货物外包装单边长度超过4米（含4米）；仓库公告列明的禁止入仓货物。（2）限制入仓货物：包装无唛货物或单票货物超过五种唛头（现场收费贴唛）；易碎品（如玻璃、石材等）外包装为纸箱或单边长度超2米或单件重量超1.5吨（需办理入仓审批手续，提供货物尺寸、图片和保函）；单边宽度小于50厘米必须打三角形支撑架使之成为独立的牢固包装的货物。化工产品、粉状、液体及膏状货物（办理审批手续，提交MSDS和保函）。（3）我司不接受变频器、电池组、胶水、腐蚀品、易燃易爆等危险物品及易腐烂物品入仓。

5.货物名称、重量等数据务必真实准确，否则由此造成的报关延误等问题由送货人自行负责。

6.由于海关加强对报关单申报件数的审核力度，按照申报规范要求，报关件数必须以货物的最小包装申报，所以对于打托或者木箱等包装的货物必须与客户核实是否含纸箱包装，若是含有纸箱，必须以纸箱件数进行申报，对于客户不按照纸箱申报造成退单的，由客户自行承担责任。

续表

入仓报关单证要求			
清关报关资料要求及说明			转关报关资料要求及说明
1.销售合同	一份，盖公章，中文	装箱单、发票、合同中必须填写中文货品名，否则会罚款	1.司机本、司机纸、报关单原件和复印件
2.品牌申明书	一份，盖公章，中文		2.存出仓委托书，填写完整并盖公章
3.装箱单	一份，盖公章，中文		3.装箱单，列明项数、毛净重，并提供PO号与报关单申报货物一一对应的列表
4.发票	一份，盖公章，中文		
5.报关单	一份，盖公章（电脑打印）	装箱单、发票、合同中必须填写中文货品名，否则会罚款	4.转关车必须在下午3:00之前进仓，方可出司机本
6.报关委托书	一式三联，盖公章		5.其他报关单证填写内容注意事项
7.存出仓委托书	一份，盖公章		6.出口口岸： 运输方式： 备注栏：

1.根据海关申报规范的要求，出口商品申报要素都要上网查询。各个海关的查询网址不同，此处略。

2.加盖公章的经营单位营业执照复印件和《中华人民共和国海关进出口货物收发货人报关注册登记证书》复印件。

3.其他要求：视货物而定需提供相应商检/许可证文件；请在报关单备注栏注明是否退税；上述文件中的报关资料除代理报关委托书外，销售合同、装箱单、发票、报关单和存（出）仓委托书必须为电脑打印件，不可手写。

4.如果一份报关单的货值超过5万美元，需要提供如下文件：（1）营业执照复印件；（2）税务登记证明；（3）增值税发票（进出口专用发票）；（4）货物中文说明书（附照片）。以上资料需加盖经营单位公章。所有资料齐备后，须交外运仓部门主管（报关金额50 000元至100 000元）或经理（报关金额100 000元及以上）签名后，方可递单申报。

外运仓库详细地址：（略）
路线一：（略）

路线二：（略）
路线三：（略）

*报关资料递交地址：（略）
报关资料联系我司驻仓员：（略）

 范本 2

整柜海运订舱单据

<table>
<tr><td colspan="2" align="center">×× 集装箱运输（香港）代理有限公司
×× Container Lines（Hong Kong）Agency Co., Ltd.
订舱确认</td></tr>
<tr><td>FROM：</td><td>Date：2022-12-30</td></tr>
<tr><td>Tel.：   Fax：</td><td>CONTRACT No.：</td></tr>
<tr><td>SHIPPER：   Fax ：</td><td></td></tr>
<tr><td>ATTN：</td><td></td></tr>
<tr><td>船名/航次：</td><td></td></tr>
<tr><td>定仓号：CWNMIT100392</td><td>TERM：CYCY</td></tr>
<tr><td>柜型/柜量：1×20GP</td><td>其他：付款地—香港</td></tr>
<tr><td>货名：FURNITURE</td><td>货类：普通货</td></tr>
<tr><td>卸货港：MANZANILLO, PANAMA</td><td></td></tr>
<tr><td>目的港：MANZANILLO, PANAMA</td><td></td></tr>
<tr><td>特殊要求：</td><td></td></tr>
<tr><td>还柜地：</td><td>打单地点：</td></tr>
<tr><td>提空柜/开舱时间：2023-01-01</td><td>文件截止时间：2023-01-02 16:00</td></tr>
<tr><td>截柜时间：2023-01-06 08:00</td><td>截放行条时间：2023-01-06 12:00</td></tr>
<tr><td>备注：（1）是否含木包装：</td><td>（2）是否需要杀虫：</td></tr>
<tr><td colspan="2">文件补料FAX：
仅接受客户补料至公共邮箱，并在邮件主题上标注订舱号和船名。
收到本确认单后请仔细核对以上内容。</td></tr>
<tr><td colspan="2" align="center">注意事项</td></tr>
<tr><td colspan="2">注意：拖车公司必须在本单上盖公司或业务章</td></tr>
<tr><td>×× 集运盐田办公室：</td><td>FAX：</td></tr>
<tr><td>Tel.：</td><td>联系人：</td></tr>
<tr><td>×× 集运蛇口码头操作部（×× 打单点）：</td><td></td></tr>
<tr><td>Tel.：</td><td>联系人：</td></tr>
<tr><td colspan="2">文件补料内容和超重附加费及特种柜免费期和收费标准详见我司网页（略）。
对于不如实申报货重的客户，我司将会加收罚款。
注：
（1）请于船期指定限期内完成准确提单补料提交工作，否则产生的费用和引起的任何责任由托运人承担；
（2）40HQ 开仓期由船到前 7 日起计；</td></tr>
</table>

续表

| |
| |
| （3）如需我公司协助，请与上述客户服务人员联系；
（4）如需拖车，请填写拖车单并联系：（略）；
（5）如需海铁联运安排，请联系：（略）。

　　货运代理机构接受发货人托运委托后，即可向承运单位或其货运代理办理租船、订舱业务。待承运人（船公司）或其代理人签发装货单后，货运代理机构填制显示船名、航次和提单号码的提单，连同装货单、收货单一起交付出口企业，托运工作即告完成。 |
| **特别提示** |
| 　　办理订舱手续时，力求准确无误，尽量避免加载（增加订舱数量）、退载和变载的情况发生，以免影响承运人和船、货代理人以及港务部门的工作。 |

四、制作装箱单

　　装箱单是发票的补充单据，它列明了信用证（或合同）中买卖双方约定的有关包装事宜，便于国外买方在货物到达目的港时供海关检查和核对货物。通常，外贸企业可以将其有关内容加列在商业发票上，但是在信用证有明确要求时，就必须严格按信用证约定制作。

（一）装箱单的格式

　　装箱单（Packing List）着重表现货物的包装情况，应包括出货的品名规格、数量、箱数、毛净重、包装尺码、总体积、箱号、唛头等。不同公司的装箱单，其格式也不一样。以下提供一个装箱单范本，供读者参考。

 范本 3

装箱单
（Packing List）

To Messrs:　　　　　　　　　　　　　　Date:
客户：　　　　　　　　　　　　　　　　日期：
No.:　　　　　　　　　　　　　　　　　Invoice No.
装箱单号：　　　　　　　　　　　　　　发票号：
S/C No.:
合同号 / 销售确认书号：
Shipping By:

运输方式：

FROM: TO:

从： 至：

MARKS & No. 唛头	DESCRIPTION 货物名称及规格	QUANTITY 数量	Case No. 箱数	N.W. 净重 (kg)	G.W. 毛重 (kg)	MEASUR-EMENT 外箱尺寸	CBM 体积 (m³)
TOTAL AMOUNT:							

Signature：

（二）装箱单的内容和缮制要点

装箱单的内容和缮制要点如表5-5所示。

表5-5　装箱单的内容和缮制要点

序号	内容名称	缮制要点
1	装箱单名称（Packing List）	应按照信用证规定使用。通常用"Packing List""Packing Specification""Detailed Packing List"。如果来证要求用中性包装单（Neutral Packing List），则包装单名称打"Packing List"，但包装单内不打卖方名称，不能签章
2	编号（No.）	编号与发票号码一致
3	合同号或销售确认书号（Contract No./ Sales Confirmation No.）	注明此批货物的合同号或者销售确认书号
4	唛头（Shipping Mark）	唛头与发票一致，有的注明实际唛头，有时也可以只注"as per invoice No. ××"；若没有唛头可注"N/M"
5	箱号（Case No.）	箱号又称包装件号码。在单位包装货量或品种不固定的情况下，需注明每个包装件内的包装情况，因此包装件应编号
6	商品名称（Name of Commodity）	与发票内容一致
7	货物描述（Description & Specification）	要求与发票一致。货名如有总称，应先注总称，然后逐项列明详细货名。与第5项、6项栏对应逐一注明每一包装件的货名、规格、品种
8	数量（Quantity）	应注明此箱内每件货物的包装件数。例如，"bag 10""drum 20""bale 50"，在合计栏注明合计件数

续表

序号	内容名称	缮制要点
9	毛重 （Gross Weight）	注明每个包装件的毛重和此包装件内不同规格、品种、花色货物各自的总毛重，最后在合计栏中注明总货量。信用证或合同未要求，不注也可。如为"Detailed Packing List"，则此处应逐项列明
10	净重 （Net Weight）	注明每个包装件的净重和此包装件内不同规格、品种、花色货物各自的总净重，最后在合计栏中注明总货量。信用证或合同未要求，不注也可。如为"Detailed Packing List"，则此处应逐项列明
11	箱外尺寸（Measurement）	注明每个包装件的尺寸
12	体积（CBM）	注明每个包装件的体积，单位一般是立方米
13	合计 （Sub Total）	此栏对箱号、数量、毛重、净重等栏进行合计。以英文大写标明总包装数量，必须与数字表示的包装数量一致。如：FOUR THOUSAND FOUR HUNDRED CARTONS ONLY
14	出票人签章 （Signature）	由出口公司的法定代表人或者经办制单人员代表公司在装箱单右下方签名。上方空白栏填写公司英文名称，下方则填写公司法人英文名称

装箱单每项内容的填写一定要准确无误，特别是品名、件数、数量、重量等，一定要与实物一致。否则，一旦被国外海关查实，轻则按走私货罚没，重则要追究刑事责任。

（三）装箱单缮制中的注意事项

（1）有的出口公司将两种单据的名称印在一起，当来证仅要求出具其中一种时，应将另外一种单据的名称删去。单据的名称必须与来证要求相符。如信用证规定为"Weight Memo"，则单据名称不能用"Weight List"。

（2）单据的各项内容应与发票和其他单据的内容一致。如装箱单上的总件数和重量单上的总重量应与发票、提单上的总件数和总重量一致。

（3）包装单所列的情况应与货物的包装内容完全相符。

（4）如来证要求提供"中性包装清单"（Neutral Packing List），应由第三方填制，不要注明受益人的名称。这是由于进口商在转让单据时，不愿将原始出口商暴露给买主，所以才要求出口商出具中性单据。如来证要求用"空白纸张"（Plain Paper）填制这两种单据，在单据内一般不要表现出受益人及开证行名称，也不要加盖任何签章。

五、排柜

排柜的目的是尽量降低海运费。例如，20英尺柜和40英尺柜都可以装下一批货物，企业一般会选择20英尺柜，因为20英尺柜的各项费用肯定比40英尺柜低；另外一种情况就是客户订单里的产品规格、型号比较多，尺寸也不一样，所以，需要经过仔细计算，使装货数量尽量多，通常的做法是选择最经济、最合适的柜型，装尽可能多的数量。

（一）了解货柜尺寸

货柜共分两种规格，40英尺和20英尺，20英尺柜的外尺寸为20英尺×8英尺×8英尺6英寸[1]；40英尺柜的外尺寸为40英尺×8英尺×8英尺6英寸。此外40英尺柜及20英尺柜还分高柜及一般柜。表5-6是常用集装箱尺寸基本情况一览表。

表5-6　常用集装箱尺寸基本情况一览表

序号	柜型	内尺寸（长×宽×高）	配货毛重	理论容积
1	20尺柜	5.90米×2.35米×2.39米	18吨	33立方米
2	20尺冷冻柜	5.72米×2.29米×2.01米	21吨	26立方米
3	40尺柜	12.03米×2.35米×2.39米	26吨	68立方米
4	40尺冷冻柜	11.80米×2.29米×2.10米	27吨	57立方米
5	40尺高柜	12.03米×2.35米×2.70米	26吨	76立方米
6	45尺高柜	13.56米×2.35米×2.70米	29吨	86立方米
7	20尺平底柜（脚架式折叠平板）	5.65米×2.03米×2.07米	22吨	24立方米
8	20尺平底柜（板框式折叠平板）	5.64米×2.22米×2.23米	22吨	28立方米
9	40尺平底柜（脚架式折叠平板）	11.78米×2.00米×1.94米	39吨	46立方米
10	40尺平底柜（板框式折叠平板）	11.78米×2.23米×1.96米	36吨	51立方米

（二）排柜方法

各种货柜尺寸不一，业务人员在做具体安排时应注意以下技巧。

（1）在计算货物外箱体积的时候，在外箱实际尺寸的基础上长、宽、高各加1厘米算单个外箱的体积。

（2）20英尺柜一般是24～28立方米，不要超过28立方米，40英尺柜体积的安全上限是58立方米，45英尺高柜体积上限是78立方米。这里所说的上限是实际能装的体积，并不是柜子内部的空间体积，因为装柜时有浪费，很难100%地利用空间。

（3）每类柜子的重量也是有限制的，货物的毛重不能超过其限制，尤其要考虑有些国家的相关规定。

---

[1] 1英尺约合0.3048米，1英寸约合0.0254米。

（4）要尊重客户的要求，如唛头朝柜门口、同一个款号要堆放在一起等。

（5）要考虑到海关查验的需要。

如何正确排柜

某工厂有一批需要排柜的货物，要用一种滑托板打包装，箱子的尺寸是56厘米×30厘米×40厘米，总共有610箱。客户要求高度不能超过1.2米。现订购滑托板的尺寸是112厘米×90厘米，堆两层，高度是800毫米。每个滑托板装12个箱子，大概需要51个滑托板。如果准备装40英尺柜，那么按照以下的排柜方法可有效地利用空间。

（1）堆两层。第一层每托3层高，共18箱一托，第二层每托2层高，共12箱一托。总高度是0.4×3+0.8=2米。

（2）排两列，每托的宽度是0.9米，共1.8米宽。

（3）每列排10行，共11.2米长。

第一层：放20托×18箱=360箱。

第二层：放20托×12箱=240箱。合计600箱，余下的10箱可以放在空隙里。

（三）统计货柜安排

对于排柜情况，应以表格形式列明，并将该表格交给工厂，以便其做好相应准备。以下是一份货柜安排情况表的范本，供读者参考。

货柜安排情况表

客户名：　　　　　　　　　　　订单号：

货柜类型：　　　　　　　　　　到厂日期：

序号	型号/规格	每箱产品数量	箱数	体积

六、出口商品出厂前检验

出口商品出厂前的检验，主要分为生产检验、验收检验和第三方检验。要确保出口商品的质量，外贸业务人员必须做好出厂前的检验。

（一）生产检验

生产检验又称第一方检验、卖方检验，是由生产企业或其主管部门自行设立的检验机构，对所属企业进行原材料、半成品和成品的自检活动。生产检验的目的是及时发现不合格产品，保证质量，维护企业信誉。如果是自己加工的企业，外贸业务人员要在平时做好跟踪工作。如果是代理加工，外贸业务人员要在前期注重对加工工厂的选择，应选择信誉较好的工厂代加工。

（二）验收检验

验收检验又称第二方检验、买方检验，是由商品的买方为了维护自身及客户利益，保证所购商品符合标准或合同要求所进行的检验活动。目的是及时发现问题，反馈质量信息，促使卖方纠正或改进商品质量。外贸企业应常派"驻厂员"，对商品质量形成的全过程进行监控，对发现的问题，及时要求生产方解决。

（三）第三方检验

第三方检验又称公正检验、法定检验，是由处于买卖利益之外的第三方（如专职监督检验机构），以公正、权威的非当事人身份，根据有关法律、标准或合同所进行的商品检验活动，如公证鉴定、仲裁检验、国家质量监督检验等。目的是维护各方合法权益和国家权益，协调矛盾，促使商品交换活动的正常进行。

 相关链接 ❮ ···

如何选择第三方检验机构

出口贸易甚至国内产品交易，都离不开各种检验报告。不过，外贸业务人员往往无法判断哪一家质量检验机构正规，并能为自己的企业带来真正的帮助。

国内第三方检测机构并不少，但是真正具备实力、大型、正规的检验机构并不多。认证检验的费用有高有低，有些企业盲目选择费用低甚至可以出钱买报告的第三方检验机构，虽然可能暂时地降低了检验成本，但没有真正做到产品控制，在商业活动中难以保证产品顺利进入目标市场，并被客户所接受，甚至会因此产生质量纠纷，落于被动地位。

那么如何选择正规的第三方检验机构呢？

1.查看证书

如同招聘时挑选人才先看学历，对检验机构的挑选也一样，应查看其具备的证书。检验机构必须有国家CNAS授权。没有国家CNAS授权的检测机构出具的CE证书权威性很低，甚至有可能导致在海关清不了关。企业可以根据检测机构提供的授权编号到国家CNAS网上查询其真伪性。

2.硬件设备

很多产品的质量检测无法在办公室甚至小工厂进行。为了保证产品质量检测的准确性，其使用的仪器设备必须是专业和正规的。检验机构的综合实力及设施是企业进行选择的重要标志之一。

3.软件

第三方检验机构毕竟是服务性质的，如果没有良好的服务和专业的知识技能，即使前两条再符合，也非"良人"。一个好的检验机构，懂得客户的交易方所在地对产品检测的要求，拥有海量的信息，能够及时把握质量变化方向。只有这样才能使选择的第三方检验机构成为贸易中的助力。

4.邮箱

查看检验机构的联系邮箱是否有其独有的后缀名，一般比较有实力的公司其邮箱@后面的都是公司独特的后缀名。

（四）填写检验单

外贸跟单员在对出口商品进行出厂检验后，需要填写"出口商品出厂检验单"，如表5-7所示。

表5-7　出口商品出厂检验单

品名/规格		数量/重量	
合同/信用证号		生产日期	
批号		包装生产厂代号	

货物状况：货存_____，用_____包装 包装情况：	唛头
检验依据：	N/M
抽样情况：按_____标准随机抽取代表性样品_____件。	
检验项目： 检验结果： （本栏填不下可加附页并注明：详细结果见附页）	
评定意见： 	

检验员		检验日期		审核	

质量声明：我公司保证遵守国家的有关法律法规，该批货物的质量经本公司按照以上检验依据检验，符合标准要求，厂检结果完全属实。如出现问题，本公司承担一切责任。特此声明。

检验检疫审核		审核日期		检验检疫审批	

七、接待客户或第三方验货

在交货期前一周，要通知客户验货。如果客户要自己或指定验货人员来验货，要在交货期一周前，约客户查货并将查货日期告知生产部（或生产厂家）。如果客户指定由第三方验货公司或公正行等验货，要在交货期两周前与验货公司联系，预约验货时间，确保在交货期前安排好时间。

（一）准备工作

外贸跟单员在验货前要做好以下准备工作。

1.了解验货标准

如果合同规定客户验货或第三方验货，则在订货后，跟单员就应要求客户或第三方验货公司提供一套验货标准。

2.了解验货内容

跟单员只有了解验货内容才能做到心中有数，一般来说，验货内容主要包括以下方面。

（1）在正式验货前，询问订单的情况，如整批货物是否都已生产完成？如没有全部完成，那完成了多少？已打好包装的成品有多少？没完成的是否正在做？如货物正在生产中，验货人员可能要去查看生产过程。余数什么时候完成？对已完成的货物，验货人员会查看并记录堆放情况并点数（点箱数/卡板数）。注意，这些情况都会填写在验货报告中。

（2）用照相机拍下和核对外箱唛头和装箱情况，查看其是否与落货通知书要求相同，如果还没装箱，验货人员会询问工厂纸箱到位没有。如果已经到位，就算还没装箱，其也会先检查纸箱唛头、尺寸、纸箱的质量、清洁度和颜色等，但通常会让工厂先装一箱进行检查；如纸箱还没到，则会询问什么时候到。

（3）称货物的重量（毛重）和量度外箱的尺寸是否与所印的落货通知书相符。

（4）在验货报告上填写具体装箱资料，如多少只（个）入一内盒（中盒），多少只（个）入一外箱，写法为：50只/内盒，300只/外箱。还要检查纸箱是否已打包好，外箱是否用"工"字形封箱胶带上下封好。

（5）按照指示进行摔箱测试。

（6）抽样检查外箱是否有破损，检查内盒（中箱）是否为四页盒，内盒内的间格卡是否有杂色。

（7）检查产品有无破损。

（8）根据标准数量指示抽查货物。

（9）用照相机拍下货品情况，包括不良品和在生产线上的情况。

（10）核对货品与菲林片和有关要求是否一致，如产品颜色、商标颜色和位置、大小、外观、产品表面处理效果、产品功能等。

（11）检查彩盒有无破损，有无折痕，印刷效果是否优良，是否和打样一致。

（12）检查货品是否使用全新原料，原料要无毒，油墨也要无毒。

（13）检查货品各零件是否装好、装到位，不可松动或脱落。

（14）检查货品功能是否正常，操作是否正常。

（15）检查货品有无披锋，不可有毛边利角。

（16）检查货品和纸箱（包括包装彩盒、纸卡、塑料袋、不干胶、气泡袋、说明书、发泡等）的清洁度。

（17）检查货品是否完好和在良好情况下存放。

（18）验货人员填写验货报告后，应告知不良品及其具体情况，然后让负责人签名并写上日期。

（二）接待并配合验货

外贸跟单员要提前通知相关部门将所验货品准备好，并派人协助搬运、开箱等工作。在实际验货时，要全程陪同跟踪，并回答验货人员的各种问题，确保验货正常进行。

（三）应对第三方验货人员的刁难

在生产产品之前，跟单员一定要与客户就相关的检验、技术达成一致，并形成文件，以防止第三方验货人员的刁难。

如果在实际验货时，第三方验货人员违背文件的规定，跟单员可以请他们在提出问题的样品上签字，留下证据。

八、安排拖柜

货物生产完成并验货通过后，外贸跟单员就可以委托拖车公司提柜、装柜，并注意以下事项。

（1）外贸跟单员应选择安全可靠、价格合理的拖车公司签订协议，长期合作，以确保安全及准时。

（2）外贸跟单员要给拖车公司发送以下资料：订舱确认书/放柜单、船公司名称、订舱号、拖柜委托书、装柜时间、柜型及数量、装柜地址、报关行及装船口岸等。

> **小提示**
>
> 如果有验货公司监督装柜，外贸企业要专门声明其不能晚到，并要求回传一份上柜资料，列明柜号、车牌号、司机及联系电话等。

（3）外贸跟单员要给工厂发送一份装车资料，列明上柜时间、柜型、订舱号、订单号、车牌号以及司机的联系电话。

九、跟踪装柜

在货物装柜时，外贸跟单员要进行全程监督。

（一）装柜前的跟踪

外贸跟单员应在出货前一天通知有关人员并确定出货数量。在出货日应跟踪货柜车是否到厂。如果没到厂，应与船公司联系，询问具体情况，并且与货柜车司机联系询问其到厂的大概时间，以便通知工厂做好准备。

（二）协助装柜

外贸跟单员应协助生产部门安排好装柜人员。货柜到厂后，外贸跟单员要监装，指导货物的摆放。如果一个柜中装有几种货物，那么每一规格的货物都要留一两箱放在货柜尾部用于海关查货。

（三）填制提货单

待货物快装完时，外贸跟单员要为每一个货柜填制一份提货单，待装货完毕后要求货柜车司机签名确认；告诉司机报关地点、报关员联系电话。如果有报关资料，应请货柜车司机带给报关员，做好签收工作。

以下是一份提货单范本，供读者参考。

 **范本 5**

提货单

客户：　　　　　　　　订单号：　　　　　　　　日期：

序号	品名	产品代码	规格/型号	颜色	数量	箱数
总计						
货柜公司			货柜号码			
提货车牌			提货人			

业务主管：　　　　　　　　仓库：　　　　　　　　制单：

（四）通知放行

出货手续办理完毕后，工厂会通知保安放行。为确保安全，许多工厂都设置了保安人员，并制定了相关的物品出入管理制度与表单，任何人都必须遵守，所以外贸业务人员应将当日出货事宜告知保安人员，并填写相关放行条。

小提示

　　如果外贸跟单员没有去监装，货柜离开工厂后，外贸跟单员一定要让工厂尽快给业务部发送一份装货通知，列明货柜离厂时间、实际装货数量等，并记录集装箱号码和封条号码，作为制作提货单的资料，同时要求工厂在装柜后一定要贴上封条。

十、出货反馈跟踪

（一）发出装运通知

　　货物装船后，外贸跟单员应及时向国外买方发出"装运通知"，以便对方准备付款、赎单，办理进口报关和接货手续。

　　装运通知的内容一般包括订单号或合同号、信用证号、货物名称、数量、总值、唛头、装运口岸、装运日期、船名及预计开航日期等。在实际业务中，外贸跟单员应根据信用证的要求和对客户的习惯做法，将上述项目在电子文件中适当地列明。

　　以下是一份装运通知范本，供读者参考。

 **范本 6** -

Shipping Advice
（装运通知）

　　Messrs：

　　Dear Sirs：

　　Re：Invoice No.

　　L/C No.

　　We hereby inform you that the goods under the above mentioned credit have shipped.
The details of the shipment are as follows：

　　Commodity：

　　Quantity：

　　Amount：

　　Bill of Lading No.：

　　Ocean Vessel：

　　Port of Loading：

Port of Destination：

Date of Shipment：

We hereby certify that the above content is true and correct.

Company name：

Address：　　　　　　　　　　Signature：

（二）反馈运输状态信息

货物发出以后，跟单员应通过有效的反馈系统，掌握与货物相关的运输状态信息。这些信息主要有：

（1）运输安全与否，运输途中是否发生意外，安全保障状态如何；

（2）通关是否顺利，如果不顺利，需要采取哪些补救措施；

（3）运输效果如何，是否能够按预期的计划交给客户；

（4）其他不可控的必要信息，如台风、地震等。

（三）统计出货情况

外贸跟单员要统计订单的实际出货完成情况，落实未完成事项能够完成的具体日期，并把统计结果呈报责任部门和上级。

以下是一份出货统计表范本，供读者参考。

 范本 7

出货统计表

年　　月　　日

序号	订单号	客户	品名	规格/型号	数量	订单交期	实际出货日	备注

核准：　　　　　　　　　审核：　　　　　　　　　制表：

（四）客户收货追踪

货物运出工厂后，跟单员须将所出货物订单规格及数量等登记在客户出货追踪表内。司机要将具有接收者签名的货运单或入舱单签名回联带回，以便业务部门确认，必要时将此单发送给客户，表示货物已从工厂运出。

以下是一份客户出货追踪表范本，供读者参考。

范本 8

客户出货追踪表

订单号	客户名称	品名	规格	数量	出厂日期	装船日期	客户收到日期

在估计客户收到货物时，跟单员需将收货确认单交给客户，要求确认后签名盖章传回，表示已收到货物。

以下是一份收货确认单范本，供读者参考。

范本 9

收货确认单

（客户名称）：

为尽量减少与贵公司在对账中不必要的麻烦，请确认以下表格中所列货物是否如数收到。如收到，请在客户签名盖章处签名盖章，并请回传，多谢合作！

订单号：

产品编号	产品名称	产品规格	数量	箱数	出厂时间	运输方式	到货时间

客户签名盖章：   审核：   制单：

（五）出货遗留事项处理

对于出货遗留及变动事项，外贸跟单员需要进行彻底的处理，以确保达到出货目的。出货遗留事项处理主要包括统计订单的实际出货完成情况，落实未完成事项能够完成的具体日期，把统计结果呈报责任部门和上级，让其确认发货日期，以便做相应的验货、订舱等安排。

十一、获得运输文件

出货后跟单员要及时与船公司联系，催促其出具货运提单样本及运费账单，以便做好结算工作。

（一）督促船公司出具货运提单

最迟在开船后两天内，外贸跟单员要将提单补料❶内容发送给船公司或货运代理，催促尽快开出货运提单样本及运费账单。补料要按照信用证或客户的要求完成，保证货物数量准确。船公司应随同货运提单开出装船证明等。

（二）仔细核对货运提单样本

外贸业务人员在仔细核对货运提单样本无误后，应向船公司书面确认提单内容。如果提单需客户确认，要先给客户发送货运提单样本，得到确认后再要求船公司出具正本。

货运提单样本就是货运提单草稿，一般在船开后才会出具，然后传给托运人。因为可能存在输入错误等，所以需要托运人核对确认，没有问题就写上"好"后回传。要确保补料的准确性，因为每更改一次货运提单都要收费，所以最好一次完成。

货运提单的审核非常重要，否则会导致很多麻烦。跟单员应着重审核：提单种类、份数、抬头、收货人、通知人、出单人、承运人、指示方、装货港、卸货港、货物描述、转船分批装运描述、清洁性描述、装船批注、背书描述，原则是要符合信用证要求、事实和常理。

（三）及时支付运杂费

支付运杂费时，跟单员应填写运杂费支付登记表（见表5-8）。付款后，跟单员应通知船公司，并及时取得货运提单等运输文件。

---

❶ 提单补料，即 Shipping Information，简写为SI，即订舱一方向船公司提供这批货物的详细资料，简单来说，就是提单上要求提供的各项内容，即关于客户的资料、柜号、封号、毛重、总立方数、唛头、货物描述等。

表5-8　运杂费支付登记表

订单号	客户名	装船日期	船公司	运杂费	支付情况	提单号

　　一般来说，只有先付清运杂费才能拿到货运提单正本，所以要及时付款。付款方式可以是现金存款、电汇或者支票。如果支付现金或者电汇，需将银行付款水单发送给船公司，证明已经付清了运杂费，然后就可以让船公司快递提单或是自取提单了；有些船公司要确认款项到账后才提供货运提单正本。如果采用支票付款，只要支票到达船公司就可以要求寄出货运提单正本。

第二节　办理国际货物运输保险

　　在国际货物贸易中，由于买卖双方往往是远隔重洋，商品从卖方转到买方手中，通常需要长时间、远距离的运输，并且在整个运输过程中，又要经过多次的装卸、存储、搬运，商品难免会遇到这样或那样的风险而遭受损失。外贸跟单员为了有效地办理货运保险和及时准确处理相关货物索赔事宜，有必要学习相关国际货物运输保险的基础知识和具体运作实务。

　　世界上主要国家都有自己的保险条款，其中影响最大的是英国伦敦保险人协会制定的《协会货物条款》（Institute Cargo Clause，ICC），目前世界上约有三分之二的国家在海运货物保险方面直接采用了该条款，还有许多国家在制定自己的保险条款时全面参考了该条款。

　　中国人民保险公司（PICC）1981年1月1日修订的《中国保险条款》（China Insurance Clause，CIC）是中国人民保险公司参照国际通常做法结合我国实际情况拟定的，在实际业务中也得到较多运用。

一、选择投保形式

　　货物运输险投保的形式有以下几种。

（一）预约保险

　　专业从事出口业务的贸易公司或长期出口货物的企业，可与保险公司签订预约保险合同（简称预保合同，是一种定期统保契约）。凡属于预保合同约定范围以内的货物，一经起运，保险公司即自动承保，即凡签订预保合同的单位，在每批保险标的出运前，由投保人填制起运通知，一式三份，交保险公司。

以下分别是一份出口货物运输预约保险合同和中国人民保险公司国际运输预约保险起运通知的范本，供读者参考。

范本 10

出口货物运输预约保险合同

合同号：_____　　　　日期：_____

甲　方：_____

乙　方：_____　保险公司

双方就出口货物的运输预约保险，拟定下列各条以资共同遵守。

一、保险范围

甲方出口到国外的全部货物，不论运输方式，凡贸易条件规定由卖方办理保险的，都属于合同范围之内。甲方应根据本合同规定，向乙方办理投保手续并支付保险费。

乙方对上述保险范围内的货物，负有自动承保的责任，在发生本合同规定范围内的损失时，均按本合同的规定负责赔偿。

二、保险金额

保险金额以出口货物的CIF价为准。如果交易不是以CIF价成交，则折算成CIF价。计算时，运费可用实际运费，也可由双方协定一个平均运费率计算。

三、保险险别和费率

各种货物需要投保的险别由甲方选定并在投保单中填明。乙方根据不同的险别，规定不同的费率。现暂定如下。

货物种类	运输方式	保险险别	保险费率

四、保险责任

各种险别的责任范围，按照所属乙方制定的《海洋货物运输保险条款》《"海洋货物运输战争险条款》《航空运输综合险条款》和其他有关条款的规定为准。

五、投保手续

甲方一经掌握货物发运情况，即应向乙方发出起运通知书，办理投保。通知书一式五份，由保险公司签订、确认后，退回一份。如果不办理投保，货物发生损失，乙方不予理赔。

六、保险费

乙方按甲方寄送的起运通知书，按照相应的费率逐笔计收保险费，甲方应及时付费。

七、索赔手续和期限

本合同所保货物发生保险范围以内的损失时，乙方应按制定的《关于海运出口保险货物残损检验和赔款给付办法》迅速处理。甲方应尽力采取防止货物扩大受损的措施，对已遭受损失的货物必须积极抢救，尽量减少货物的损失。向乙方办理索赔的有效期限，以保险货物卸离海轮之日起满一年终止。如有特殊需要可向乙方提出延长索赔期。

八、合同期限

本合同自＿＿＿年＿＿＿月＿＿＿日开始生效。

甲方：   乙方：

日期：   日期：

 **范本 11**

中国人民保险公司国际运输预约保险起运通知

被保险人：   编号：   字第   号

保险货物项目（唛头）：	包装及数量：	价格条件：	货价（原币）：
合同号：	发票号码：	提单号码：	合同号：
运输方式：	运输工具名称：	运费：	运输方式：
开航日期： 年 月 日 运输路线： 自 至			
投保险别	费率	保险金额	保险费

中国人民保险公司
 	
      年 月 日
	被保险人签章
	
	      年 月 日
		备注	

（二）逐笔投保

未与保险公司签订预约保险合同的企业，对出口货物需逐笔填制投保单，办理货物运输险投保。

（三）联合凭证

凡陆运、空运到我国港澳地区的，可使用"联合凭证"，由投保人将"联合凭证"一式四份，提交保险公司。保险公司将其加盖联合凭证印章，并根据投保人提出的要求注明承担险别、保险金额和理赔代理人名称，经签章后退回三份，自留一份凭此统一结算保费。

二、选择保险险别

（一）保险的险别

关于海洋运输货物保险，按照国家保险习惯，可将各种险别分为基本险别和附加险别（见图5-2）。

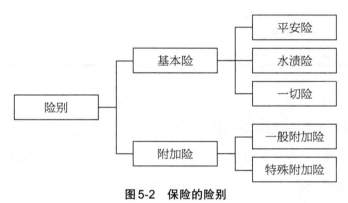

图5-2 保险的险别

1.基本险别

基本险别有平安险、水渍险和一切险。不同的险别，其责任范围也不一样，具体如表5-9所示。

表5-9 基本险别的责任范围

序号	险别	责任范围
1	平安险	（1）在运输过程中，由于自然灾害和运输工具发生意外事故，造成被保险货物实物的实际全损或推定全损 （2）只要运输工具曾经发生搁浅、触礁、沉没、焚毁等意外事故，无论意外事故发生之前或者以后是否曾在海上遭遇恶劣气候、雷电、海啸等自然灾害，所造成的被保险货物的部分损失

序号	险别	责任范围
1	平安险	（3）由于运输工具遭遇搁浅、触礁、沉没、互撞、与流冰或其他物体碰撞以及失火、爆炸等意外事故造成被保险货物的部分损失 （4）在装卸转船过程中，被保险货物一件或数件落海所造成的全部损失或部分损失 （5）运输工具遭遇自然灾害或意外事故，在避难港卸货所引起被保险货物的全部损失或部分损失 （6）运输工具遭遇自然灾害或意外事故，需要在中途的港口或者在避难港口停靠，因而引起的卸货、装货、存仓以及运送货物所产生的特别费用 （7）发生共同海损所引起的牺牲、公摊费和救助费用 （8）发生了保险责任范围内的危险，被保险人对货物采取抢救、防止或减少损失的各种措施，因而产生合理施救费用。但是保险公司承担费用的限额不能超过这批被救货物的保险金额。施救费用可以在赔款金额以外的一个保险金额限度内承担
2	水渍险	除了包括上列"平安险"的各项责任外，还负责被保险货物由于恶劣气候、雷电、海啸、地震、洪水等自然灾害所造成的部分损失
3	一切险	除了包括上列"平安险"和"水渍险"的各项责任外，还包括货物在运输过程中，因各种外来因素所造成保险货物的损失。无论全损或部分损失，除对某些运输途耗的货物，经保险公司与被保险人双约定在保险单上载明的免赔率外，保险公司都给予赔偿

2.附加险别

附加险别包括一般附加险和特殊附加险。

（1）一般附加险。一般附加险不能作为一个单独的项目投保，而只能在投保平安险或水渍险的基础上，加保一种或若干种一般附加险。如加保所有的一般附加险，就叫投保一切险。常见的一般附加险及其说明如图5-3所示。

（2）特殊附加险。特殊附加险也属附加险类别，但不属于一切险的范围。主要包括各种战争险，罢工、暴动、民变险，交货不到险，进口关税险，黄曲霉素险等。

（二）险别选择五要素

出口商在投保时，总是希望在保险范围和保险费之间寻找平衡点。要做到这一点，首先要对自己所面临的风险做出评估，甄别哪种风险最大、最可能发生，并结合不同险种的保险费率来加以权衡。多投险种当然安全感会强很多，但保费的支出肯定也要增加。出口商投保时，通常要对图5-4所示几个因素进行综合考虑。

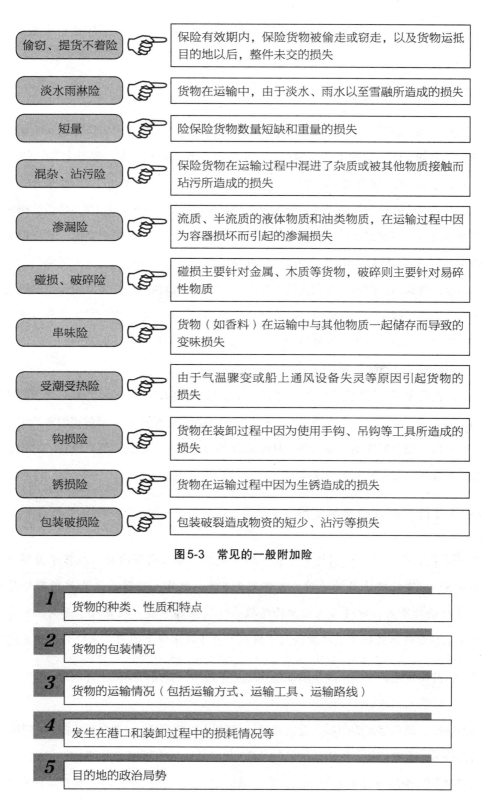

图5-3　常见的一般附加险

1　货物的种类、性质和特点

2　货物的包装情况

3　货物的运输情况（包括运输方式、运输工具、运输路线）

4　发生在港口和装卸过程中的损耗情况等

5　目的地的政治局势

图5-4　险别选择五要素

综合考虑所出货物的各种情况非常重要，这样既可节省保费，又能较全面地提高风险保障程度。

（三）何时选用一切险

"一切险"是最常用的一个险种。买家开立的信用证也多是要求出口方投保一切险。投保一切险最方便，因为它的责任范围包括了平安险、水渍险和11种一般附加险，投保人不用费心思去考虑选择什么附加险。但是，往往最方便的服务需要付出的代价也最大。就保险费率而言，水渍险的费率相当于一切险的1/2，平安险相当于一切险的1/3。是否选择一切险作为主险要视实际情况而定。例如，毛、棉、麻、丝、绸和化学纤维类商品，遭受损失的可能性较大，如沾污、钩损、偷窃、短少、雨淋等，有必要投保一切险。有的货品则没有必要投保一切险，像低值、裸装的大宗货物，如矿砂、钢材、铸铁制品，主险投保平安险就可以了；另外，也可根据实际情况再投保舱面险作为附加险。对于不大可能发生碰损、破碎或容易生锈但不影响使用的货物，如铁钉、铁丝、螺丝等小五金类商品，以及旧汽车、旧机床等二手货，可以投保水渍险作为主险。

有的货物投保了一切险作为主险可能还不够，还需投保特别附加险。某些含有黄曲霉素的食物，如花生、油菜籽、大米等食品，往往这种毒素会因超过进口国对该毒素的限制标准而被拒绝进口、没收或强制改变用途，从而造成损失，那么，在出口这类货物的时候，就应将黄曲霉素险作为特别附加险予以承保。

（四）主险与附加险灵活使用

有一年某公司出口一批钢材（裸装）到中美洲国家，向保险公司投保了海洋货物运输"水渍险"。货物抵达目的地后，发现短卸5件。收货人即联系保险单所列检验理赔代理人进行检验清点，该检验人出具检验报告证实短卸事实，收货人于是向保险公司索赔。但是该段运输只投保了"水渍险"，"短卸"并不在承保范围内，保险公司爱莫能助。

其实，此类货品若投保水渍险附加偷窃提货不着险，就可以解决上述问题。加保的保费一般按一切险的80%收取。

因为保险公司在理赔的时候，首先要确认导致损失的原因，只有在投保险种的责任范围内导致的损失才会被赔偿，所以附加险的选择要针对易出险因素来加以考虑。例如，玻璃制品、陶瓷类的日用品或工艺品等产品，会因破碎造成损失，投保时可在平安险或水渍险的基础上加保破碎险；麻类商品，受潮后会发热、引起霉变、自燃等带来损失，应在平安险或水渍险的基础上加保受热受潮险；石棉瓦（板）、水泥板、大理石等建筑材料类商品，主要损失因破碎导致，应该在平安险的基础上加保破碎险。

目标市场不同，费率亦不同，出口企业在核算保险成本时，就不能"一刀切"。举例来讲，如果投保一切险，欧美发达国家的费率可能是0.5%，亚洲国家是1.5%，非洲国家则会高达3.5%。另外，出口企业在选择险种的时候，要根据市场情况选择附加险，如到菲律宾、印尼、印度的货物，因为当地码头情况混乱，风险比较大，应该选择偷窃提货不着险和短量险作为附加险，或者干脆投保一切险。

（五）防险比保险更重要

保险是转移和分散风险的工具。虽然风险造成的损失保险公司会负责理赔，但货主在索赔的过程中费时费力，也是不小的代价，所以，预防风险的意识和在投保的基础上做一些预防措施非常必要。近年来，因集装箱的破漏而导致货物受损的案例越来越多。要防止这种风险，一是尽量选择实力强、信誉好的船公司，他们的硬件设备相对会好一些；二是在装货前要仔细检查空柜，看看有无破漏，柜门口的封条是否完好。还要查看是否有异味，推测前一段装了什么货物。如果你现在要装的货是食品或药品，而以前装的是气味浓烈的货物甚至是危险性很高的化学品的话，就可能导致串味，甚至使货物根本不能再使用。

为了以后办理索赔更方便，提单最好选择船东提单，而不是货代提单。因为船东提单是严格按照装运实际情况出具给发货人的，而货代提单则存在倒签装船日期、提单上船名与实际船名不符这样的情况，这会给将来的索赔取证工作带来麻烦。

三、计算保险金额与保险费

保险金额是投保人对出口货物的实际投保金额；保险费则是投保人应缴纳的相关费用。

（一）保险金额

按照国际保险市场的习惯做法，出口货物的保险金额一般按CIF货价另加10%计算，这增加的10%也被称为保险加成，是买方进行这笔交易所付的费用和预期利润。如果客户要求将保险加成率提高到20%或30%，其保费差额部分应由国外买方负担。同时，如果客户要求的保险加成率超过30%，应先征得保险公司的同意。

保险金额的计算公式是：

$$保险金额 = CIF货值 \times (1 + 加成率)$$

如果换算成CFR价，则：

$$CFR=CIF \times [1-保险费率 \times (1+加成率)]$$

（二）货运保险保险费

投保人按约定方式缴纳保险费是保险合同生效的条件。保险费率是由保险公司根据一定时期、不同种类的货物的赔付率，按不同险别和目的地确定的。保险费则根据保险费率表的费率来计算，其计算公式是：

$$保险费 = 保险金额 \times 保险费率$$

如按CIF加成投保，上述公式可更改为：

$$保险费 = CIF \times (1+投保加成率) \times 保险费率$$

例如，商品03001的CIF价格为USD10 000，进口商要求按成交价格的110%投保一切险（保险费率0.8%）和战争险（保险费率0.08%），根据上述公式计算：

保险金额=10 000 × 110%=11 000（美元）

保险费=11 000 × （0.8%+0.08%）=96.8（美元）

四、办理投保手续

（一）准备单证

外贸跟单员在投保之前要将图5-5所示单证准备好。

 投保人应按信用证上规定的要求投保，保证"单单一致，单证一致"，以便顺利结汇

 外贸发票不仅是出口货物的必备凭证，也是投保时确定保单要素的重要依据，发票上列明的项目如发票号码、商品名称、包装数量、货物价格都是填写投保单及确定投保金额时必不可少的项目

 货运提单可以用来明确保险公司的签单日期。虽然所有保险公司都要求进出口货运保险的投保日期应在货运开始之前，但在实际操作中，由于各种各样的原因，常常会发生投保人投保时货物已出运的情况。一般情况下，只要投保人无恶意行为，保险公司会根据货运提单上的出运日期，出具签单日为实际投保日之前的保险单

 装箱单可以用来明确出运货物的包装方式和包装件数

图5-5　办理国际货运险的单证

（二）填写投保单

外贸业务人员办理投保，必须填制"运输险投保单"。"运输险投保单"一式二份，一份由保险公司签署后交投保人作为接受承保的凭证；另一份由保险公司留存，作为缮制、签发保险单（或保险凭证）的依据。

1.投保单内容

投保单的内容包括投保人名称、货物名称、运输标识、船名或装运工具、装运地（港）、目的地（港）、开航日期、投保金额、投保险别、投保日期和赔款地点等。

以下是一份运输险投保单范本，供读者参考。

 范本 12

中国人民保险公司

The People's Insurance Company Of China

运 输 险 投 保 单

Application for Transportation Insurance

被保险人：
Assured's Name：
兹有下列物品拟向中国人民保险公司投保：
Insurance is required on the following commodities：

标记 Marks & No.	包装及数量 quantity	保险货物项目 Description of goods	保险金额 Amount insured

装载运输工具： Per conveyance：

开航日期： Slg. on/abt. : _____ 自 From_____	提单号码： B/L No. : _____ 至 to _____

请将要保的险别标明： Please indicate the Conditions &/or Special Coverage：	

备　　注： Remarks：

续表

投保人（签名盖章）： Name/Seal of Proposer：_____ 地址： Address：_____	电话： Telephone No.：_____ 日期： Date：_____
本公司自用 FOR OFFiCE USE ONLY 费率：_____ 保费：_____ 经办人：_____ Rate：_____ Premium：_____ By：_____	

2.投保单填写

投保单要如实、认真填写，具体的填写要点如表5-10所示。

表5-10 投保单填写要点

序号	项目	说明
1	被保险人	如实填写出口商名称即可
2	唛头和号码	因为保险单索赔时一定要提交发票，所以可以只填写"As per Invoice No.××××"
3	包装及数量	（1）有包装的填写最大包装的件数，并应与其他单据一致 （2）裸装货物要注明本身件数 （3）有包装但以重量计价的，应将包装数量与计价重量都填上
4	保险货物项目	按照货物名称如实填写，如果品种与名称较多，可填写其统称
5	保险金额	按信用证规定填写，如果没有规定，可按货物CIF货值的110%填写
6	装载运输工具	（1）海运方式下填写船名加航次，如果整个运输由两次运输完成，应分别填写一程船名及二程船名，中间用"/"隔开 （2）铁路运输填写运输方式"By railway"加车号 （3）航空运输填写航班名称
7	开航日期	填写提单装运日期
8	起讫地点	应填写"From装运港To目的港 W/T（VIA）转运港"，并与提单一致
9	投保险别	根据信用证规定如实填写
10	备注	在备注栏内主要对特殊事项进行说明
11	投保人信息	按照实际情形如实填写

（三）提交投保单

在以上事项都准备好后，跟单员就应将投保单与相关文件交给保险公司。保险公司会根据投保内容，签发保险单或保险凭证，并计算保险费，单证一式五份，其中一份留存，投保人付清保险费后取得四份正本，投保即告完成。

（四）交纳保险费

交纳保险费就是投保人根据保险合同的规定，按期如数交纳保险费。一般交纳保险费有一次付清、分期付款、现金支付、票据支付、汇付和托收等方式。

五、领取并审核保险单据

保险单据是保险公司在接受投保后签发的承保凭证，是保险人（保险公司）与被保险人（投保人）之间订立的保险合同。在被保险货物受到保险合同责任范围内的损失时，它是被保险人提赔和保险公司理赔的主要依据；在CIF、CIP合同中，保险单是卖方必须向买方提供的主要单据之一，也可以通过背书转让。

（一）查看保险单据类型

保险单据可分为保险单（Insurance Policy）、保险凭证（Insurance Certificate）、联合保险凭证（Combined Insurance Certificate）和预约保险单（Open Policy）等，具体说明如表5-11所示。

表5-11　保险单据类型

序号	类型	说明
1	保险单	即大保单，是一种独立的保险凭证，一旦货物受到损失，承保人和被保人都要按照保险条款和投保险别来分清货损，处理索赔
2	保险凭证	即小保单，不印刷保险条款，只印刷承保责任界限，以保险公司的保险条款为准，但其作用与保险单完全相同
3	联合保险凭证	用于我国港澳地区银行开来的信用证项下业务，在商业发票上加盖保险章，注明相关信息，与保险单有同等效力，但不能转让
4	预约保险单	预约保险单是保险公司承保被保险人在一定时期内发运的，以CIF价格条件成交的出口货物或以FOB、CFR价格成交的进口货物的保险单

（二）审核保险单据

跟单员在领取保险单据后，应认真审核，具体的审核要点为：

（1）确保根据信用证要求交来保险单、保险凭证、保险声明；

（2）确保提交开立的全套保险单据；

（3）确保保险单据是由保险公司或保险商或他们的代理人签发的；

（4）确保发出日期或保险责任生效日期最迟应在已装船或已发运或接受监管之日；

（5）确保货物投保金额要符合信用证要求或符合《跟单信用证统一惯例》第二十八条第F分条的解释；

（6）除非信用证另外允许，确保保险单据必须使用与信用证相同的货币出具；

（7）确保货物描述符合发票的货物描述；

（8）确保承保的商品是从信用证指定装载港口或接受监管点到卸货港口或交货点；

（9）确保已经投保了信用证指定的险别，并已明确表示出来；

（10）确保唛头和号码等与运输单据相符；

（11）确保如果被保险人的名称不是保兑行、开证行或买方，应带有适当的背书；

（12）确保保险单据表现的其他资料与其他单据一致；

（13）如果单据记载有任何更改，确保应被适当地证实。

六、保险单的批改申请

外贸跟单员在审核保险单据时，若发现投保内容有错漏或需变更，应向保险公司及时提出批改申请，由保险公司出立批单，粘贴于保险单上并加盖骑缝章，保险公司按批改后条件承担责任。

申请批改必须在货物发生损失以前，或投保人不知有任何损失事故发生的情况下，在货到目的地前提出。

 相关链接 ‹ ···

保险索赔

保险索赔是指当被保险人的货物遭受承保责任范围内的风险损失时，被保险人向保险人提出的索赔要求。在国际贸易中，如由卖方办理投保，卖方在交货后即将保险单背书转让给买方或其收货代理人，当货物抵达目的港（地），发现残损时，买方或其收货代理人作为保险单的合法受让人，应就地向保险人或其代理人要求赔偿。被保险人或其代理人向保险人索赔时，应做好以下工作。

一、及时通知

当被保险人得知或发现货物已遭受保险责任范围内的损失，应及时通知保险公司，并尽可能保留现场。由保险人会同有关方面进行检验，勘查损失程度，调查损失原因，确定损失性质和责任，采取必要的施救措施，并签发联合检验报告。

二、索取残损或短量证明

当被保险货物运抵目的地，被保险人或其代理人提货时发现货物有明显的受损痕迹、整件短少或散装货物已经残损，应立即向理货部门索取残损或短量证明。如货损涉及第三者的责任，则首先向有关责任方提出索赔或声明保险索赔权。在保留向第三者索赔权的条件下，可向保险公司索赔。被保险人在获得保险补偿的同时，须将受损货物的有关权益转让给保险公司，以便保险公司取代被保险人的地位或以被保险人名义向第三者责任方进行追偿。保险人的这种权利，叫作代位追偿权。

三、采取合理补救措施

保险货物受损后，被保险人和保险人都有责任采取可能的、合理的施救措施，以防止损失扩大。因抢救、阻止、减少货物损失而支付的合理费用，保险公司负责补偿。被保险人能够施救而不履行施救义务，保险人对于扩大的损失甚至全部损失有权拒赔。

四、备妥索赔证据

在规定时效内提出索赔。保险索赔时，通常应提供的证据有：

（1）保险单或保险凭证正本；

（2）运输单据；

（3）商业发票和重量单、装箱单；

（4）检验报告单；

（5）残损、短量证明；

（6）向承运人等第三者责任方请求赔偿的函电或其证明文件；

（7）必要时还需提供海事报告；

（8）索赔清单主要列明索赔的金额及其计算数据，以及有关费用项目和用途等。

第三节　出口商品报检

一、商品检验的定义

进出口商品检验，简称商检，一般用于进出口贸易，是确定进出口商品的品质、规格、重量、数量、包装、安全性能、卫生方面的指标及对装运技术和装运条件等项目实施检验和鉴定，以确定其是否与贸易合同、有关标准规定一致，是否符合进出口国有关法律和行政法规的规定。商品检验是国际贸易发展的产物，随着国际贸易的发展，它已成为商品买卖的一个重要环节和买卖合同中不可缺少的一项内容。

出口商品检验是指出口国政府机构依法所做的强制性商品检验，以确保出口商品能符合政府法规规定。其目的在于提高出口商品质量，建立国际市场信誉，促进对外贸易，保障国内外消费者的利益。

需要特别注意的是：2018年4月20日原中国出入境检验检疫局正式并入中国海关。为贯彻落实国务院机构改革的要求，进一步优化营商环境，促进贸易便利化，根据《海关总署关于修改部分规章的决定》（海关总署令2018年238号），自2018年6月1日起，全面取消《入/出境货物通关单》。企业可以通过"单一窗口"（包括通过"互联网＋海关"接入"单一窗口"）报关报检合一界面向海关一次申报，即报检和报关手续合并，只需要一道报关手续就可以办理通关。

报关单随附单证栏中填写报检电子底账数据号，海关就可以查看到商检信息。

需检验的出境货物最迟应于报关或装运前7天报检。对于个别检验检疫周期较长的货物，应留有相应的检验时间。经海关检验合格发给检验证书或者放行单的出口商品，一般应在证单签发之日起两个月内装运出口，鲜活类出口商品应当在两周内装运出口。超过上述期限的应向海关重新报验，并交回原签发的所有检验证书和放行单。

目前我国的进出口商品检验机构为中国海关。海关总署设在省、自治区、直辖市以及进出口商品的口岸、集散地的出入境检验检疫机构及其分支机构（简称出入境检验检疫机构），管理所负责地区的进出口商品检验工作。

二、如何确定商检商品

在申请办理商品检验前，进出口商必须确定进出口商品是否需要进行申报。具体可从以下两方面进行。

（一）客户要求的商检

在国际贸易实务中，贸易双方在签订采购合同时，买方经常会要求卖方（出口商）提供某个权威机构或其本国设在出口国的指定检验机构的检验证书作为必要的随附单据。

出现以上情形时，出口商应在货物装运前主动联系上述相关机构，并积极配合其检验，以获得检验证书。出口商具体应做好以下的工作。

（1）填写检验申请单，并提供相关单证、资料。

（2）预约指定检验机构进行检验，并在规定的时间、地点配合机构检验。

（3）领取合格的商检证书。

（二）法定检验

法定检验是外贸行业对海关履行进出口商品法定检验职责的一种习惯称呼。准确地说，法定检验是指根据《中华人民共和国进出口商品检验法》及其实施条例的规定，海关对列入必须实施检验的进出口商品目录（法检目录）的进出口商品以及法律、行政法规规定须经海关检验的其他进出口商品实施检验。必须经海关检验的进出口商品，就是公告提及的法定检验商品。

法定检验的目的是保证进出口商品、动植物及其运输设备的安全、卫生符合国家有关法律法规规定和国际上的有关规定；防止次劣商品、有害商品、动植物以及危害人类和环境的病虫害和传染病源输入或输出，保障生产建设安全和人类健康，维护国家的权益。

须经法定检验的出口商品，未经过检验或检验不合格的一律不准出口，凡属于法定检验的进口商品，未经检验，一律不准安装投产、销售和使用。海关总署主管全国进出口商品检验工作。

实施法定检验的范围包括：

（1）根据《中华人民共和国进出口商品检验法》规定，列入《出入境检验检疫机构实施检验检疫的进出境商品目录表》（简称《法检目录》）内的出口商品；

（2）出口食品的卫生检验；

（3）贸易性出口动植物产品的检疫；

（4）出口危险物品和《法检目录》内商品包装容器的性能检验和使用鉴定；

（5）装运易腐烂变质食品、冷冻品出口的船舱和集装箱等运载工具的适载检验；

（6）有关国际贸易条约、信用证规定须经检验检疫机构检验的出口商品；

（7）其他法律、行政法规规定须经海关检验的出口商品［例如列入《危险化学品目录》（2015）中的货物以及旧机电设备等］。

企业在进出口商品时，可提前查看商品是否列入《法检目录》，部分截图如图5-6所示。

出入境检验检疫机构实施检验检疫的进出境商品目录

	HS编码	HS名称	标准计量单位	监管条件	检验检疫类别
1	0101210010	改良种用濒危野马	035	A/B	P/Q
2	0101210090	其他改良种用马	035	A/B	P/Q
3	0101290010	非改良种用濒危野马	035	A/B	P/Q
4	0101290090	非改良种用其他马	035	A/B	P/Q
5	0101301010	改良种用的濒危野驴	035	A/B	P/Q
6	0101301090	改良种用的其他驴	035	A/B	P/Q
7	0101309010	非改良种用濒危野驴	035	A/B	P/Q
8	0101309090	非改良种用其他驴	035	A/B	P/Q
9	0101900000	骡	035	A/B	P/Q
10	0102210000	改良种用家牛	035	A/B	P/Q
11	0102290000	非改良种用家牛	035	A/B	P/Q
12	0102310010	改良种用濒危水牛	035	A/B	P/Q
13	0102310090	改良种用其他水牛	035	A/B	P/Q
14	0102390010	非改良种用濒危水牛	035	A/B	P/Q
15	0102390090	非改良种用其他水牛	035	A/B	P/Q
16	0102901010	改良种用濒危野牛	035	A/B	P/Q
17	0102901090	其他改良种用牛	035	A/B	P/Q
18	0102909010	非改良种用濒危野牛	035	A/B	P/Q
19	0102909090	非改良种用其他牛	035	A/B	P/Q
20	0103100010	改良种用的鹿豚、疣猪	035	A/B	P/Q
21	0103100090	其他改良种用的猪	035	A/B	P/Q
22	0103911010	重量在10千克以下的其他野猪（改良种用的除外）	035	A/B	P.R/Q
23	0103911090	重量在10千克以下的其他猪（改良种用的除外）	035	A/B	P.R/Q
24	0103912010	10≤重量<50千克的其他野猪（改良种用的除外）	035	A/B	P.R/Q
25	0103912090	10≤重量<50千克的其他猪（改良种用的除外）	035	A/B	P.R/Q
26	0103920010	重量在50千克及以上的其他野猪（改良种用的除外）	035	A/B	P.R/Q
27	0103920090	重量在50千克及以上的其他猪（改良种用的除外）	035	A/B	P.R/Q

图5-6 《法检目录》截图

三、出入境检验检疫报检

（一）报检规定的法律依据

根据《中华人民共和国进出口商品检验法》及其实施条例、《中华人民共和国进出境动植物检疫法》及其实施条例、《中华人民共和国国境卫生检疫法》及其实施细则、《中华人民共和国食品安全法》等法律法规的有关规定，制定出入境检验检疫报检规定。

（二）报检范围

（1）国家法律法规规定须经检验检疫的。

（2）输入国家或地区规定必须凭检验检疫证书方准入境的。

（3）有关国际条约规定须经检验检疫的。

（4）申请签发原产地证明书及普惠制原产地证明书的。

（三）报检资格

（1）报检单位办理业务应当向海关备案，并由该企业在海关备案的报检人员办理报检手续。

（2）代理报检的，须向海关提供委托书，委托书由委托人按海关规定的格式填写。

（3）非贸易性质的报检行为，报检人凭有效证件可直接办理报检手续。

（四）入境报检

（1）入境报检时，应填写入境货物报检单并提供合同、发票、提单等有关单证。

（2）国家实施许可制度管理的货物，应提供有关证明。

（3）品质检验的还应提供国外品质证书或质量保证书、产品使用说明书及有关标准和技术资料；凭样成交的，须加附成交样品；以品级或公量计价结算的，应同时申请重量鉴定。

（4）报检入境废物原料时，还应当取得装运前检验证书；属于限制类废物原料的，应当取得进口许可证明。海关对有关进口许可证明电子数据进行系统自动比对验核。

（5）申请残损鉴定的还应提供理货残损单、铁路商务记录、空运事故记录或海事报告等证明货损情况的有关单证。

（6）申请重（数）量鉴定的还应提供重量明细单，理货清单等。

（7）货物经收、用货部门验收或其他单位检测的，应随附验收报告或检测结果以及重量明细单等。

（8）入境的国际旅行者，国内外发生重大传染病疫情时，应当填写《出入境检疫健康申明卡》。

（9）入境的动植物及其产品，在提供贸易合同、发票、产地证书的同时，还必须提供输出国家或地区官方的检疫证书；需办理入境检疫审批手续的，还应当取得入境动植物检疫许可证。

（10）过境动植物及其产品报检时，应持货运单和输出国家或地区官方出具的检疫证书；运输动物过境时，还应当取得海关总署签发的动植物过境许可证。

（11）报检入境运输工具、集装箱时，应提供检疫证明，并申报有关人员健康状况。

（12）入境旅客、交通员工携带伴侣动物的，应提供入境动物检疫证书及预防接种证明。

（13）因科研等特殊需要，输入禁止入境物的，应当取得海关总署签发的特许审批证明。

（14）入境特殊物品的，应提供有关的批件或规定的文件。

（五）出境报检

（1）出境报检时，应填写出境货物报检单并提供对外贸易合同（售货确认书或函电）、发票、装箱单等必要的单证。

（2）国家实施许可制度管理的货物，应提供有关证明。

（3）出境货物须经生产者或经营者检验合格并加附检验合格证或检测报告；申请重量鉴定的，应加附重量明细单或磅码单。

（4）凭样成交的货物，应提供经买卖双方确认的样品。

（5）出境人员应向海关申请办理国际旅行健康证明书及国际预防接种证书。

（6）报检出境运输工具、集装箱时，还应提供检疫证明，并申报有关人员健康状况。

（7）生产出境危险货物包装容器的企业，必须向海关申请包装容器的性能鉴定。

（8）生产出境危险货物的企业，必须向海关申请危险货物包装容器的使用鉴定。

（9）报检出境危险货物时，应当取得危险货物包装容器性能鉴定结果单和使用鉴定结果单。

（10）申请原产地证明书和普惠制原产地证明书的，应提供商业发票等资料。

（11）出境特殊物品的，根据法律法规规定应提供有关的审批文件。

根据《中华人民共和国进出口商品检验法实施条例》规定，法定检验的出口商品的发货人应当在海关总署统一规定的地点和期限内，持合同等必要的凭证和相关批准文件向出入境检验检疫机构报检。法定检验的出口商品未经检验或者经检验不合格的，不准出口。

出口商品应当在商品的生产地检验。海关总署可以根据便利对外贸易和进出口商品检验工作的需要，指定在其他地点检验。

（六）报检时限和地点

（1）对入境货物，应在入境前或入境时向入境口岸、指定的或到达站的海关办理报检手续；入境的运输工具及人员应在入境前或入境时申报。

（2）入境货物需对外索赔出证的，应在索赔有效期前不少于20天内向到货口岸或货物到达地的海关报检。

（3）输入微生物、人体组织、生物制品、血液及其制品或种畜、禽及其精液、胚胎、受精卵的，应当在入境前30天报检。

（4）输入其他动物的，应当在入境前15天报检。

（5）输入植物、种子、种苗及其他繁殖材料的，应当在入境前7天报检。

（6）出境货物最迟应于报关或装运前7天报检，对于个别检验检疫周期较长的货物，应留有相应的检验检疫时间。

（7）出境的运输工具和人员应在出境前向口岸海关报检或申报。

（8）需隔离检疫的出境动物在出境前60天预报，隔离前7天报检。

（9）报检人对检验检疫证单有特殊要求的，应在报检单上注明并交付相关文件。

小提示

海关总署会根据近年法检商品不合格检出情况、风险监测情况，并结合国家政策调整要求，对必须实施检验的进出口商品目录进行调整。外贸企业需随时关注海关总署发布的公告，可通过海关总署网站查询，以确保进出口货物顺利通关。具体请查阅海关总署公告2021年第39号《关于调整必须实施检验的进出口商品目录的公告》、海关总署公告2021年第60号《关于开展2021年度法定检验商品以外进出口商品抽查检验工作的公告》。

四、进出口货物法定检验/抽查检验流程

海关总署主管全国进出口商品检验工作。海关总署设在省、自治区、直辖市以及进出口商品的口岸、集散地的出入境检验检疫机构及其分支机构（以下简称出入境检验检疫机构），管理所负责地区的进出口商品检验工作。

商检是进出口贸易的重要环节，为了加强进出口商品检验工作，规范进出口商品检验行为，我国制定了《中华人民共和国进出口商品检验法》（以下简称《商检法》）和《中华人民共和国进出口商品检验法实施条例》。

《商检法》第三条商检机构和经国家商检部门许可的检验机构，依法对进出口商品实施检验。《中华人民共和国进出口商品检验法实施条例》第四条出入境检验检疫机构对列入目录的进出口商品以及法律、行政法规规定须经出入境检验检疫机构检验的其他进出口商品实施检验（以下称法定检验）。出入境检验检疫机构对法定检验以外的进出口商品，根据国家规定实施抽查检验。

出入境检验检疫机构对列入目录的进出口商品以及法律、行政法规规定须经出入境检验检疫机构检验的其他进出口商品实施检验（法定检验）。法定检验流程图如图5-7所示。

出入境检验检疫机构对法定检验以外的进出口商品，根据国家规定实施抽查检验。抽查检验流程图如图5-8所示。

外贸企业在进出口货物时，如何判定货物是否需要商检？首先对货物进行归类，根据归类以后对应的HS编码（即海关编码）来判定货物是否需要商检，如果货物对应的HS编码有监管条件A或B，那么货物是需要商检的。

海关监管条件为A类，表示须实施进境检验检疫。海关监管条件为B类，表示须实施出境检验检疫。

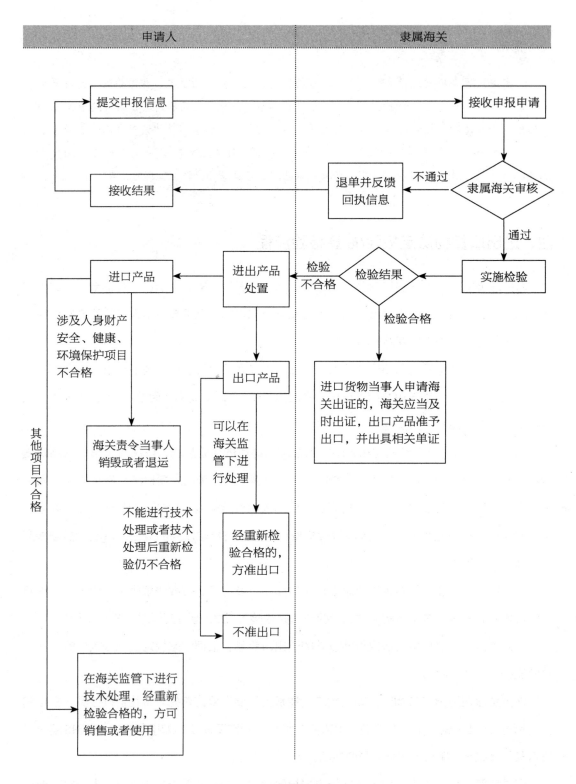

图 5-7　进出口商品法定检验流程

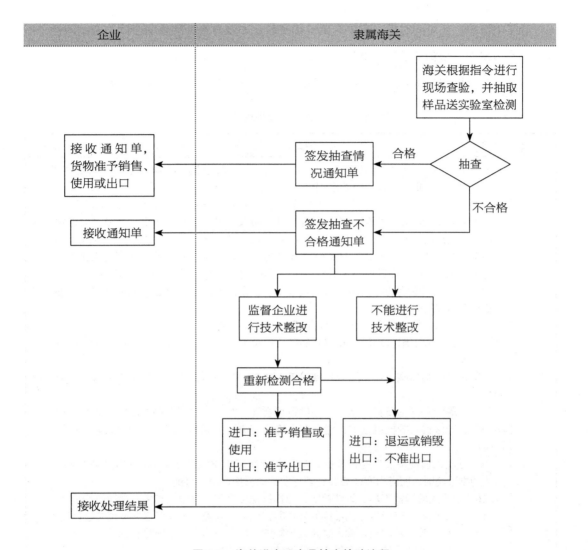

图5-8　海关进出口商品抽查检验流程

五、出口商品检验程序

我国出口商品检验的程序，主要包括3个环节：申请报检、检验、签发证书与放行。

（一）申请报检

应施行出口检验的商品，报检人应于出口前，详细填写《出境货物检验检疫申请》（Application for Certificate of Export Inspection），每份出境货物检验检疫申请仅限填报一个合同、一份信用证的商品。对同一合同、同一信用证，但标记号码不同者，应分别填写相应的申请单。

除了申请单，还应同时提交有关的单证和资料，如双方签订的外贸合同与合同附件、信用证、商业发票、装箱单以及厂检单、出口商品运输包装性能检验等必要的单证，向商品存放所在地的检验机构申请检验，缴纳检验费。出入境报检申报的资料具体如表5-12所示。

表5-12　出入境申请报检的资料

类别	应提供的单证资料
入境报检	入境报检时，应填写入境货物报检单，并提供合同、发票、装箱、提单等必要单证。有以下情况的，报检时还应按要求提供有关文件 （1）凡实施安全质量许可、卫生注册或其他需要审批审核的货物，应提供有关证明 （2）品质检验的还应提供国外品质证书或质量保证书、产品使用说明书及有关标准和技术资料；凭样成交的，须加附成交样品；以品级或公量计价结算的，应同时申请重量鉴定 （3）报检入境废物原料时，还应当取得装运前检验证书；属于限制类废物原料的，应当取得进口许可证明。海关对有关进口许可证明电子数据进行系统自动比对验核 （4）申请残损鉴定的还应提供理货残损单、铁路商务记录、空运事故记录或海事报告等证明货损情况的有关单证 （5）申请重（数）量鉴定的还应提供重量明细单，理货清单等 （6）货物经收、用货部门验收或其他单位检测的，应随附验收报告或检测结果以及重量明细单等 （7）入境的国际旅行者，国内外发生重大传染病疫情时，应当填写《出入境检疫健康申明卡》 （8）入境的动植物及其产品，在提供贸易合同、发票、产地证书的同时，还必须提供输出国家或地区官方的检疫证书；需办理入境检疫审批手续的，还应当取得入境动植物检疫许可证 （9）过境动植物及其产品报检时，应持货运单和输出国家或地区官方出具的检疫证书；运输动物过境时，还应当取得海关总署签发的动植物过境许可证 （10）报检入境运输工具、集装箱时，应提供检疫证明，并申报有关人员健康状况 （11）入境旅客、交通员工携带伴侣动物的，应提供入境动物检疫证书及预防接种证明 （12）因科研等特殊需要，输入禁止入境物的，应当取得海关总署签发的特许审批证明 （13）入境特殊物品的，应提供有关的批件或规定的文件
出境报检	申请出境货物报检时，应填写出境货物报检单，并提供对外贸易合同（售货确认书/函电）、信用证、商业发票、装箱单（出口货物明细单）、厂检单等必要的单证。有以下情况的，报检时还应按要求提供有关文件 （1）凡实施质量许可、卫生注册或需经审批的货物，应提供有关证明 （2）出境货物须经生产者或经营者检验合格并加附检验合格证或检测报告；申请重量鉴定的，应加附重量明细单或磅码单 （3）凭样成交的货物，应提供经买卖双方确认的样品 （4）出境人员应向海关申请办理国际旅行健康证明书及国际预防接种证书 （5）报检出境运输工具、集装箱时，还应提供检疫证明，并申报有关人员健康状况 （6）生产出境危险货物包装容器的企业，必须向海关申请包装容器的性能鉴定 （7）生产出境危险货物的企业，必须向海关申请危险货物包装容器的使用鉴定 （8）报检出境危险货物时，应当取得危险货物包装容器性能鉴定结果单和使用鉴定结果单 （9）申请原产地证明书和普惠制原产地证明书的，应提供商业发票等资料 （10）出境特殊物品的，根据法律法规规定应提供有关的审批文件

　　申请人可登录"互联网＋海关"一体化网上办事平台，进入"商品检验"版块办理，或"中国国际贸易单一窗口"，进入"货物申报"模块办理。

　　（1）入境检验检疫申请：登录"中国国际贸易单一窗口"，进入"货物申报—进口整合申报—入境检验检疫申请"界面，如图5-9、图5-10所示。

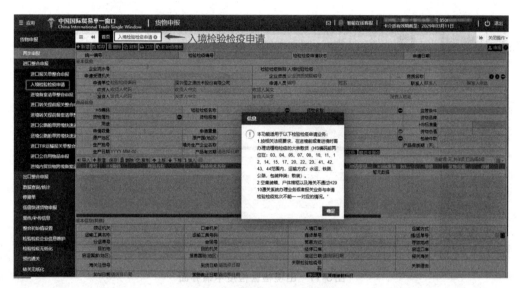

图5-9　入境检验检疫申请界面

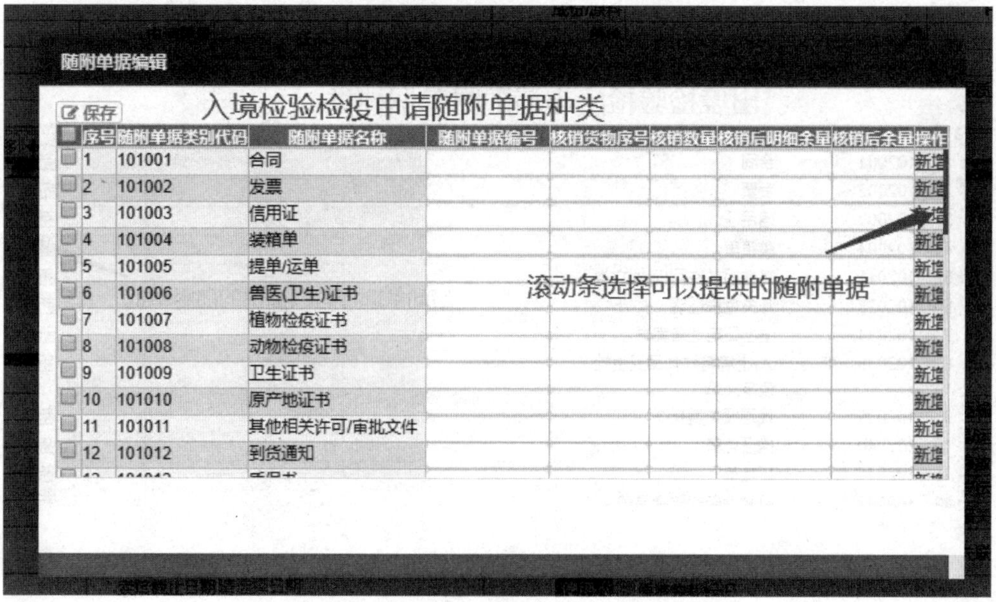

图5-10　入境检验检疫申请随附单据种类

（2）出境检验检疫申请：登录"中国国际贸易单一窗口"，进入"货物申报—出口整合申报—出口检验检疫申请"界面，如图5-11～图5-13所示。

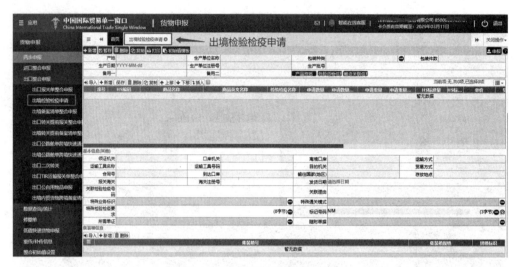

图5-11　出境检验检疫申请界面

序号	随附单据类别代码	随附单据名称	随附单据编号	核销货物序号	核销数量	核销后明细余量	核销后余量	操作
1	102001	合同						新增
2	102002	发票						新增
3	102003	信用证						新增
4	102004	装箱单						新增
5	102011	其他相关许可/审批文件						新增
6	102028	海关免税证明						新增
7	102034	进出口电池备案书						新增
8	102038	入/出境特殊物品卫生检疫审批单						新增
9	102039	代理报关委托书						新增
10	102040	换证凭单						新增
11	102041	厂检单						新增
12	102042	包装性能检验结果单						新增

出境检验检疫申请随附单据种类

滚动条选择可以提供的随附单据

图5-12　出境检验检疫申请随附单据种类

中华人民共和国海关
出境货物检验检疫申请

电子底账数据号：376400221

申请日期：2021 年 05 月 25 日

发货人	（中文）				
	（外文）***				
收货人	（中文）***				
	（外文）***				

货物名称(中/外文)	H. S. 编码	产地	数/重量	货物总值	包装种类及数量
木桶	4416009090(P/Q)		180千克	1046.4美元	纸箱/20
花篮	4602191000(P/Q)		608千克	3715.17美元	纸箱/38

运输工具名称号码	水路运输		贸易方式	一般贸易	货物存放地点	
合同号	HYW-5851		信用证号		用途	其他
发货日期	***	输往国家(地区)	韩国	许可证/审批号	***	
启运地	青岛港	到达口岸	韩国	生产单位注册号		

集装箱规格、数量及号码		
合同、信用证订立的检验检疫条款或特殊要求	标记及号码	随附单据（划"√"或补填）
	N/M	☑合同　　　☐包装性能结果单 ☐信用证　　☐许可/审批文件 ☑发票　　　☐ ☐换证凭单　☐ ☑装箱单　　☐ ☐厂检单　　☐

需要证单名称（划"√"或补填）				*检验检疫费	
☐品质证书　　　　正　副	☐植物检疫证书　　正　副			总金额 （人民币元）	
☐重量证书　　　　正　副	☐熏蒸/消毒证书　　正　副				
☐数量证书　　　　正　副	☐出境货物换证凭单　正　副			计费人	
☐兽医卫生证书　　正　副	☑电子底账　　　　1正				
☐健康证书　　　　正　副	☐			收费人	
☐卫生证书　　　　正　副	☐				
☐动物卫生证书　　正　副	☐				

申请人郑重声明： 　1、本人被授权申请检验检疫。 　2、上列填写内容正确属实、货物无伪造或冒用他人的厂名、标志、认证标志、并承担货物质量责任。 　　　　　　　　　　　签名：＿＿＿＿＿＿＿	领取证单	
	日期	
	签名	

注：有"*"号栏由海关填写

图 5-13　出境货物检验检疫申请

（二）检验

检验机构在审查上述单证符合要求后，受理该批商品的报检。出入境检验检疫机构对进出口商品实施检验的内容，包括是否符合安全、卫生、健康、环境保护、防止欺诈等要求，以及相关的品质、数量、重量等项目。

1.抽样

检验机构接受报检之后，及时派员赴货物堆存地点进行现场检验、鉴定。现场检验一般采取国际贸易中普遍使用的抽样法（个别特殊商品除外），抽样时，要根据不同的货物形态，按照规定的方法和一定的比例，在货物的不同部位抽取一定数量的、能代表全批货物质量的样品（标本）供检验之用。报验人应提供存货地点情况，并配合检验人员做好抽样工作。

2.检验

检验机构首先应当认真研究申报的检验项目，确定检验内容，仔细审核合同（信用证）中关于品质、规格、包装的规定，弄清检验的依据，确定检验标准、方法；然后使用从感官到化学分析、仪器分析等各种技术手段，对出口商品进行检验。检验的形式有商检自验、共同检验、驻厂检验和产地检验等。

小提示

第一次商检时，商检局一般会要求到工厂实地抽样商检。如果商检局人员提出的检验产品在某些方面不符合商检程序的要求或规定，出口商应当积极配合做好记录，以便整改。

（三）签发证书与放行

海关对检验合格的商品签发相应的检验检疫证书，出口企业即凭此在规定的有效期内报关出口。

在出口方面，凡列入目录表内的出口商品，商检机构对检验合格的商品签发检验证书，或在"出口货物报关单"上加盖放行章。出口企业在取得检验证书或放行通知单后，在规定的有效期内报运出口。

凡合同、信用证规定由商检部门检验出证的，或国外要求签检验证书的，根据规定签发所需证书；不向国外提供证书的，只发放行单。目录表以外的出口商品，应由商检机构检验的，经检验合格发给证书或放行单后，方可出运。

在进口方面，进口商品经检验后，签发"检验情况通知单"或"检验证书"，用于对外结算或索赔。

六、如何填写出口货物报检单

报检单统一要求预录入，并加盖报检单位公章或已向检验检疫机构备案的报检专用章。报检前，报检人员应认真审核录入报检单，其申报内容必须与报检随附单证一致，并在"报检人声明"一栏签名。

报检单必须如实填写，而且保持整洁，不能涂改，具体的填写要求如下。

（1）每张申请单一般只填写一批商品。

（2）申请的日期、时间必须准确无误。

（3）所有应填写的项目应填写齐全、译文准确、中英文内容一致。

（4）收货人、发货人、商品的名称等应与合同和信用证所列一致，并且要填写全称，不得随意简化。

（5）商品名称要填写与合同、信用证一致的具体商品的名称，不得自行简化或更改。

（6）商品的数量、重量、规格，除合同、信用证有规定或有国际惯例者外，其余一律使用国际标准计量单位。

（7）货物总值，一律写出口成交价，如无出口成交价（例如出口预检时），填国内收购价。

（8）包装要求，主要填写运输包装，如瓦楞纸箱、木箱、麻袋、塑料编织袋、麻布等。合同、信用证对包装另有规定要求的，应按要求填写。

（9）证书类别，属于两个以上检验鉴定项目的，需区分是单独出证还是合并出证，这需要在"备注"栏内写明。

（10）运输工具、装运港、目的港，需按提单或装运单填写。如有转船的，要把转船的地点、船名按运程填写清楚。

（11）批次号和唛头，要按商品包装上所列的批次号填写，保证单证相符。

（12）证书的文种、份数，都要写清楚。

（13）如果对检验证书的内容有特殊要求，也应在检验申请单上申明。

第四节　跟进报关

一、了解货物报关

外贸跟单员除了跟进货物生产与发货，还需要了解报关流程与准备相关的报关资料。这也是国际贸易中货物可以顺利出口的重要一环。

（一）货物申报

货物申报采用电子数据报关单申报形式或者纸质报关单申报形式。电子数据报关单和纸质报关单均具有法律效力。

1. 电子数据报关单申报形式

企业通过电子系统按照《中华人民共和国海关进出口货物报关单填制规范》的要求，向海关传送报关单电子数据并且备齐随附单证的申报方式。

2. 纸质报关单申报形式

企业按照海关的规定填制纸质报关单，备齐随附单证，向海关当面递交的申报方式。

企业应当以电子数据报关单形式向海关申报，与随附单证一并递交的纸质报关单的内容应当与电子数据报关单一致；特殊情况下经海关同意，允许先采用纸质报关单形式申报，电子数据事后补报，补报的电子数据应当与纸质报关单内容一致。

申报随附单证包括有：① 合同，② 发票，③ 装箱清单，④ 提（运）单，⑤ 进出口许可证件，⑥ 载货清单（舱单），⑦ 代理报关授权委托协议，⑧ 海关总署规定的其他进出口单证。

3. 申报日期

申报日期是指申报数据被海关接受的日期。

以电子数据报关单形式申报的，申报日期为海关计算机系统接受申报数据时记录的日期；以纸质报关单形式申报的，申报日期为海关接收纸质报关单并且对报关单进行登记处理的日期。

（二）准备报关单证

为了做到如实申报，外贸跟单员须认真准备，并检查所有申报单证资料，确保提交的单证齐全、合法、有效，以便货物顺利报关放行。报关单证主要包括：

（1）报关单；

（2）合同；

（3）发票；

（4）装箱单；

（5）产地证；

（6）代理报关委托书；

（7）出口载货清单；

（8）代理报关委托协议；

（9）检验检疫证书；

（10）出口货物属于国家限制出口或配额出口的应提供许可证件或其他证明文件；

（11）其他海关监管条件所涉及的各类证件。

（三）报关方式

1. 自理报关

进出口货物的收发货人以自己的名义，向海关申报的，报关单应当由进出口货物收发货人签名盖章，并且随附有关单证。

2. 委托报关

报关企业接受进出口货物的收发货人委托，以自己的名义或者以委托人的名义向海关申报的，应当向海关提交由委托人签署的授权委托书，并且按照委托书的授权范围办理有关海关手续。

报关企业接受进出口货物收发货人的委托，办理报关手续时，应当对委托人所提供情况的真实性、完整性进行合理审查，审查内容包括：

（1）证明进出口货物的实际情况的资料，包括进出口货物的品名、规格、用途、产地、贸易方式等；

（2）有关进出口货物的合同、发票、运输单据、装箱单等商业单据；

（3）进出口所需的许可证件及随附单证；

（4）海关总署规定的其他进出口单证。

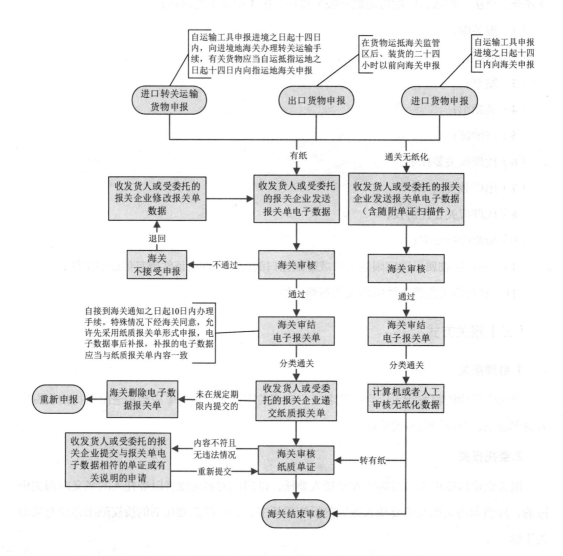

备注：根据《中华人民共和国海关进出口货物申报管理规定》（海关总署令 第103号）

一、报关企业未对进出口货物的收发货人提供情况的真实性、完整性履行合理审查义务或违反海关规定申报的，应当承担相应的法律责任。

二、进口货物的收货人，向海关申报前，因确定货物的品名、规格、型号、归类等原因，可以向海关提出查看货物或者提取货样的书面申请。

三、超过规定时限未向海关申报的，海关按照《中华人民共和国海关征收进口货物滞报金办法》征收滞报金。

图5-14 进出口申报管理流程图

报关企业未对进出口货物的收发货人提供情况的真实性、完整性履行合理审查义务，或者违反海关规定申报的，应当承担相应的法律责任。

（四）申报流程

（1）按照《中华人民共和国海关进出口货物报关单填制规范》的要求向海关传送报关单电子数据及随附单证。

（2）进出口货物的收发货人以自己的名义，向海关申报的，报关单应当由进出口货物收发货人签名盖章，并随附有关单证。报关企业接受进出口货物的收发货人委托，以自己的名义或以委托人的名义向海关申报的，应当向海关提交由委托人签署的授权委托书，并按照委托书的授权范围办理有关海报关手续。

进出口申报管理流程图如图5-14所示。

二、进出口申报系统操作

（一）代理报关委托授权操作流程

出口企业委托报关企业代理报关时，需要与报关企业签署"电子授权委托书"。"电子授权委托书"签约流程如下。

（1）登录中国国际贸易"单一窗口"标准版门户网站，在"用户登录"栏目中选择"卡介质"，插入电子口岸卡，输入卡密码后点击"登录"，进入标准版应用（见图5-15）。

图5-15　点击进入标准版应用

（2）选择"货物申报"→报关代理委托（见图5-16）。

图 5-16 选择报关代理委托

（3）在左侧"委托关系管理"中选择"发起委托"，输入被委托报关行相关信息后点击"查询"，勾选对应企业，选择"发起委托申请"，如图5-17所示。

图 5-17 选择"发起委托申请"

（4）勾选相关信息后，点击"发起"按钮，发起委托申请。请一定勾选"自动确认"和"辅助查验"，如图5-18所示。

图 5-18 点击"发起"按钮

（二）通关无纸化协议签约流程

（1）登录中国国际贸易"单一窗口"标准版门户网站，在"用户登录"栏目中选择"卡介质"，插入电子口岸卡（法人卡），输入卡密码后点击"登录"，进入标准版应用。

（2）选择"货物申报"→通关无纸化协议（见图5-19、图5-20）。

图5-19　选择通关无纸化协议

图5-20　通关无纸化协议界面

（3）进入左侧菜单"三方协议签约"（需要插入法人卡进行签约操作）。

根据海关总署2017年第8号公告，签约一次即可在全国开展通关无纸化业务。

如用户已经签约，界面会有相应提示：您已完成签约操作，无需要进行签约，即表示之前已经进行无纸化签约，无需重复签约（见图5-21）。

图5-21　签约界面

委托报关的出口企业需签约通关无纸化协议，以便满足报关企业货物申报的要求，如图5-22所示。

[LOGO]	珠海市维佳联运国际货运代理有限公司深圳分公司						
	联系人：JUDY		电话：			传真：	
中外运国际集拼运营平台-深圳平湖物流中心 【进仓通知书】				申报地：			
中外运订仓号：		预约时间：			目的港：	曼萨尼略	
PO号：		截仓时间：	2021-05-26 15:00		目的国：	墨西哥	
货物信息							
中文名称（必填）	唛头（必填）	数量（必填）	包装	体积	重量	备注	
地铁车厢照明灯	-	19	CTNS	7.841	1281		
★1、我司已全面推行电子发票和微信小程序自助办单（含一车多票），详情请关注我司公众号。 2、2018年4月16日起实施网上无纸化交单，凡入深圳平湖仓的清关和仓转仓货物，需在中外运国际集拼e站通平台上提交报关资料，不再接受纸质报关资料。交单网址中外运国际集拼e站通： 如有多个PO合报一份报关单，非按顺序号排列、后缀字母无连贯性等不同PO一律不能合报一份报关单，请于5月24日至截仓日期间送货，否则将产生超期仓租RMB2/CBM/天							
电子代理报关委托协议及加工贸易手册授权公司		深圳中外运物流报关有限公司		海关注册编号：			
出境关别	笋岗海关	笋岗海关代码：		离境口岸：		深圳	
★疫期司机送货须知： 1.每车只允许司机本人进入园区，须自备口罩且全程配戴，并且配合门岗进行体温检测，没有配戴口罩或有发热、咳嗽、胸闷、乏力等身体不适症状的，禁止进入； 2.所有外来人员请提前在公众号："深您"自主申报平台进行个人健康申报，主动出示二维码和相关证件进行健康信息核验； 3.待工或卸货期间请待在驾驶室、车辆熄火并开窗通风，禁止随意走动及聚集闲聊； 4.进入园区后，必须按业务指定路线行走及行驶，禁止前往与业务无关区域；业务咨询应保持1米以上安全距离。 温馨提示：从2018年1月2日开始，所有送货车辆凭有效预约的短信才能进仓。 所有送货车辆进仓前请通过微信公众号了解送货须知，敬感货物入仓指引。							
★超长（4米≤单边规格≤7米）、超重（3吨≤单重≤7吨）、细小货物将收取特殊操作费用。（详见从文档右下方附页：平湖仓入仓指引）							
我司已开通以下网页端、移动端自助服务，敬请关注微信公众号、添加小程序或登陆网站获取：							

珠海市维佳联运国际货运代理有限公司深圳分公司					
深圳八达（华南监管仓）进仓单					
进仓单号：			VLS	编号：	
开舱时间	截仓时间	2021-01-13 15:00			
中文品名：（必填）	地铁车厢照明灯/灯罩/控制器/支架	参考体积	9.910	货物唛头（必填） 请务必填写	送货司机必填
数量/包	23CASES	参考重量	1871.000		送货车牌：
船名航次				目的港 MANZANILLO	送货人电话： MEXICO
送货/登记地址：				国家	八达仓微信
登记咨询：					入仓预约二维
查询报关底单：					码
仓库夜班班班电话：					
仓库收货时间：周一至周五7:30-19:00 晚间：19:00至4:00 周六7:30-17:00 晚间：19:00-23:00 周日休息（晚间收货产生加班费）					
从2018年9月1日起我司不再接受纸质单证，报关资料只能通过八达仓关易达通关系统提交					

仓转仓的货物要求（非仓转仓的货物不需要参考这一部分内容）：2020年1月1日（含）起需将出口口岸变更为观澜海关（代码：5357），金二账册代码变更为（L5357P19A002），金二账册仓转仓流程及所需资料：
1.货代出具转出货物的转出方录入的出口核注清单（为提高录单时效性，建议各转出方提供单一窗口生成的EXCEL表）+装箱单+仓转仓三级审批申请表。
2.八达根据申请表，打印转入进口核注清单后提供给到货代
3.货代将清单交由转出方并由转出方申报完成出口核注清单
4.货代将转出方申报完毕的出口核注清单交到八达核实
5.转入进口核注清单申报完成账册并终审
6.安排装货转入，仓库收货

所有八达报关的电子委托和电子手册授权名称：深圳市

图5-22 无纸化协议

（三）自理报关系统操作

企业可通过中国国际贸易"单一窗口"或"互联网＋海关"平台进行进出口货物申报。

1.中国国际贸易"单一窗口"申报路径

（1）登录中国国际贸易"单一窗口"平台。在"用户登录"栏目中选择"卡介质"，插入电子口岸卡（操作员卡），输入卡密码后点击"登录"。

（2）登录成功后，在标准版页面找到"货物申报"子栏目（见图5-23）。

图5-23　"货物申报"子栏目（1）

或者在"单一窗口"页面，点击"全部应用—标准版应用—货物申报"子栏目（见图5-24）。

图5-24　"货物申报"子栏目（2）

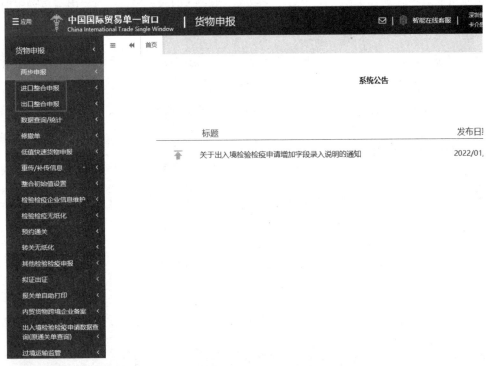

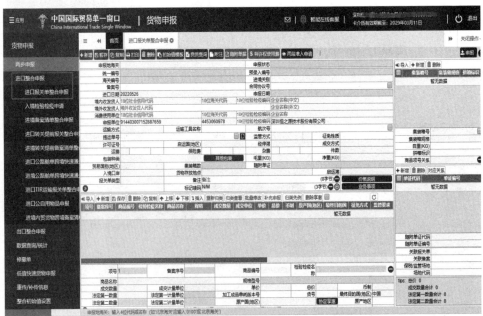

图5-25 进口报关单整合申报页面

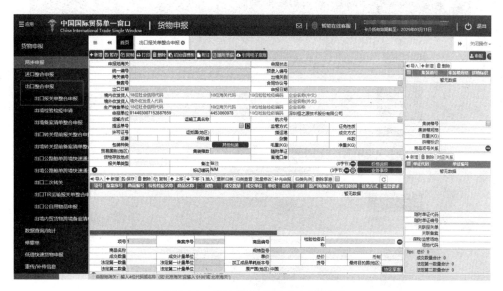

图5-26　出口报关单整合申报页面

（3）进入申报界面，通过左侧目录树依次点击"进/出口整合申报—进/出口报关单整合申报"，并在右侧申报区进行申报（见图5-25、图5-26）。

2. "互联网＋海关"平台申报路径

（1）登录海关总署官网。

（2）进入"互联网＋海关"界面后点"登录"，并选择"IC卡登录"（见图5-27）。插入IC卡/IKEY，输入密码后点"登录"。

（3）在"互联网＋海关"界面选择"货物通关"，在"进出口货物申报管理"模块项下点击"货物申报"选项（见图5-28）。

（4）进入"货物申报"后，通过左侧目录树依次点击"进/出口整合申报—进/出口报关单整合申报"，并在右侧申报区进行申报（见图5-29～图5-31）。

图5-27 "登录"界面

图5-28 点击"货物申报"选项

图5-29　进/出口整合申报页面

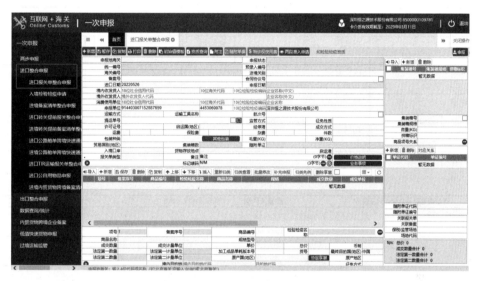

图5-30　进口报关单整合申报页面

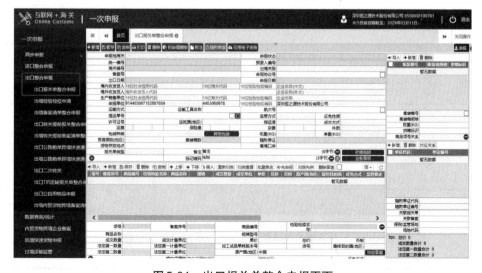

图5-31　出口报关单整合申报页面

（四）报关单证模板

1.出口报关单

中华人民共和国海关出口货物报关单

企业留存联

预录入编号：　　　　　　　　　　　海关编号：

收发货人 (4453060978)		出口口岸 (5306)		出口日期	申报日期
生产销售单位 (4453060978)		运输方式	运输工具名称		提运单号
申报单位 (4403180495)		贸易方式 (0110)	征免性质 (101)		备案号
贸易国（地区）(429)	运抵国 （地区）(142)		指运港 (142)		境内货源地 (44031)
许可证号	成交方式 FOB	运费		保费	杂费
合同协议号	件数		包装种类	毛重（千克）	净重（千克）
集装箱号	随附单证				
标记唛码及备注					

项号	商品编号商品名称、规格型号	数量及单位	最终目的国（地区）	单价	总价	币制	征免

特殊关系确认：	价格影响确认：	支付特许权使用费确认：
录入员　　　录入单位	**兹申明对以上内容承担如实申报、依法纳税之法律责任**	海关批注及签章
报关人员	**申报单位(签章)**	

2.出口合同

合 同

CONTRACT

卖方:
Sellers: _____

地址:
Address:

电话:
Telephone:

买方:
Buyers: _____

地址:
Address:

合同号码
Contract NO:

Date:

Signed at: 深圳

电话:
Telephone:

经买卖双方确认根据下列条款订立本合同:
This contract is made out by the Sellers and Buyers as per the following terms and conditions mutuilly confirmed:

(1)货物名称及规格 Name of commodity and Specification	(2) 数量 Quantity	(3) 单价 Unit Price	(4) 金额 Amount

FCA　　　总值
Total Amount:　　_____

(5)合同总值（大写）
Total Value in Word:

(6)包装及唛头　　　　　其它
Packing and shipping Marks:

(7)装运期
Time of Shipment:

(8)装运口岸和目的地:　Shenzhen
Loading Port&Destination:From Shenzhen to United Kingdom

(9)付款条件　　　电汇　　　　发票日60天
Terms of Payment:60 days due from invoice date

(10)装运标记　　　　N/M
Shipping Marks:

买方　　　　　　　　　　　　　　　卖方
THE BUYERS　　　　　　　　　　　THE SELLERS

191

3.发票

发 票
INVOICE

商号 Sold to : _____			编码 NO: _____ 日 期 DATE: _____

标记号码 Mark & No	货物名称 Description	数 量 Quantity	单 价 Unit price	总金额 Amount
N/M				
	合计	个	**TOTAL:**	

4.装箱单

装 箱 单
PACKING LIST

日 期
Date: _____

发票编号
Invoice No: _____

客户
To Messrs: _____

合 约 号
Contract No: _____

船名
Shipped by

付款条件:
Terms of Payment:　发票日60天

箱号 Ctn.No.	货物名称及规格数量 Description	总箱数 Ge.Crate	总毛重 G.W.:	总净重 N.W.:
合计： Total:			千克	千克

唛头

Marks

TO:

5.产地证

1. Exporter's business name, address country	CERTIFICATE NO.
2. Producter's Name and Address Country	**CERTIFICATE OF ORIGIN** FORM FOR CHINA-AUDTRSLIA FREE TRADE AGREENMET ISSUED IN：THE PEOPLE S REPUBLIC OF CHINA 中澳原产地证
3.consignee's name, address, country 收货人公司名称及详细地址，必须打上国名	
	For official use ONLY
4.means of transport and route (as far as known) DEPARTURE DATE： VESSEL'S NAME/AIRCRAFT ETC： Port Of loading： PORT OF DISCHARGE：	**5.REMARKS：**

6.Item Number	7. Marks and Numbers of packages	8. .Origin criterion	9.Gross weight or other quantity and value(FOB)	10.Number and Date of invoices	11.Remarks

12..Declaration by the exporter The undersigned hereby declares that the above details and statements are correct; that all the good were prouduced in 　　CHINA And that they comply with the orgin requirements specifed for those goods in the Generalized System of Preference for goods exporterd to	13.Certification It is hereby certified, on the basis of control carried out, That the declaration by the exporter is correct

6.货物运输保险单

中国平安财产保险股份有限公司

ORIGINAL

货 物 运 输 保 险 单
CARGO TRANSPORTATION INSURANCE POLICY

Claim documents please mail to: Marine Claim Section , National Integrated Operation Center, Ping An

(Group)Company of China, Ltd. P. O>BOX201-003,

◆以下信息来源于您的投保申请，是为您提供理赔及售后服务的重要依据，请务必仔细核对，如有错误或遗漏请立刻拨打━━━━申请修改。
Please confirm the accuracy of following information to ensure that we can provide effective claim and other service accordingly. Should you have any query, please contact us by +86-755-95511.

被保险人：XXXX JOINT STOCK COMPANY
Insured:

通讯地址及邮编：LE4 LOT, STREET NO.2, XUYEN A INDUSTRIAL ZONE, MY HANH BAC COMMUNE DUC HOA**
Address:

中国平安财产保险股份有限公司 根据被保险人的要求及其所交付的保险费，按照本保险单背面所载条款与下列特款，承保下述货物运输保险，特立本保险单。
This Policy of insurance witnesses that Ping An Property & Casualty Insurance Company Of China, LTD, at the request of the Insured and in consideration of the agreed premium paid by the Insured, undertakes to insure the undermentioned goods in transportation subject to the conditions of Policy as per the clauses printed overleaf and other special clauses attached hereon.

保单号 Policy No.　　1021206390041837XXXX	赔款偿付地点 Claim　CAT LAI PORT IN HOCHIMINH CITY, VIETNAM IN USD
发票或提单号　　FS180400XXXX	Payable at
	查勘代理人
Invoice No. or B/L No.	Survey by:
运输工具　　BY SEA	BAOVIET INSURANCE
Per Conveyance S.S.	ADDR:35 HAI BA TRUNG STREET24 Dien Bien Phu Str, Ngo Quyen
起运日期 Slg. on Apr 11, 2018　　自　FOSHAN, CHINA	Dist, Haiphong son87bvhp@gmail.com TEL:84 313 551338
or abt　　　　　　　　　　　　From	
	FAX:84 313 859870
至　CAT LAI PORT IN To　HOCHIMINH CITY,	
VIETNAM	

保险金额　　USD35,702.04　(USD THIRTY FIVE THOUSAND SEVEN HUNDRED AND TWO AND CENTS FOUR ONLY)
Amount Insured

保险货物项目、标记、数量及包装：　　　　　　　　　　承保条件：Conditions:
Description, Marks, Quantity & Packing of Goods:　　COVERING ALL RISKS AS PER OCEAN MARINE CARGO CLAUSE.
410 (OSS41) STAINLESS STEEL WELDED PIPE 60PACKAGES
N/M BSIU91XXXX/40' HQ/TSN0890590
DEDUCTIBLE 5% OF THE SUM INSURED.

签单日期　　　Apr 10, 2018
Date of Issue:　　IMPORTANT

DOCUMENTATION OF CLAIMS

PROCEDUREIN THE EVENT OF LOSS OR DAMAGE FOR WHICH UNDERWRITERS MAY BE LIABLE
LIABILITY OF CARRIERS, BAILEES OR OTHER THIRD PARTIES
It is the duty of the Assured and their Agents, in all cases, to take such measures as may be reasonable for the purpose of averting or minimizing a loss and to ensure that all rights against Carriers, Bailees or other third parties are properly preserved and exercis-ed. In particular, the Assured or their Agents are required.
1. To claim immediately on the Carriers, Port Authorities or other Bailees for any missing packages.
2. In no circumstances, except under written protest, to give clean receipts where goods are in doubtful condition.
3. When delivery is made by Container, to insure that the Container and its seals are examined immediately by their responsible official. If the Container is delivered damaged or with seals broken or missing or with seals other than as state in the shipping documents, to clause the delivery receipt accordingly and retain all defective or irregular seals for subsequent identification.
4. To give notice for survey by Carriers' or other Bailees' Repre- sentatives if any loss or damage be apparent and claim on the Carrie- rs or other Bailees for any actual loss or damage found at such surv- ey.
5. To give notice in writing to the Carriers or other Bailees within 3 - days of delivery if the loss or damage was not apparent at the time - of taking delivery.
NOTE:The Consignees or their Agents are recommended to make themselves familiar with the Regulations of the Port Authorities at the port of discharge.

to enable claims to be dealt with promptly, the Assured or their Age- nts are advised to submit all available supporting documents without - delay , including when applicable:
1. Original policies of insure.
2. Original or certified copy of shipping invoice , together with shi- pping specification and / or weight notes.
3. Original or certified copy of Bill of Lading and /or othercontract of carriage.
4. Survey report or other documentary evidence to show the extent of the loss or damage.
5. Landing account and weight notes at port of discharge and final d- estination.
6. Correspondence exchanged with the Carriers and other Parties rega- rding their liability for the loss of damage.

In the event of loss or damage which may involve a claim under - this insurance, no claim shall be paid unless immediate notice of - such loss or damage has been given to and a Survey Report obtained from this Company's Office or Agents specified in this Policy.

For and on behalf of
PING AN PROPERTY & CASUALTY INSURANCE COMPANY OF CHINA, LTD.

．．．．．．．．．．．．．．．．．．．．．．．．
Authorized Signature
复核：system　制单：CGSHGZHL00002

签单地址及电话　　　qingpu　　39287812
Issuing Address & Tel.

7. 出口产品品牌声明书

声明书

致：深圳中外运物流报关有限公司

兹有我司于＿＿＿年＿＿＿月＿＿＿日委托贵司报关申报的＿＿＿＿＿＿＿＿＿＿＿等货物一批。申报商标为：＿＿＿＿＿品牌：＿＿＿＿＿

现向贵司声明该批货物商标申报无效无论，若经贵司发现有任何不实，我方愿承担RMB2000元/单的违约金，且不免除对我方其它责任的追究。

我方知悉并了解中国相关法律规定，对上述承担表述系自愿做出的真实意思表示，不存在欺诈、胁迫、重大误解等情形。

特此声明

声明人：＿＿＿＿＿

＿＿＿＿＿年＿＿＿月＿＿＿日

备注：

1. 有牌且已在海关申请知识产权保护的，必须随附授权书，且授权情形；有牌但未向海关申请知识产权保护的，必须按照实际商标申报；确实无品牌的，申报无牌。

2. 声明人为报关单上载明的申报经常单位。

8. 申报要素

申报要素

产品名称：＿＿＿＿＿

HS code：＿＿＿＿＿

0 用途：

1 功能：

2 生产件的通用零件编号后加注 "/TY" "无编号"

3 成套散件装配后完整品的零部件的编号 "无编号"

4 品牌：

5 型号：

6 零部件完整编号并在前面加注 "S/" "无编号"

品牌和适用的整车厂牌一致的维修件填报 "W/" "非维修件"

品牌和适用的整车厂牌不一致的维修件填报 "WF/" "非维修件"

9. 超长、超重、易碎货物入仓担保函

超长、超重、易碎货物入仓担保函

致：_____公司

　　本公司经贵司仓库（含各卫星仓网点）中转的下述货物，因超出贵司限制类货物出、入仓要求，我司在此声明该货物在贵司仓库装、卸、搬运、理货、查验等所有作业中产生的一切损失（包括货物破损及外部变形等），以及导致的对贵司、第三方的致害，我司将承担全部责任。

货物资料如下：

P/O（S/O）：_____

货物类型选择（请按货物类型在□内打√）：

超长货物□　　　　超重货物□　　　　易碎货物□

中文品名（与报关单一致）：____地铁车厢照明灯具____

件数：_____　　包装：_____　　重量：_____　　体积：_____

货物包装规格：

长：_____　宽：_____　高：_____

长：_____　宽：_____　高：_____

长：_____　宽：_____　高：_____

单位：_____

经办人（签名）：_____

单位公章

年　月　日

注：1.本保函由委托入仓的单位出具并加盖公章。

　　2.公司名称请填写仓点对应的公司名称，如有疑问，请咨询客服。

10. 存（出）仓委托书

存（出）仓委托书

中外运公司：

　　我司_____拟将货物存入（提取出）贵公司外运仓库。这批货物属：□ 暂时进口 □ 一般贸易进口　　□ 来料加工　　☑ 一般贸易出品

货物名称：

货物产地：

规格及包装：

数　　量：

重　　量：

价　　值：

运 输 工 具：

进/出境口岸：深圳笋岗（5306）

存放期：三个月

　　请与海关联系，准予办理货物存/出仓手续。

特此委托

申请人地址：　　　　　　　　　　申请人签署：

电话：

传真：　　　　　　　　　　　　　（公章）

第六章

外贸订单出货后的事务

【本章要点】▶▶▶ ··

⇨ 制单结汇

⇨ 办理出口退税

第一节 制单结汇

一、外贸单证概述

外贸单证是指在国际结算中所使用的各种单据、文件与证书，凭借这些单证来处理进出口货物的支付、运输、保险、商检、结汇等事项。国际商会《跟单信用证统一惯例》对国际贸易中涉及的单据和支付等问题进行了规范。

（一）常见结汇单证

结汇单证按照签发制作人的不同，可分为以下三种。

1.出口商自行缮制的单证

汇票、商业发票、装箱单、重量单、受益人证明等。

2.官方机构出具的单证

商品检验证书、原产地证明书等。

3.各类服务机构出具的单证

船公司出具的提单、船公司证明，保险公司出具的保险单等。

外贸跟单员可以根据合同或信用证的要求，将所需要提交的单证罗列出来，并制成表格（见表6-1）。每制完一单就可以在表格中"完成情况"栏内画一个"√"，这样就不会遗漏单证。

表6-1　订单号×××结汇单证完成情况列表

序号	单证名称	单证的特殊要求	所需要份数	完成情况	单据日期	备注

（二）各种单证的签发日期

各种单证的签发日期要符合逻辑性和国际惯例，通常来讲，提单日期是确定各单证日期的关键，汇票日期应晚于提单、发票等其他单证，但不能晚于L/C的有效期。各单证日期关系如下。

（1）发票日期应在各单证日期之首。

（2）提单日期不能超过L/C规定的装运期，也不得早于L/C的最早装运期。

（3）保险单的签发日期应早于或等于提单日期（一般早于提单2天），不能早于发票日期。

（4）装箱单应等于或迟于发票日期，但必须在提单日之前。

（5）产地证不早于发票日期，不迟于提单日。

（6）商检证日期不晚于提单日期，但也不能过多早于提单日期，尤其是鲜货，容易变质的商品。

（7）受益人证明等于或晚于提单日期。

（8）装船通知等于或晚于提单日期后三天内。

（9）船公司证明等于或早于提单日。

二、缮制单证

（一）缮制单证的基本要求

缮制单证的基本要求如图6-1所示。

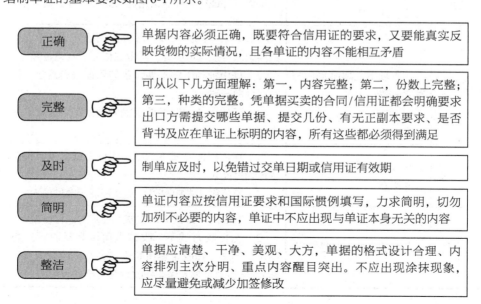

正确	单据内容必须正确，既要符合信用证的要求，又要能真实反映货物的实际情况，且各单证的内容不能相互矛盾
完整	可从以下几方面理解：第一，内容完整；第二，份数上完整；第三，种类的完整。凭单据买卖的合同/信用证都会明确要求出口方需提交哪些单据、提交几份、有无正副本要求、是否背书及应在单证上标明的内容，所有这些都必须得到满足
及时	制单应及时，以免错过交单日期或信用证有效期
简明	单证内容应按信用证要求和国际惯例填写，力求简明，切勿加列不必要的内容，单证中不应出现与单证本身无关的内容
整洁	单据应清楚、干净、美观、大方，单据的格式设计合理、内容排列主次分明、重点内容醒目突出。不应出现涂抹现象，应尽量避免或减少加签修改

图6-1 缮制单证的基本要求

（二）缮制单证的思路——从上到下，从左到右

从上到下，即从一张单证的最上面的项目开始，做完上一行的项目再做下一行的项目，碰到一行有多个纵向项目，则要遵循从左到右的原则。这样有两个好处，一是不会轻易把需要改动的项目漏改；二是把整张单据划分成单元小块完成制作可以提高精确度。

在缮制单证时，每个公司都有其一套固定格式，通常每次都会套用固定格式，但在套用的同时，容易出现"应该修改的项目却没有改过来"的错误。比如同一种商品不同订单批次的出口单证，可以套用相同格式、抬头、品名的单证模板，但由于是不同批次订单，票据在日期、数量和编号等方面会有细微的差别，这些差别往往很容易被忽略。但是只要奉行从上到下，从左到右的原则来缮制单据，并在这个原则下切实做到"心想、口读、眼盯、笔点、尺比、逐行逐字母一一核对"，基本上就可以避免这方面的错误。

（三）汇票的制作

汇票一般都是开具一式两份，只要其中一份付讫，则另一份自动失效。制作汇票时应注意的问题如表6-2所示。

表6-2　汇票的内容及填写要求

条　款	填写内容	填写要求
出票条款	信用证名下的汇票，应填写出票条款	须填写开证行名称、信用证号码和开证日期
汇票金额	托收项下汇票金额应与发票一致	（1）若采用部分托收、部分信用证方式结算，则两张汇票金额各按规定填写，两者之和等于发票金额 （2）信用证项下的汇票，若信用证没有规定，则应与发票金额一致 （3）若信用证规定汇票金额为发票的百分之几，则按规定填写
付款人名称	托收方式的汇票，付款人为买方	（1）在信用证方式下，以信用证开证行或其指定的付款行为付款人 （2）若信用证未加说明，则以开证行为付款人
收款人名称	汇票的收款人应是银行	（1）在信用证方式下，收款人通常为议付行 （2）在托收方式下，收款人可以是托收行，均做成指示式抬头。托收中也可将出口方写成收款人（已收汇票），然后由收款人作委托收款背书给托收行

下面提供实例说明汇票的填写方法。

Bill of Exchange

No. STP01508.8 (汇票号码)

Drawn under（出票依据）Bank of New York L/C No. L-02-I-03437 Dated Sept 15ᵗʰ 2021.

Payable with interest at _____ % _____（付款利息）

Exchange for（汇票金额）USD23522.50 Shenzhen, China（出票时间和地点）_____.

At（见票）____ sight of this FIRST of Exchange(Second of Exchange being unpaid)（付一不付二）

Pay to the order of（收款人）BANK OF CHINA.

The sum of （金额）SAY US DOLLARS TWENTY THREE THOUSAND FIVE HUDNRED AND TWENTY
TWO AND CETNS FIFTY ONLY.

To（致付款人）BANK OF NEW YORK
　　　　　　48 WALL STREET
　　　　　　P.O. BOX 11000
　　　　　　NEW YORK, N.Y.10249,USA

SHENZHEN SINCEWINER TECHNOLOGY CO.,LTD.（出票人）

_____
(Signed)

汇票具体填写说明如下。

（1）信用证项下，填写开证行名称；托收时，填写FOR COLLECTION或者留空不填。

（2）信用证项下，填写信用证号码；托收时，填写合同日期。

（3）信用证项下，填写开证日期；托收时，填写合同日期。

（4）利息条款，一般由银行填写，留空。

（5）汇票小写金额，有小数需要保留两位。

（6）汇票大写金额：SAY（大写）+货币全称+金额文字部分+ONLY（整）。

例如：SAY U.S.DOLLARS TWENTY THREE THOUSAND FIVE HUDNRED AND
TWENTY TWO AND CETNS FIFTY ONLY.

（7）填写发票号码兼作汇票号码。

（8）付款期限，即期下，在此打上3个星号"★★★"或3个短横线"---"；远期时，填
写XX DAYS AFTER即可；定日付款下，需填写具体付款日，如：JUNE 20, 2021。

（9）收款人=受款人=汇票的抬头人（三种抬头：限制性抬头，不能流通转让；指示性
抬头）=记名抬头，可经背书后转让；持票人抬头=来人抬头，无需背书，即可转让，我国
《票据法》不允许。

信用证项下一般填写议付行（或寄单行）；托收时，一般填写托收行。

（10）汇票的出票（交单）地点和日期：填写出口商（或议付）所在地和议付日期（不
早于随附的各种单据的出单日期，不迟于信用证的交单期/有效期）。

（11）汇票的付款人=受票人=致票人。信用证项下，填开证行或付款行；托收项下，填

进口商。

（12）出票人：填写出口商公司全称+中英文公章，经手人签署或盖章。

（13）特殊条款：按照信用证要求填写。

（四）发票的制作

1. 商业发票

商业发票（Commercial Invoice）简称发票，是卖方对国外买方开立的载有货物的名称、规格、数量、单价、总金额等内容的清单，是买卖双方凭此交接货物和结算货款的主要单证，也是办理进出口报关、纳税不可缺少的单证之一。海关以商业发票来核算税金，并作为验关放行和统计的凭证之一；进口商在进口时，当地的海关会根据商业发票计算进口关税。商业发票模板如图6-2所示。

Shenzhen Sincewiner Techology Co., Ltd.

No.C Building 1st Industrial Park Gongjing Xili Nanhan Shenzhen

COMMERCIAL INVOICE

Bill to: 商业发票模板 INVOICE NO.:

PO#:

DATE:

Attn: Delivery Term:

Tel: Terms of payment:

MARKS	DESCRIPTIONS	QUANTITY (EA)	UNIT PRICE (EUR)	TOTAL (EUR)
Total:		0		0.00

Say total

Beneficiary's bank information:

Beneficiary: Shenzhen Sincewiner Technology Co., Ltd.

Bank Name: INDUSTRIAL AND COMMERCIAL BANK OF CHINA, SHENZHEN BRANCH

Address: 2064 NANXIN ROAD, NANSHAN DISTRICT, SHENZHEN, CHINA

SWIFT CODE:

EUR Account:

图6-2　商业发票模板

发票没有统一的格式，其内容应符合合同规定，在以信用证方式结算时，还应与信用证的规定严格相符。发票是全套货运单证的中心，其他单据均参照发票内容缮制，因而制作发票不仅要求正确无误，还应排列规范，整洁美观。

发票的内容及制作要求如下。

（1）出口商名称发票的顶端必须有出口商（卖方）名称、地址、电话、传真、邮箱，其中出口商名称和地址应与信用证上的名称与地址一致。有时电话、传真、邮箱可以省略不写。

（2）发票名称：在出口商名称下，应注明"发票"（Commercial Invoice 或 Invoice）字样（图6-3）。

Shenzhen Sincewiner Techology Co., Ltd.

No.C Building 1st Industrial Park Gongjing Xili Nanhan Shenzhen
Tel: 86-755-82415639 Fax:86-755-82415636 Email:9441058@gmail.com

COMMERCIAL INVOICE

图6-3 发票名称

（3）发票抬头/收货人（Consignee）：抬头人为买方名称，应与信用证/采购订单条款严格一致。如果信用证/采购订单没有特别规定，即将信用证的申请人或订单的收货人的名称、地址填入此栏。如果信用证中没有申请人名字则用汇票付款人。总之，按信用证/订单缮制。

例如：信用证申请人为 SINCEWINER CO., LTD. NEW YORK，但又规定 Invoice to be made out in the name of XINGCHANG CO., LTD, NEW YORK，则发票抬头要填写后者。

客户订单中注明了发票抬头与收货人信息，外贸跟单员在缮制请款发票时要特别注意。

（4）发票编号（Invoice No.）：由出口商统一编号。

发票作为全套货运单证的中心，其他单证的号码均可与此号码一致，如：汇票号码、装箱单号码等一般均与发票号码一致。

另外，发票号码不宜过长。有的客户会将发票号录入其支付系统中，而系统要求发票号最多允许填16个字符，若发票号码字符过多，会导致客户取消此发票。

（5）订单号码和信用证号码：订单号码（P.O. No.）和信用证号码（L/C No.）应与对应的订单、信用证所列的一致。

（6）发票日期：开票日期不应与运单日期（如提单日期）相距太远，但必须在信用证交单期和有效期之内。

（7）装运地和目的地（From...To...）：应与信用证所列一致，目的地应明确具体，若有重名，应写明国别。

例如：From Shenzhen To New York U.S.A.

（8）运输标志/唛头（Marks）。

① 如果没唛头，可以在发票上填写N/M（No Marks）。

② 运输单证和保险单上的唛头应与发票一致。

③ 如果来证有指定唛头，按来证制作。

④ 如无规定，由托运人自行制定。

唛头一般由三部分组成：① 客户名称缩写（如不用客户名称，可以由发票号/合同号码/订单号码代替）；② 目的港；③ 件数。

（9）货物描述与数量（Description and Quantity）：在信用证支付方式下，发票中的货物描述应严格与信用证的货物描述一致。在托收方式或T/T方式下，发票中的货物描述可参照订单/合同规定结合实际情况进行填制。

填写货物描述与数量时应注意：

① 缮制发票时，数量必须反映货物的实际装运数量，做到单证一致。尤其当信用证只给定界限时，例如："Not Exceed 20000M/T. Minus 5% Quantity Allowance."在这样的条件下需要注明实际装运数量。

② 如果信用证规定或者实际业务需要，一批货物要分制几套单据，则每套单据应各缮制一份发票，各发票的货物数量之和应等于该批货物的总数量。

③ 如果信用证允许分批装运，又规定了一定的增减幅度，则每批货物应该按照相同的增减幅度掌握。

④ 按《跟单信用证统一惯例》规定：about、circa、approximate等字样，允许增减10%；散装货，即使数字前没有"约"字样，也允许增减5%，但以包装单位或个体计数则不适用。

⑤ 对成交商品规格较多的，信用证常规定："AS PER S/C NO.×××"，制单时须分别详列各种规格和单价。

⑥ 当使用其他支付方式（如托收）时，货物内容应与合同内容一致。

（10）单价（Unit）：单价包括计价货币、计价单位、单位价格金额和贸易术语四部分，如信用证有具体规定，则应与信用证一致，发票金额应与汇票金额相同，且不能超过信用证总金额。

注意事项：

① 发票的单价必须与信用证上的单价完全一致；

② 一定要写明货币名称、计量单位；

③ 贸易术语是关系到买卖双方的风险划分、费用承担，同时也是海关征税的依据，应正确缮制。

例如：USD60.00 PER SET FOB SHENZHEN

（11）总值（Total Amount）：除非信用证上另有规定，货物总值不能超过信用证金额。总值必须准确计算，与数量之间不可有矛盾。

（12）发票签名（Signature）：发票由出口商出具，在信用证方式下，必须是受益人。《跟单信用证统一惯例》规定，商业发票可以只标明出单人名称而不加签署。如需签字，来证中应明确规定，如Signed Commercial Invoice。

发票盖章、签名模板如图6-4所示。

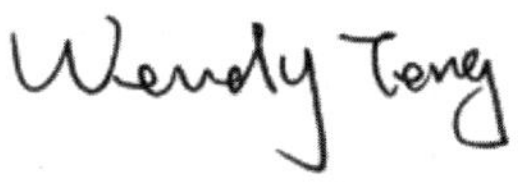

SHENZHEN INNOVATION LEATHER CO., LTD.

深圳市新创皮具有限公司

图6-4　发票盖章、签名模板

以下通过一个实例来说明发票的制作。

信用证关于发票的要求：

Signed commercial invoice in 3 copies mentioning L/C No. and vessel's name, together with beneficiaries' declaration confirming that one set of non-negotiable docs. has to be sent to the applicant.

……………………………………………一般信息……………………………………………

信用证号：FLS- JHLC06

信用证有效期：JUNE 15, 2022

受益人：SILVER SAND TRADING CORP. 6TH FLOOR, JINDU BUILDING, 135 WUXING ROAD, GUANGZHOU, P. R. CHINA

开证人：F.L. SMIDTH & CO. A/S 77, VIGERSLEV ALLE, DK-2600 VALBY, COPENHAGEN, DENMARK

启运港：GUANGZHOU, P. R. CHINA

目的港：COPENHAGEN, DENMARK

币种：USD

贸易术语：CIF C5% COPENHAGEN

合同号：JH- FLSSC06

是否允许分批装运：ALLOWED；是否允许转船装运：ALLOWED

信用证开证日期：APRIL 20, 2022

唛头：FLS/9711/COPENHAGEN/CARTON1 - 1200

船名、航次：YIXIANG, V703

品名规格、单价：FOREVER BRAND BICYCLE YE803 26' 600 SETS USD66.00/SET

　　　　　　　FOREVER BRAND BICYCLE TE600 24' 600 SETS USD71.00/SET

数量、包装：EACH 600 SETS, ALL TOGETHER 1200 SETS IN 1200 CARTONS

　　每个出口公司的发票模板/格式可以不同，但发票的内容应按发票制作要求去缮制。

　　下面列出两种格式的发票（图6-5、图6-6）。

Silver Sand Trading Co., Ltd.

宏发贸易有限公司

No.C Building 1st Industrial Park Gongjing Xili Nanhan Shenzhen

Tel: 86-755-82415639 Fax:86-755-82415636 Email:9441058@gmail.com

COMMERCIAL INVOICE

To: F. L. SMIDTH & CO.
A/S 77, VIGERSLEV ALLE,
DK-2600 VALBY,
COPENHAGEN, DENMARK

From Guangzhou,China

To Copenhagen by vessel

Invoice No.: JH-FLSINV06

S/C#: FLS-JHLC06

Date: June 15,2022

Delivery Term: CIF COPENHAGEN

Terms of payment: L/C AT 30 days after sight

MARKS	DESCRIPTIONS	QUANTITY (SETS)	UNIT PRICE (USD)	TOTAL (USD)
FLS 9711 COPENHAG EN CARTON 1-1200	FOREVER BRAND BICYCLE YE803 26'	600	66.00	39600.00
	FOREVER BRAND BICYCLE TE600 24'	600	71.00	42600.00
	LESS COMMISION 5%			4110.00
Total:		**1,200**		**78,090.00**

TOTAL AMOUNT: SAY U.S.DOLLARS SEVENTY EIGHT THOUSAND AND NINETY ONLY.

TOTAL QUANTITY: 1200 SETS IN 1200 CARTONS

WE HEREBY CONFIRM THAT ONE SET OF NON-NEGOTIABLE DOCS. HAS BEEN SENT TO THE

APPLICANT.

L/C No. FLS-JHLC06

VESSEL NAME: YIXIANG

Wendy Tong

Silver Sand Trading Co., Ltd.
宏发贸易有限公司

图6-5　发票（1）

SILVER SAND TRADING CORP. 6TH FLOOR, JINDU BUILDING, 135 WUXING ROAD, GUANGZHOU, P. R. CHINA		宏发贸易公司 **SILVER SAND TRADING CO.，LTD.**		
To : F. L. SMIDTH & CO. A/S 77, VIGERSLEV ALLE, DK-2600 VALBY, COPENHAGEN, DENMARK		商业发票 **COMMERCIAL INVOICE**		
		NO. J H - FLSINV06	Date June 15,2022	
Transport details FROM GUANGZHOU, CHINA		S/C No. JH-FLSSC06	L/C No. FLS-JHLC06	
TO COPENHAGEN BY VESSEL		Terms of payment L/C AT 30 days after sight		
Marks and numbers	Description of goods	Quantity	Unit price	Amount
FLS CIF COPENHAGEN 9711 COPENHAGEN CARTONI-1200	FOREVER BRAND BICYCLE YE803 26'	600SETS	USD66.00	USD39600.00
	FOREVER BRAND BICYCLE TE600 24'	600SETS	USD71.00	USD42600.00
	LESS COMMISION 5%			USD4110
	TOTAL	1200SETS		USD78090.00

TOTAL QUANTITY: 1200 SETS IN 1200 CARTONS

TOTAL AMOUNT: SAY U. S. DOLLARS SEVENTY EIGHT THOUSAND AND NINETY ONLY .

WE HEREBY CONFIRM THAT ONE SET OF NON-NEGOTIABLE DOCS. HAS BEEN SENT TO

THE APPLICANT.

L/C No. FLS-JHLC06

VESSEL NAME：YIXIANG

Wendy Tong

Silver Sand Trading Co., Ltd.
宏发贸易有限公司

图6-6 发票（2）

2.海关发票

海关发票（Customs Invoice）是出口商应进口国海关要求出具的一种单据，基本内容同普通的商业发票类似，其格式一般由进口国海关统一制定并提供，主要是用于进口国海关统计、核实原产地、查核进口商品价格的构成等，也是进口国估价完税、征收差别待遇关税、征收反倾销税的依据。填写海关发票时，必须注意如图6-7所示事项。

3.领事发票

领事发票（Consular Invoice）也叫领事签证发票，是出口方根据进口方国家驻在出口国领事馆或其邻近地区领事馆规定的固定格式内容填制并经领事签证的发票，作为有关货物进口报关的前提条件之一。有些国家不要求按固定格式填写，而规定由其领事在普通商业发票上签证，亦具有同等效力。

事项一 >	各国使用的海关发票，都有其特定的格式，不得混用
事项二 >	凡海关发票与商业发票上共有的项目和内容；必须一致，不得互相矛盾
事项三 >	对"出口国国内市场价格"一栏，应按有关规定审慎处理，因为其价格的高低是进口国海关作为是否征收反倾销税的重要依据
事项四 >	如售价中包括运费或包括运费和保险费，应分别列明FOB价、运费、保险费各多少，FOB价加运费应与CFR货值相等，FOB价加运费和保险费应与CIF货值相等
事项五 >	海关发票的签字人和证明人不能为同一个人，他们均以各自身份签字，而且必须手签才有效

图6-7　填写海关发票的注意事项

领事发票的作用：

（1）作为进口国海关收取进口关税的依据，有助于货物顺利通过进口国海关。

（2）证明出口商提供的商品数量、价格的真实性，审核出口商有无低价倾销情况。

（3）签证时领事馆收取签证费，从而增加领事馆的收入。

凡要求提供领事发票的国家，在开出信用证时，一般都须加列提交领事发票的特别条款。如果出口商因为本国没有进口国驻领事馆，无法提供此项单证，必须要求开证人取消信用证所规定的领事发票，或领事签证发票的条款，可要求开证人同意接受由出口地商会签证的发票。

目前，已很少用领事发票，主要是拉美国家，如阿根廷等国家，以及部分中东国家在使用。

出具领事发票时，领事馆一般要根据进口货物价值收取一定费用。各国领事馆计收的签证费不尽相同，有的是按每笔计收固定金额，有的则按货值计收若干成，实质上是变相加收进口税。

4.厂商发票

厂商发票（Manufacturer's Invoice）是出口厂商所出具的以本国货币计算价格，用来证明出口国国内市场的出厂价格的发票，其作用是供进口国海关估价、核税以及征收反倾销税。如信用证要求提供厂商发票，应参照海关发票有关国内价格的填写办法处理。

（五）国际商事证明书

商事证明书是中国贸促会根据申请人的申请，依据中国法律、法规和国际贸易惯例，对与商事活动相关的文书、单证和事实进行证明的文件。适用于货物/服务/技术贸易类活动、投资类活动、国际承包工程活动、知识产权类活动、涉外商事诉讼活动、海事类活动、其他与国际商事活动相关的证明事项。

中国贸促会全称为中国国际贸易促进委员会，成立于1952年，是全国性对外贸易投资促进机构。

1.常见证明文件种类

（1）清关结汇贸易单证。如商业发票、形式发票、装箱单、价格单、报关单、提单、船证、更改舱单证明等。

（2）进出口经贸活动文书。如供货合同、售货确认书、OEM协议、经销授权委托书或代理书等。

（3）国外市场准入类文书。如生产许可证、卫生许可证、自由销售证明、产品认证证书、各类体系证书、符合性声明等。

（4）投标、设立机构和承包工程时所需的文书。如营业执照，公司简介、股东/董事会决议证明、章程、投标协议、用户证明、审计报告、资信证明等。

（5）知识产权类文书。如商标、专利申请书、授权书、排异宣誓书、所有权证明、转让协议等。

（6）涉外商事诉讼类文书。如诉讼申请书、授权书、宣誓书以及各类证据链证明等。

（7）各类事实性证明。如网页事实性证明、不可抗力事实性证明等。

（8）其他与商事活动相关的文书、单证以及各类声明和业务函电。

2.商事证明书申办基本材料

（1）《商事证明书申请表》一份。

（2）《授权印章签字声明函》一份。

（3）《营业执照》复印件一份（加盖公章）。

（4）企业英文名称与中文名称不一致时，须提供相关机构备案资料，如《对外贸易经营者备案登记表》或其他有效主体资质证件的复印件一份（加盖公章），首次申办证明书时提交即可。

（5）所需认证的文件（如商业发票）一式两份或多份（其中一份供留底使用）。

（6）根据不同文件、不同内容，提供必要的佐证（参见表格下载中《商事证明申办流程及常见文件佐证一览表》）

商事证明书申请表见表6-3。

表6-3　商事证明书申请表

申请人声明：

　　本人被授权代表本企业申请办理商事证明书。该申请表、申办证明的文书、单证及提供的相关资料是真实的、合法的、有效的、正确的，如有违反有关规定或篡改证明书的，愿承担法律责任。现将有关情况申报如下。

是否领事认证：　　　　　　　　　　　　　　认证使馆：

企业填写栏	申请方名称（中英文）*：			
	文件所属方/委托方名称（中英文）			
	经办人姓名*： 委托人姓名：	座机*： 座机：		手机*： 手机：
	申请方地址、邮编：			
	序号*	办理的单证、文书或事实名称（中英文）*	份数*	使用国别*
	文件用途*：	证词语种*：	总份数*：	是否加急*：
	提交相关佐证的名称			
	申办证明事项（请在下列选项中勾选一至多项）*：			
	□1.证明文书、单证上的签字或签章属实			
	□2.证明文书、单证上的印章属实			
	□3.证明文书、单证的（影印件、副本、节本）与原件相符			
	□4.证明文书、单证的外文译本与中文本一致			
	□5.对所办事实的真实性进行证明			
	经办人签字及申请方公章*： 　　　　　　　　　　　　　　　年　　月　　日			
受理签证点填写	签证点名称			
	电话： 传真：		初审人：	
	备　注			

　*必填项；代办其他公司或个人文件时，需填报文件所属方/委托方以及委托人姓名电话等信息。

加送使馆认证时，可填报不同使用国别，商事证明书申请表填写模板（不加送使馆认证）见表6-4。

表6-4　商事证明书申请表

申请人声明：

本人被授权代表本企业申请办理商事证明书。该申请表、申办证明的文书、单证及提供的相关资料是真实的、合法的、有效的、正确的，如有违反有关规定或篡改证明书的，愿承担法律责任。现将有关情况申报如下。

是否领事认证：_____否_____　　认证使馆：

企业填写栏	申请方名称（中英文）*： 深圳市 *** 进出口有限公司 SHENZHEN *** IMPORT AND EXPORT CO., LTD.				
	文件所属方/委托方名称（中英文） 非必填项。代办认证时，此栏请填写文件所属方或委托方信息，并填报委托人及电话信息栏				
	经办人姓名*：张三 委托人姓名：	电话*：0755-123456 电话：		手机*：123456789 手机：	
	申请方地址、邮编： **省**市**区**街**号 518***				
	序号*	办理的单证、文书或事实名称（中英文）*		份数*	使用国别*
	1 2 3	例：商业发票 COMMERCIAL INVOICE 例：医疗器械质量管理体系证书 ISO13485 例：商标转让协议 Agreement of Assignment ************************ （以上仅为举例说明，以实际所需认证的文件名称为准填写）		1 1 2	阿根廷 越南 泰国
	文件用途*：如清关、产品注册、参展、商标注册、投标等	证词语种*：英语或俄语或西语等	总份数*：4		是否加急*： 急件/平件
	提交相关佐证的名称 1.商业发票保函+佐证报关单或合同或信用证（注：发票佐证为抽查制，未遇抽查时提供保函即可） 2.商标注册证				
	申办证明事项（请在下列选项中勾选一至多项）*：				
	□1.证明文书、单证上的签字或签章属实				
	☑2.证明文书、单证上的印章属实				
	□3.证明文书、单证的（影印件、副本、节本）与原件相符				
	□4.证明文书、单证的外文译本与中文本一致				
	□5.对所办事实的真实性进行证明				
	经办人签字及申请方公章*： 　　　　　　　　　　　　　　　　　年　　月　　日				
受理签证点填写	签证点名称				
	电话：　　　　　　传真：		初审人：		
	备　注				

*必填项；代办其他公司或个人文件时，需填报文件所属方/委托方以及委托人姓名电话等信息。

　　加送使馆认证时，不同国家需分开填表。商事证明书申请表填写模板（加送使馆认证）
如表6-5。

表6-5　商事证明书申请表

申请人声明：

　　本人被授权代表本企业申请办理国际商事证明书。该申请表、申办证明的文书、单证及提供的相
关资料是真实的、合法的、有效的、正确的，如有违反有关规定或篡改证明书的，愿承担法律责任。
现将有关情况申报如下。

是否领事认证：＿＿＿＿是＿＿＿＿　　认证使馆：＿＿＿阿根廷＿＿＿

企业填写栏	申请方名称（中英文）*： 深圳市***进出口有限公司 SHENZHEN *** IMPORT AND EXPORT CO., LTD.			
	文件所属方/委托方名称（中英文） 非必填项。代办认证时，此栏请填写被代理公司的信息，并填报下列委托人及电话信息栏			
	经办人姓名*：张三 委托人姓名：	电话*：0755-123456 电话：	手机*：123456789 手机：	
	申请方地址、邮编： **省**市**区**街**号 518***			
	序号*	办理的单证、文书或事实名称（中英文）*	份数*	使用国别*
	1 2 3	例：商业发票COMMERCIAL INVOICE 例：医疗器械质量管理体系证书ISO13485 例：商标转让协议 Agreement of Assignment ** （以上仅为举例说明，以实际所需认证的文件名称为准填写）	1 1 1	阿根廷 阿根廷 阿根廷
	文件用途*：如清关、产品注册、参展、商标注册、投标等	证词语种*：英语或俄语或西语等	总份数*：3	是否加急*：急
	提交相关佐证的名称 1.商业发票保函+佐证报关单或合同或信用证（注：发票佐证为抽查制，未遇抽查时提供保函即可） 2.商标注册证			
	申办证明事项（请在下列选项中勾选一至多项）*： □1.证明文书、单证上的签字或签章属实			
	☑2.证明文书、单证上的印章属实			
	□3.证明文书、单证的（影印件、副本、节本）与原件相符			
	□4.证明文书、单证的外文译本与中文本一致			
	□5.对所办事实的真实性进行证明			
	经办人签字及申请方公章*： 　　　　　　　　　　　　　　　　　　　　　　　年　月　日			
受理签证点填写	签证点名称			
	电话：	传真：		初审人：
	备　注			

*必填项；委托他人送办认证时须同时提交委托书。

企业授权印章签字声明函如下。

企业授权印章签字声明函

兹声明：

一、本公司名称：（中文）＿＿＿＿＿＿＿＿＿＿＿＿＿＿＿＿

　　　　　　　（英文）＿＿＿＿＿＿＿＿＿＿＿＿＿＿＿＿

　　需认证文上的印章式样如右：

二、本公司法人代表＿＿＿＿＿＿授权＿＿＿＿＿＿＿（被授权人）代表本公司签署下列＿＿＿＿

＿＿＿＿＿＿＿＿＿＿＿＿＿＿＿＿＿＿＿＿＿＿＿＿＿＿＿＿＿文件（文件名称），其法律后果由

本公司承担！

　　被授权人签字：

　　法定代表人签字（或法人私章）：

以上内容确认属实

（单位公章）

年　月　日

注：1.证签字属实时，须填写第二项，且被授权人签字笔记应与所证文件上的笔记一致。中国籍人员应签署中文姓名，内地居民以第二代身份证为准，港、澳、台居民以身份证或护照姓名为准；外籍人员以护照姓名为准。

2.只证印章属实时，可不填第二项。

3.被授权签字及印章多样时，可填写企业授权签字的印章式样备案表统一授权备案。

企业授权印章签字声明函填写方式如下。

企业授权印章签字声明函

兹声明：

一、本公司名称：（中文）_____深圳市***进出口有限公司_____

（英文）_____SHENZHEN***IMPORT AND EXPORT CO.,LTD_____

需认证文上的印章式样如右：

二、本公司法人代表_____张三_____授权_____李四_____（被授权人）代表本公司签署下列_____例：1.商业发票　2.装箱单　3.授权书　4.合同……_____文件（文件名称），其法律后果由本公司承担！

被授权人签字：李四

法定代表人签字（或法人私章）：张三

以上内容确认属实

（单位公章）

年　月　日

注：1.证签字属实时，须填写第二项，且被授权人签字笔记应与所证文件上的笔记一致。中国籍人员应签署中文姓名，内地居民以第二代身份证为准，港、澳、台居民以身份证或护照姓名为准；外籍人员以护照姓名为准。

2.只证印章属实时，可不填第二项。

3.被授权签字及印章多样时，可填写企业授权签字的印章式样备案表（表三）统一授权备案。

商业发票保函如下。

商业发票保函

致深圳市贸促委商事认证中心：

　　本公司＿＿＿＿＿＿＿＿＿＿＿＿＿＿＿＿＿（公司名称）保证提交至认证中心的第＿＿＿＿＿＿号商业发票上所述产品名称、数量、单位、总价金额等项内容与实际交易信息相符，内容真实合法有效。我公司愿配合认证中心对商业发票的核查工作，提供相关的报单、购销合同或信用证等证明文件，如有违反相应法律、规定，出现伪造、瞒报、篡改等与事实不符的情况，由此产生的全部责任由我公司自行承担。

　　特此声明！

（单位公章）

年　月　日

委 托 书

致深圳市贸促委商事认证中心：

　　本公司＿＿＿＿＿＿＿＿＿＿＿＿＿＿＿＿＿（委托方公司名称）现委托＿＿＿＿＿＿＿＿＿＿＿＿＿＿＿＿＿＿＿（代理方公司名称）代理本公司提交＿＿＿＿＿＿＿＿＿＿＿＿＿＿（文件名称）申办商事证明书，并委托该公司领取证明书。本公司保证所提交的相关文件及相关佐证是真实、合法、有效的，如有违反相应法律、规定，出现伪造、瞒报、篡改等与事实不符等情况，本公司愿承担全部法律责任。

委托人姓名：＿＿＿＿＿＿＿＿＿＿＿＿＿＿＿＿

委托人电话：＿＿＿＿＿＿＿＿＿＿＿＿＿＿＿＿

（单位公章）

年　月　日

常见文件及常规佐证一览表如表6-6。

表6-6 常见文件及常规佐证一览表

注意事项	*审核文件时会根据具体内容，要求对应佐证，以工作人员最终审核为准。 1.所盖印章应真实、有效、清晰、无重叠、无留白、骑缝章一般不做强制或限制要求。如加盖具名代签字章，需在签字处签字后可认证。 2.证签字属实时，中国籍人员应签署中文姓名，内地居民以第二代身份证为准，港、澳、台居民以护照姓名为准；外籍人员以护照姓名为准。 3.证影印件时，请在留底的一份上加盖公章，其余份数上请勿加盖印章或添加其他信息。 4.涉及翻译时，翻译件应完整对照翻译，不得选择性翻译；翻译件不得抠取国徽、二维码和国家机关的印章。 5.文件中涉及注册商标/专利时，需提供注册商标/专利证以及使用授权书。

序号	文件名称	佐证要求	证原件/复印件	材料清单
1	发票/商业发票	④	原件	①《营业执照》； ②《对外贸易易经营者备案登记表》； ③工厂营业执照； ④商业发票保函；根据贸促商法（2015）305号文规定，发票认证实行佐证抽查制，如遇抽查清查配合提供佐证报关单或合同或信用证； ⑤出口货物报关单； ⑥保函； ⑦翻译资质，如翻译公司营业执照、外语专业等级证书等； ⑧报关单声明（声明格式见表格下载）；
2	装箱单	无	原件	
3	价格单	无	原件	
4	形式发票	无	原件	
5	报关单（声明加附件）	⑧、⑤各一式两份。 注：声明须盖企业公章；报关行盖章版的报关单（原件或复印件）左上角企业位置处必须盖企业公章。	原件	
6	报关单（事实性证明）	㉓	原件	
7	沙特符合性证明（SASO）	无，文件格式见表格下载或企业QQ群	原件	
8	一致性（符合性）声明/证明（DOC/COC）	⑨	原件	
9	提单/船证明/运费发票/更改仓单等运输类文书	需船公司或船代或货代物流公司协助提供①、⑫或⑬⑭或⑭⑮	原件	
10	自由销售证明（企业自我声明的，无主管部门）门审核类的非法检类产品	⑤	原件	

续表

序号	文件名称	佐证要求	证原件/复印件	材料清单
11	自由销售证明（企业自我声明的，有主管部门审批的非法检类产品）	⑰	原件	⑨涉及符合具体标准的声明/证明须提供标准证书，不涉及可忽略此项； ⑩商标/专利注册证； ⑪《企业授权签字印章备案表》； ⑫国际货物运输代理企业最新的《营业执照》和国际货运代理企业备案信息； ⑬无船承运业务经营者最新的《营业执照》和无船承运业务运输备案信息； ⑭国际船舶运输经营者最新的《营业执照》和国际船舶运输备案信息； ⑮国际船舶代理经营者最新的《营业执照》和国际船舶代理备案信息；
12	自由销售证明（企业自我声明的，法检类产品）	⑥、⑱	原件	
13	自由销售证明（药监局/行业协会等主管部门签发的，如医疗器械出口销售证明）	无	可证原件可证复印件	
14	自由销售证书（贸促会格式版）	具体要求查看当地贸促会官网	/	
15	尼日利亚CCVO	无，文件格式见表格下载或企业Q群	原件	
16	南非原产地证（DA59）	无，文件格式见表格下载企业Q群	原件	
17	合同	无	一般只证原件特殊情况（如投标，商品注册时）可证复印件	
18	经销授权书	无	原件	
19	保险单/保险证明	保险公司协助提供⑪、⑲	原件	
20	营业执照/生产许可证/卫生许可证等基础证照	>证复印件时需审核原件，原件无法提交时需提供⑥; >证译文与原文一致时提供⑥和⑦ 注：证译文与原文一致时，译文应完整对照翻译，不得选择性翻译，翻译件上不得抠取国徽和国家机关相关的印章	复印件	

续表

序号	文件名称	佐证要求	证原件/复印件	材料清单
21	派遣函	㉔	原件	
22	邀请函	⑯	原件	⑯ >外籍人员护照复印件（首页和所有签注页）一份 >贸易方盖公章的中文担保函一份（内容须包括：来华人员基本信息；包括职务；所在单位基本信息，包括单位名称、地址及联系方式，来华原因和时间；保证来华期间遵守我国相关法律并按期离境，如有违法或预期离境者，邀请方承担相应责任；保证提供的材料真实、合法、有效。） >邀请方营业执照复印件一份 >邀请函一式两份（内容一般包括：来华人员基本信息及所在单位基本信息；来华原因和时间；办理来华签证机构所要求的其他内容信息。） >外事主管部门要求的其他文件。 注：邀请函需邀请方自行送办
23	出口商登记表	文件格式见表格下载或企业Q群	原件	
24	第三方认证机构（如TUV/SGS/中检集团）的体系证书，如ISO证书等	须审核原件，原件无法提供时须提供⑳；	一般只证复印件	
25	第三方检验机构的检验报告	>证原件时：检验机构助提供①、② >证影印件时：须审核原件，原件无法提供时需提供⑳；提交时需提供⑥；检验机构助提供⑳	可证原件 可证复印件	
26	财务报表、审计报告	>证原件时：会计师事务所助提供①、② >证复印件或书本时：须审核原件，原件无法提交时需提供⑥；件无法提交时需提供⑳ 会计师事务所助提供⑳	可证原件 可证复印件	
27	商标/专利注册申请书、律师授权书、宣誓书等	无	原件	
28	商标/专利注册证、变更（备案）通知书等	须审核原件，原件无法提交时需提供⑥；	复印件	
29	商标/专利注册转让协议	转让方提供⑩ 注：若协议双方均需认证，须同时提交申请材料	原件	
30	企业名称、地址等变更声明（企业自行出具的）	㉕	原件	

续表

序号	文件名称	佐证要求	证原件/复印件	材料清单
31	阿尔及利亚自由贸易证书 Certificate of free-marketing in the country of origin and/or provenance of products exported to Algeria.	法检产品：提供⑱；文件中声明了符合具体标准时：提供⑨ 注：贸易商申请时，另需提供与工厂之间的购销合同+工厂营业执照，暂未签订购销合同时需提供情况说明并加盖企业公章。文件格式见表格下载或企业Q群	原件	⑰主管部门出具的生产许可证或卫生许可证等； ⑱国家质监部门，主管部门，协会或第三方实验室资格的检验机构出具的检验证明等； ⑲保险公司最新的《营业执照》； ⑳认证机构在认证委获得的认证机构资质证书； ㉑检验机构最新的营业执照以及检验机构在中国合格评定国家认可委员会获得的实验室资格认证； ㉒会计师事务所得的资质证照； ㉓《报关单保函》（表八）+报关申报系统查询截图（需展示到申报的产品明细包括货描+数量+单价+金额）； ㉔出国人员护照复印件； ㉕市场监管局《变更（备案）通知书》或主管部门门户网变更登记信息； ㉖农药登记证
32	企业自行出具的产品分析单	法检产品：提供⑱ 农药产品：提供㉖ 注：贸易商申请时，另需提供与工厂之间的购销合同+工厂营业执照+原工厂分析单	原件	
33	章程	可证原件、可证复印件 证审核原件时：须审核原件，原件无法提交时需提供⑥ 注：(1) 公司章程中应列明的必要事项缺一不可。(2) 有限责任公司的章程应当有全体股东的签名，公章，股份有限公司的章程应有公司公章	可证原件 可证复印件	
34	股东决议/董事会决议	注：公司决议类文件应符合公司法等相关法律、法规的规定	可证原件 可证复印件	
35	厂商证明（韩国）	③文件格式见表格下载或企业Q群	原件	

外贸跟单员可登录当地贸促会官网了解商事证明书申请流程及下载相关表格。

如深圳贸促会网站首页如图6-8所示。

图6-8　深圳贸促会网站首页

点击"国际商事证明",进入如图6-9页面,下载所需要的表格。

图6-9　"国际商事证明"表格下载

外贸跟单号填写完表格及准备好其他相关资料后，即可到当地贸促会现场申请办理商事证明书。深圳贸促会商事证明书办理流程如表6-7所示。

表6-7　深圳贸促会商事证明书办理流程

商事证明书申办流程	
业务介绍	商事证明书是中国贸促会根据申请人的申请，依据中国法律、法规和国际贸易惯例，对与商事活动相关的文书、单证和事实进行证明的文件。适用于货物/服务/技术贸易类活动、投资类活动、国际承包工程活动、知识产权类活动、涉外商事诉讼活动、海事类活动、其他与国际商事活动相关的证明事项。 **官网介绍：**
办理流程	一、现场办理流程： 1）解答咨询 2）递交材料审核 3）审核通过并制证 4）缴费并领取发票 5）凭缴费单取证 二、寄件办理流程： 1）解答咨询（电话、邮件或QQ群） 2）邮寄材料至窗口审核 3）审核通过并制证 4）缴费 5）寄出证书及付费发票（企业自行预约快递取件） **证书查验真伪网址：**
基本材料	1.《商事证明书申请表》（表一）一份。 2.《授权印章签字声明函》（表二）一份。证影印件与原件相符的文件时，无需该表。 3.《营业执照》复印件一份（加盖公章），**首次申办证明书时提交即可**。 4.企业英文名称与中文名称不一致时，须提供相关机构备案资料，如《对外贸易经营者备案登记表》或其他有效主体资质证件的复印件一份（加盖公章），**首次申办证明书时提交即可**。 5.所需认证的文件一式两份或多份（其中一份供留底使用）。 6.根据不同文件、不同内容，提供必要的佐证（参见下表，常见文件及常规佐证一览表）
认证费用	平件100元/份（5个工作日），急件150元/份（1个工作日），事实性证明400/份
备注说明	1.经常办理的企业，可将（**表二**）原件一式两份递交至窗口**备案**，备案后企业每次提交备案的表二复印件即可，如有信息变动需及时更新备案。企业授权签字及印章多样化时，请填写《企业授权签字印章式样备案表》(**表三**)统一备案。 2.《营业执照》《对外贸易经营者备案登记表》等基础证照有信息变动时，应及时告知并重新提交最新材料的复印件盖公章留底。 3.委托其他企业办理的，须提供《代送认证委托书》
办证窗口	**市民中心签证处** 联系电话： 地址： **丽都签证处** 联系电话： 地址： **企业QQ群：**

商业发票通常是国外客户要求商事认证的文件之一。外贸跟单员将做好的商业发票，连同相关文件到当地贸促会申请办理商业发票商事认证。

（六）运输单据的制作

运输单据通常是指代表运输中的货物或证明货物已经付运的单据，具体反映了同货物运输有关的当事人（如发货人、承运人、收货人等）的责任与权利，是货物运输业务中最重要的文件，也是结汇的主要单据。运输单据包括海洋运输使用提单，铁路运输使用铁路运单，航空运输使用航空运单，邮包运输使用邮包收据，多式联合运输则使用联合运输提单或联合运输单据。

运输单据的种类及用途如下。

1.海运提单

提单是承运人或其代理人收到货物后，签发给托运人的一种单证。提单是承运人或其代理人签发的货物收据，是货物所有权的凭证，是运输契约或其证明。

2.海运单

海运单的形式与作用同海运提单相似，其主要特点在于收货人已明确指定。收货人并不需要提交正本单据，而仅需证明自己是海运单载明的收货人即可提取货物。因此，海运单实质上是不可以转让的，它的应用范围比较窄，主要用于跨国公司成员之间的货物运输。

3.铁路运单

由铁路运输承运人签发的货运单据。它是收、发货人同铁路之间的运输契约。其正本在签发后与货物同行，副本签发给托运人用于贸易双方结算货款。在货物发生损失时，还可以用于向铁路进行索赔。

4.空运单

由空运承运人或其代理人签发的货运单据。它是承运人收到货物的收据，也是托运人同承运人之间的运输契约，但不具有物权凭证的性质，因此空运单也是不可以转让的。

5.装船通知

货物离开起运地后，由出口商发送给进口商通知后者一定数量的货物已经起运的通知文件。在FOB或CFR条件下，进口商需要根据装船通知来为进口货物办理保险，因此一般要求出口商在货物离开起运地后两个工作日内向进口商发出装船通知。

6.提货单

进口商（收货人）在货物到达目的地后，凭海运提单等运输单据向承运人的代理人换取的提货凭证，用于办理进口报关、提货等手续。

外贸运输方式主要以海运为主，这里着重介绍海运提单（Bill of Lading）的填写内容与注意事项（表6-8）。

表6-8　海运提单的填写要求

序号	项目	内容及要求
1	托运人 （Shipper）	即与承运人签订运输契约，委托运输的货主，即发货人。在信用证支付方式下，一般以受益人为托运人；托收方式以托收的委托人为托运人。另外，根据《UCP500》第31条规定：除非信用证另有规定，银行将接受表明以信用证受益人以外的第三者为发货人的运输单据，以货物代理做托运人
2	收货人 （Consignee）	收货人要按合同和信用证的规定来填写。一般的填法有下列几种： （1）记名式：在收货人一栏直接填写上指定的公司或企业名称。该种提单不能背书转让，必须由收货人栏内指定的人提货或收货人转让 （2）不记名式：即在收货人栏留空不填，或填"To Bearer"（交来人/持票人）。这种方式承运人交货凭提单的持有人，只要持有提单就能提货 （3）指示式：指示式的收货人又分为不记名指示和记名指示两种 　　不记名指示是在收货人一栏填"To Bearer"，又称空白抬头，该种提单，发货人必须在提单背面背书，才能转让，背书又分为记名背书和不记名背书（空白背书）两种。前者是指在提单背面填上"Deliver to ×××""Endorsed to ×××"，然后由发货人签章；后者是发货人在背面不做任何说明只签章即可。记名背书后，其货权归该记名人所有，而且该记名人不可以再背书转让给另外的人。不记名背书，货权即归提单的持有人。 　　记名指示是在收货人一栏填"To Order of Shipper"，此时，发货人必须在寄单前在提单后背书；另外还有凭开证申请人指示，即L/C中规定"To Order of Applicant"，在收货人栏填"To Order of ××× Co"；凭开证行指示，即L/C中规定"To Order of Issuing Bank"，则填"To Order of ×××Bank" 　　在实际业务中，L/C项下提单多使用指示式。托收方式也普遍使用不记名指示式。若做成代收行指示式，事先要征得代收行同意。因为根据URC522中第10条a款规定：除非先征得银行同意，货应直接运交银行，亦不应以银行或银行的指定人为收货人。如未经银行事先同意，货物直接运交银行，或以银行的指定人为收货人，然后由银行付款或承兑后将货物交给付款人时，该银行并无义务提取货物，货物的风险和责任由发货人承担
3	被通知人 （Notify Party）	原则上该栏一定要按信用证的规定填写。被通知人即收货人的代理人或提货人，货到目的港后承运人凭该栏提供的内容通知其办理提货，因此，提单的被通知人一定要有详细的名称和地址，以供承运人或目的港及时通知其提货 　　若L/C中未规定明确地址，为保持单证一致，可在正本提单中不列明，但要在副本提单上写明被通知人的详细地址。托收方式下的被通知人一般填托收的付款人

续表

序号	项目	内容及要求
4	提单号码 （B/L No.）	一般位于提单的右上角，是为便于工作联系和核查，是承运人对发货人所发货物承运的编号。其他单据中，如保险单、装运通知的内容往往也要求注明提单号 没有编号的提单无效
5	船名及航次 （Vessel/ Voy No.）	即由承运人配载的装货的船名，班轮运输多加注航次。如中途转船，只填写第一程船名航次
6	装运港 （Port of Loading）	应填写实际装运货物的港口名称。L/C项下一定要符合L/C的规定和要求。如果L/C规定为"中国港口"（Chinese Port）此时不能照抄，而要按装运的我国某一港口实际名称填
7	卸货港 （Port of Discharge）	原则上，L/C项下提单卸货港一定要按L/C规定办理。但若L/C规定两个以上港口者，或笼统写"××主要港口"如"European Main Ports"（欧洲主要港口）时，只能选择其中之一或填明具体卸货港名称 卸货港如不同国家有重名，则应加注国名。卸货港如采取选择港方式，应全部列明，如伦敦/鹿特丹/汉堡选卸，则在卸货港栏中填上"option London/Rotterdam/Hamburg"，收货人必须在船舶到达第一卸货港前，在船公司规定时间内通知船方卸货港，否则船方可在其中任意一港卸货。选择港最多不得超过三个，且应在同一航线上，运费按最高者计收。如中途转船，卸货港即填写转船港名称，而目的港应填入"最终目的地"（Final Destination）栏内。也可在卸货港内填上目的港，同时注明"在××港转船"（W/T at ××）
8	唛头 （Shipping Marks/ Marks & Nos）	如果信用证有明确规定，则按信用证缮打；信用证没有规定，则按买卖双方的约定，或由卖方决定缮制，并注意做到单单一致。总之，与发票所列一致
9	包装件数和种类 （No. of Pkgs）	按实际情况列明。一张提单有几种不同包装应分别列明，托盘和集装箱也可作为包装填列。裸装有捆、件，散装货注明"Inbulk"，大写件数栏可留空不填。单位件数与包装都要与实际货物相符，并在大写合计栏内填写英文大写文字数目，如总件数为320 CARTONS填写在该栏项下，然后在总件数大写栏（Total numbers of Packages in Words）填写：Three hundred And Twenty Cartons only.如果货物包括二种以上不同包装单位（如纸箱、铁桶），应分别列明不同包装单位的数量，然后再表示件数：300 Cartons400 Iron drums700 packages
10	货物描述 （Description of Goods）	原则上提单上的商品描述应按信用证规定填写，并与发票等其他单据相一致。但若信用证上货物的品名较多，提单上允许使用类别总称来表示商品名称。如出口货物有餐刀、水果刀、餐叉、餐匙等，信用证上分别列明了各种商品名称、规格和数量，但包装都用纸箱，提单上就可以笼统写：餐具×××Cartons。危险品应写清化学名称，注明国际海上危险品运输规则号码（IMCO CODE PAGE），联合国危规号码（UN CODE NO），危险品等级（CLASS NO），冷藏货物注明所要求的温度

序号	项目	内容及要求
11	毛重和尺码（Gross Weight & Measurement）	除非信用证有特别规定，提单上一般只填货物的总毛重和总体积，而不表明净重和单位体积。一般重量均以公斤表示，体积用立方米表示
12	运费支付（Charges）	信用证项下提单的运费支付情况，按其规定填写。一般根据成交的价格条件分为两种：若在CIF和CFR条件下，则注明"FreightPrepaid"或"Freight Paid"；FOB条件下则填"Freight Collect"或"Freight Payable at Destination"。若租船契约提单有时要求填："FreightPayable as PerCharter Party"。有时信用证还要求注明运费的金额，按实际运费支付额填写即可
13	正本提单份数（Number of Original B/L）	信用证支付方法下，提单正本的签发份数一般都有明确规定，因此，一定要按信用证的规定出具要求的份数。例如信用证规定："Full set3/3 Original clean on board ocean Bill of Lading…"，这就表明提单签发正本三份，在提交给银行议付时必须是三份正本；若在提单条款上未规定份数，而是在其他地方指明："available by beneficiary's draft at sightdrawn on us and accompanied by the following documents in duplicate"，表明信用证所要求提交的单证，包括提单在内，全都是一式两份。又如信用证规定："Full set of clean on board Bill of Lading issued…"，此种规定没有具体表明份数，而是指"全套"对此类规定，就要看实际船方签发正本的份数而定
14	提单日期和签发地点	除备运提单外，提单日期均为装货完毕日期，不能迟于信用证规定的装运期。提单签发地点按装运地填列。如果船期晚于规定装运期，要求船方同意以担保函换取较早日期提单，这就是"倒签提单"（Anti-dated B/L）；货未装上船就要求船方出具已装船提单，这就是"预借提单"（Advanced B/L），这种做法系国际航运界陋习，一旦暴露，可能造成对方索赔以至拒收而导致巨大损失
15	签署	提单必须由承运人或其代理人签字才能生效。若信用证要求手签的也要照办。对于海运提单由哪些人签署才有效的问题，《UCP 600》规定运输单据可以由任何人出具，无须为承运人、船东、船长或租船人，只要其符合第十九、二十、二十一、二十二、二十三或二十四条的要求
16	其他	海运提单除上述正面的内容外，一般背面是托运人与承运人的运输条款（Termsand Conditions of Shipment mutually agreed）。理论上应是托运人与承运人双方约定的事项，但实际上是承运人单方面印定的，托运人很少有修改的机会，这也就是为什么说提单是双方运输契约的证明，而不能说是运输契约或合同的原因。由于各国航运公司提单的格式不同，其条款的规定内容也互不一样，且内容较多，如托运人与承运人的定义，承运人责任条款，运费和其他费用条款，责任限额，共同海损等。其内容虽多，但大同小异，可以归类，一般首要条款中要规定所适用的国际公约（如海牙规则，维斯比规则和汉堡规则），以便在发生争议时作为依据

海运提单模板如下。

BILL OF LADING

Shipper	B/L Number	S/O Number
SHENZHEN HENGZHIYUAN TECHNOLOGY CORPORATION LTD NO.C BUILDING 1ST INDUSTRIAL PARK GUANLONG XILI NANSHAN DISTRICT SHENZHEN GUANGDONG CHINA TEL:0755-26518030 EXT8026		
	FMC/NVOCC Number	

Consignee	Delivery Agent at Destination
FRACC. INDUSTRIAL SAHAGÚN. C.P43970 TEL: ATTN:	TEL: RFC: MAC900418ND9 CONTACT: MS.SARA ANDRADE

Notify Party	Point of Origin
	SHEKOU
	Also Notify Party-Routing & Instructions

Pre-Carriage By	Place of Receipt
	BAOAN

Vessel	Voyage
KOTA CEMPAKA	053E

Port of Loading	Port of Discharge	Type of Movement	Place of Delivery
SHEKOU	MANZANILLO, MEXICO	CY/CY	MEXICO CITY

Marks and Numbers Container and Seal Nos.	No. of Pkgs	Description of Package and Goods	Gross Weight	Measurement
YMLU8648164 YMAL245005/40HQ DELIVERTO: BOMBARDIERTRANSPORT ATION MÉXICO, S.A. DE C.V. CORREDOR INDUSTRIAL S/N, CD. SAHAGÚN, TEPEAPULCO. HIDALGO FRACC.INDUSTRIAL SAHAGÚN. C.P43970 ATTN: ERIKA RUBI PHONE:+527919138700EXT 5811 DESC.: LED LIGHT QTY:98 WOODEN CASES FM: SHENZHEN HENGZHIYUAN TECHNOLOGY CORPORATION LTD.	98 CASE(S) TOTAL:98	LED LIGHT HS CODE:9405409000 LED INDICATOR HS CODE:9405600000 LIGHT COVER HS CODE:9405920000 CONTROLLER HS CODE:8537109090 SUPPORT HS CODE:9405990000 FREIGHT PREPAID SHIPPER'S LOAD, COUNT AND SEAL CY TO CY 1X40HQ	8190.000 KGS TOTAL:8190	41.6500 CBM TOTAL:41.65

Total Number of Containers of Packages (in words)

SAY TOTAL ONE FORTY FOOT HIGH CUBE CONTAINER(S) ONLY

Tariff Item#		Charge		Prepaid	Collect
			Total:		

Shipper declared value $	subject to extra freight as per tariff and carriers liability limits

The undersigned hereby acknowledges receipt of sealed container or packages or other shipping unit said to contain the goods described above in apparent external good order and condition unless otherwise stated. The Shipper agrees, and the Consignee and every person having and interest in the goods is advised that the receipt, custody, carriage, and delivery of goods are subject to all the terms and conditions set forth and incorporated by reference on this side and the reverse hereof, whether written, stamped or printed. Any surcharges in the Rules Tariff shall be applicable, but any Rate/Surcharge in the NRA shall prevail if	Freight Payable At ORIGIN	Date Laden On Board 2022-03-31
	No. of Original B/L 0	Place and Date of Issue ZHONGSHAN 2022-03-31
	Dimerco International Transportation (Shanghai) Co., Ltd. As Agent	

（七）保险单的制作

保险单是保险人接受被保险人的申请，并交纳保险费后订立的保险契约，是保险人和被保险人之间权利与义务的说明，是当事人处理理赔和索赔的重要依据，是出口商在CIF条件下向银行办理结汇所必须提交的单据。

保险单就是一份保险合同，在保险单的正面，是特定的一笔保险交易，同时，该笔保险交易的当事人、保险标的物、保险金额险别、费率等应一一列出。在单据的背面，详细地列出了投保人、保险人、保险受益人的权利、义务以及各自的免责条款。

保险单的内容应与有关单证的内容衔接。保险单主要内容如下。

（1）保险人及保险公司。

（2）保险单编号。

（3）被保险人，即投保人。在CIF或CIP条件下，出口货物由出口商申请投保，在信用证没有特别规定的前提下，信用证受益人为被保险人，并加空白背书，以转让保险权益。

（4）标记。指运输标志（唛头），应和提单、发票及其他单据上的标记一致。通常在标记栏内注明"按××号发票"（as per Invoice No.×××）。

（5）包装及数量。应与发票内容相一致。

（6）保险货物名称。可参照商业发票中描述的商品名称填制，也可填货物的统称。信用证有时要求所有单据都要显示出信用证号码，则可在本栏空白处表示。

（7）保险金额。按信用证规定金额投保，若信用证未规定，则按CIF或CIP价格的110%投保。

（8）保费及费率。保费及费率一般没有必要在保险单上表示。该栏仅填"AS ARRANGED"。但来证如果要求标明保费及费率时，则应打上具体数字及费率。

（9）装载运输工具。海运货物应填写船名和航次。如果需在中途转船，如投保时已确定二程船名，则把二程船名也填上。如二程船名未能预知，则在第一程船名后加注"and/or steamers"。

（10）开航日期、起运地和目的地、"as per B/L"。

（11）承保险别。本栏是保险单的核心内容。它主要规定了保险公司对该批货物承保的责任范围，也是被保险人在货物遭到损失后，确定是否属保险公司责任的根据。本栏应按投保资料缮制，并要严格符合信用证条款的要求。

（12）赔付地点和赔付代理人。一般为保险公司在目的地或就近地区的代理人。

（13）保险单签发日期和地点。保险单的出单日期不迟于提单或其他货运单据签发日期，以表示货物在装运前已办理保险手续。

（14）保险公司签章。

（八）办理检验证书

检验证书（Inspection Certificate），是各种进出口商品检验证书、鉴定证书和其他证明书的统称，是国际贸易有关各方履行契约义务、处理索赔争议和仲裁、诉讼举证，具有法律依据的有效证件，也是海关验放、征收关税和优惠减免关税的必要证明。商检证书的种类和用途主要见表6-9。

表6-9　商检证书的种类和用途

序号	种类	用途
1	品质检验证书（Inspection Certificate of Quality）	是出口商品交货结汇和进口商品结算索赔的有效凭证；法定检验商品的证书，是进出口商品报关、输出输入的合法凭证。商检机构签发的放行单和在报关单上加盖的放行章有与商检证书同等通关效力；签发的检验情况通知单同为商检证书性质
2	重量或数量检验证书（Inspection Certificate of Weight or Quantity）	是出口商品交货结汇、签发提单和进口商品结算索赔的有效凭证；出口商品的重量证书，也是国外报关征税和计算运费、装卸费用的证件
3	兽医检验证书（Veterinary Ispection Certificate）	是证明出口动物产品或食品经过检疫合格的证件。适用于冻畜肉、冻禽、禽畜罐头、冻兔、皮张、毛类、绒类、猪鬃、肠衣等出口商品。是对外交货、银行结汇和进口国通关输入的重要证件
4	卫生检验证书（Sanitary Ispection Certificate）	也称健康检验证书（InspectionCertificateofHealth），是证明可供人类食用的出口动物产品、食品等经过卫生检验或检疫合格的证件。适用于肠衣、罐头、冻鱼、冻虾、食品、蛋品、乳制品、蜂蜜等，是对外交货、银行结汇和通关验放的有效证件
5	消毒检验证书（Inspection Certificate of Disinfection）	是证明出口动物产品经过消毒处理，保证安全卫生的证件。适用于猪鬃、马尾、皮张、山羊毛、羽毛、人发等商品，是对外交货、银行结汇和国外通关验放的有效凭证
6	熏蒸证书（Inspection Certificate of Fumigation）	是用于证明出口粮谷、油籽、豆类、皮张等商品，以及包装用木材与植物性填充物等，已经过熏蒸灭虫的证书
7	残损检验证书（Inspection Certificate on Damaged Cargo）	是证明进口商品残损情况的证件。适用于进口商品发生残、短、渍、毁等情况；可作为受货人向发货人或承运人或保险人等有关责任方索赔的有效证件
8	货载衡量检验证书（Inspection Certificate on Cargo Weight & / or Measurement）	是证明进出口商品的重量、体积吨位的证件。同时亦可作为计算运费和制订配载计划的依据

序号	种类	用途
9	价值证明书 （Certificate of Valuent）	作为进口国管理外汇和征收关税的凭证。在发票上签盖商检机构的价值证明章与价值证明书具有同等效力
10	船舱检验证书 （Inspection Certificate on Tank/Hold）	证明承运出口商品的船舱清洁、密固、冷藏效能及其他技术条件是否符合保护承载商品的质量和数量完整与安全的要求。可作为承运人履行租船契约适载义务，对外贸易关系方进行货物交接和处理货损事故的依据
11	生丝品级及公量检验证书 （Inspection Certificate for Baw Silk Classification & Condition Weight）	是出口生丝的专用证书。其作用相当于品质检验证书和重量/数量检验证书
12	原产地证书（Inspection Certificate of Origin）	是出口商品在进口国通关输入和享受减免关税优惠待遇和证明商品产地的凭证
13	舱口检视证书、监视装/卸载证书、舱口封识证书、油温空距证书、集装箱监装/拆证书	作为证明承运人履行契约义务，明确责任界限，便于处理货损货差责任事故的证明
14	集装箱租箱交货检验证书、租船交船剩水/油重量鉴定证书	可作为契约双方明确履约责任和处理费用清算的凭证

（九）包装单据的制作

包装单据（Packing Document）是指一切记载或描述商品包装种类和规格情况的单据，是商业发票的补充说明。主要有装箱单（Packing List）、重量单（Weight List）、尺码单（Measurement List）。其制作方法在"出货跟单"中已经详细介绍，在此不提。

Shenzhen Sincewiner Techology Co., Ltd.

No.C Building 1st Industrial Park Gongjing Xili Nanhan Shenzhen

Packing List

Bill to: Invoice No.:

         PO#:

Attn: Date:

Tel:

MARKS	DESCRIPTIONS	QTY (PCS)	NET WEIGHT (kg)	GROSS WEIGHT (kg)	PACKAGE (Wooden Case)	CBM
Total:		0				

三、审核单证

在各种单证缮制或获取完毕后，跟单员应对单证再次全部审核一遍，确保单证的最终质量及安全收汇。审单的要求与制单一样，都应根据信用证、合同条款规定的内容进行准确、全面、及时的审核，达到"单证一致、单单一致"。

审单的具体操作方法常常因人而异，下面将审单工作（横审、纵审）大致情况加以概括说明（见图6-10），仅供参考。

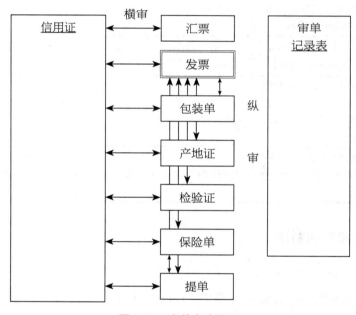

图6-10　审单方法图示

1. 排列单据审核顺序

将审单记录表（Check Memo，见表6-10）放在桌面右边，把单据放在桌面中间，单据的顺序是：汇票→商业发票→包装单……倒数第二个是保险单、倒数第一个是提单。要有固定的开头次序和固定的末尾次序，中间次序任意，然后把信用证放在桌面左边。

2. 横审

（1）信用证如有修改，应以修改条款核对有关单据。

（2）将信用证从头到尾地阅读一遍，每涉及一种单据，立即与那一种单据核对，以确认单证一致。

（3）阅读信用证内容，并与单据核对，发现不符点立刻记录在审单记录表上。可在记录文字后面写上"改""加""补"等字，待改妥时，在这些字上画圈表示改妥，无此不符点了。绝不要在核对整个信用证完毕后，一次写出发现的全部不符点，那样做很容易遗忘个别的不符点。当全部的"改""加""补"都已画圈，就表示单据全部改妥相符了。

（4）审完的单据翻转放置在桌面中间未审单据前面，待全套单据审完，将已经翻转放置的单据翻过来即可恢复原状。

表6-10 信用证项下审单记录表

订单号：　　　　　　　　　　　　信用证号：

Content Documents L/C Items	Commercial Invoice	Inspection Certificate	Packing List	Insurance Policy	B/L	Draft
L/C No.						
L/C：date of issue						
L/C：expiry date						
Invoice No.						
Applicant's Name & Address						
Currency code & Amount						
Description of Goods						
Incoterms（贸易术语）						
Total Price（maximum amount）						
Last day of shipment						
Date of issue of the document（信用证项下各单据签发日）						
Last day of Presentation（最迟交单日）						
Port of Loading						
Port of destination						
Partial shipment						
Transshipment						
Negotiation bank（议付行）						
Freight prepaid or collect						
On board						
Clean						
Made out to order...						
Confirmation Instruction						
Number of documents						

续表

Content L/C Items	Documents	Commercial Invoice	Inspection Certificate	Packing List	Insurance Policy	B/L	Draft
Signed by authorized person							
Stamped by the company							
Drawee of draft							
Original（正本字样）							

审单员： 审单日期：

3.纵审

纵审的目的是要达到单单一致。经过横审和纵审没有发现不符点，或发现不符点已经改妥，即可确定单据全部相符。纵审的操作要领为：

（1）以发票为中心，与其他单据挨个核对，先将被核对的单据阅读一遍，然后与发票的相同资料核对是否一致。

（2）将提单与保险单核对。

四、交单结汇

（一）交单的方式与要求

交单是指出口商将审核无误的全套单证送交议付银行的行为。交单的基本要求是：单证正确、完整，提交及时，在信用证条件下，应在信用证有效期内交单。不同结算方式下的交单区别如图6-11所示。

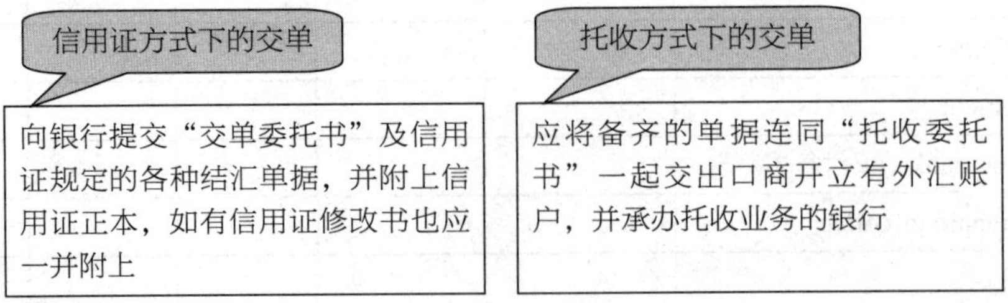

信用证方式下的交单

向银行提交"交单委托书"及信用证规定的各种结汇单据，并附上信用证正本，如有信用证修改书也应一并附上

托收方式下的交单

应将备齐的单据连同"托收委托书"一起交出口商开立有外汇账户，并承办托收业务的银行

图6-11 不同结算方式下的交单

1.交单方式

交单方式有两种，如表6-11所示。

表6-11　交单方式

序号	交单方式	说明
1	两次交单或称预审交单	在运输单据签发前，先将其他已备妥的单据交银行预审，发现问题及时更正，待货物装运后收到运输单据，可以当天议付并对外寄单
2	一次交单	在全套单据收齐后一次性送交银行

由于二次交单时货已发运。银行审单后若发现不符点需要退单修改，耗费时日，容易造成逾期而影响收汇安全。因而出口企业宜与银行密切配合，采用两次交单方式，加速收汇。

2.交单的注意事项

交单应注意确保：单据的种类和份数与信用证的规定相符；单据内容正确，包括所用文字与信用证一致；交单时间必须在信用证规定的交单期和有效期之内。

（二）结汇的方式

信用证项下的出口单据经银行审核无误后，银行按信用证规定的付汇条件，将外汇结付给出口企业。在我国的出口业务中，大多使用议付信用证，也有少量使用付款信用证和承兑信用证的。主要结汇方式有如图6-12所示三种。

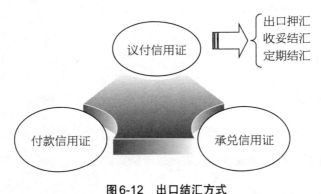

图6-12　出口结汇方式

1.议付信用证

议付又称出口押汇。议付押汇收取单据作为质押。按汇票或发票面值，扣除从议付日起到估计收到开证行或偿付行票款之日的利息，将货款先行垫付给出口商（信用证受益人）。议付是可以追索的。如开证行拒付，议付行可向出口商追还已垫付的货款。

议付信用证中规定，开证行对议付行承担到期承兑和付款的责任，《UCP 600跟单信用证统一惯例》规定，银行如仅仅审核单据而不支付价款不构成议付。

我国银行对于议付信用证的出口结汇方式，除上述出口押汇外，还可采用另外两种方式：一种是收妥结汇，即收到单据后不需做押汇，将单据寄交开证行，待开证行将货款划给议付行后再向出口商结汇；另一种是定期结汇，即收到单据后，在一定期限内向出口商结汇，此期限为估计索汇时间。上述两种方式，对议付银行来说，都是先收后付，但按《UCP 600跟单信用证统一惯例》规定，银行不能取得议付行资格，只能算是代收行。

2.付款信用证

付款信用证通常不用汇票，在业务中使用的即期付款信用证中，国外开证行指定出口地的分行或代理行为付款行，受益人径直向付款行交单。付款行付款时不扣除汇程利息。付款是不可追索的。显然在信用证方式中，这是对出口商最为有利的一种。

3.承兑信用证

承兑信用证的受益人开出远期汇票，通过国内代收行向开证行或开证行指定的银行提示，经其承兑后交单。已得到银行承兑的汇票可到期收款，也可贴现。若国内代收行愿意做出口押汇（议付），则出口商也可立即收到货款，但此时该银行仅以汇票的合法持票人向开证行要求付款，不具有开证行所邀请的议付行的身份。

（三）交单结汇的流程

交单结汇的流程如图6-13所示。

五、不符点的处理

（一）何谓不符点

不符点指开证行审核出的议付单据与信用证要求不符的一点或者几点错误或者疑义，或者是议付单据之间不相符的一点或者几点错误或者疑义。

（二）开证行对不符点的处理

开证行审出不符点通常都会书面告知议付行，经过银行间交涉最终确定是否为不符点，是不符点的情况下，开证行会告知开证申请人，如果开证申请人接受不符点，则开证行扣除不符点费用后支付或者承兑信用证项下货款。如果开证申请人不接受不符点，则开证行会拒付信用证项下货款。开证行对不符点的处理原理如图6-14所示。

（三）出口企业对不符点的处理方式

对于单据有不符点，出口企业有两种方式处理。

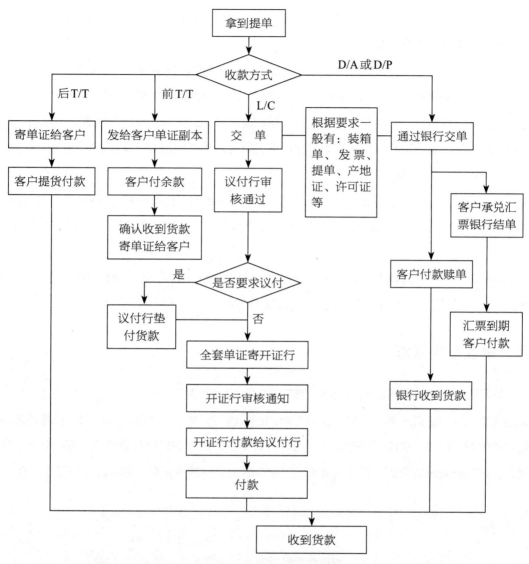

图6-13 交单结汇的流程图

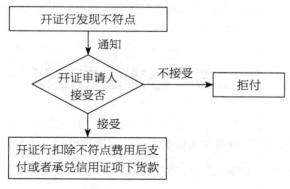

图6-14 开证行对不符点的处理原理图

（1）在议付行交单时发现有不符点，凡是来得及并可以修改的，就直接修改这些不符点，使之与信用证相符，从而保证正常议付货款。

（2）在议付行交单时发现有不符点，但已来不及修改，或单据到开证行被发现有不符点，此时已无法修改，则可以通知开证申请人（进口商），说明单据出现的不符点，请其来电确认接受不符点，同时找开证行表示接受单据的不符点，则仍可以收回货款。但这有一个前提，即只是单据上不符合信用证的规定，而无货物质量的问题或不符，否则进口商是有可能不接受货物质量的不符的。

上述第（2）种方式，实际上已经是由信用证性质变成了托收性质，即由原来信用证的银行承诺的第一付款责任的地位，退为托收银行的地位。这种变化是因为单证不符而引起的，所以风险加大了。

因此，信用证结算的首要问题就是一定要做到"单证相符"和"单单相符"，这样才能保证安全收汇！这是做信用证结算必须重视的首要问题，来不得半点含糊！

六、单证归档保管

外贸跟单员在交单结汇后，应将一套完整的单据副本进行归档保管。出口单证是出口业务的主要凭证，尽管一笔外贸出口业务的合同已经履行完毕，但由于各种因素，往往还需查阅这些单据。例如，保险事因的发生，进口商对品质、数量的异议及索赔等，万一此类事件发生，就需查阅出口单证。所以，每笔出口业务的全套单据应留有一套副本归档保存备查。

小提示

由于与贸易有关的诉讼时效是自货到后两年有效，所以，单据的保存期一般为2～3年。随着单证电子化的推广应用，单证的归档保存有了更加便捷的手段。

第二节　办理出口退税

外贸企业一般由财务部门或设专人负责办理出口退税事宜。作为外贸跟单员似乎与此没有关系，其实不然，跟单员应该了解出口退税的相关规定及其操作流程，并积极配合财务部门的工作。

一、什么是出口退（免）税

出口货物退（免）税是指在国际贸易中，货物输出国对输出境外的货物免征其在本国境内消费时应缴纳的税金或退还其按本国税法规定已缴纳的税金（增值税、消费税），使本国产品以不含税成本进入国际市场，与国外产品在同等条件下进行竞争，从而增强竞争能力，扩大出口创汇。

二、出口退（免）税企业管理类别

出口企业管理类别分为一类、二类、三类、四类。

（一）一类出口企业的评定标准

1.生产企业应同时符合下列条件

（1）企业的生产能力与上一年度申报出口退（免）税规模相匹配。

（2）近3年（含评定当年）未发生过虚开增值税专用发票或者其他增值税扣税凭证、骗取出口退税行为。

（3）上一年度的年末净资产大于上一年度该企业已办理的出口退税额（不含免抵税额）。

（4）评定时纳税信用级别为A级或B级。

（5）企业内部建立了较为完善的出口退（免）税风险控制体系。

2.外贸企业应同时符合下列条件

（1）近3年未发生过虚开增值税专用发票或者其他增值税扣税凭证、骗取出口退税行为。

（2）上一年度的年末净资产大于上一年度该企业已办理出口退税额的60%。

（3）持续经营5年以上（因合并、分立、改制重组等原因新设立企业的情况除外）。

（4）评定时纳税信用级别为A级或B级。

（5）评定时海关企业信用管理类别为高级认证企业或一般认证企业。

（6）评定时外汇管理的分类管理等级为A级。

（7）企业内部建立了较为完善的出口退（免）税风险控制体系。

3.外贸综合服务企业应同时符合下列条件

（1）近3年未发生过虚开增值税专用发票或者其他增值税扣税凭证、骗取出口退税行为。

（2）上一年度的年末净资产大于上一年度该企业已办理出口退税额的30%。

（3）上一年度申报从事外贸综合服务业务的出口退税额，大于该企业全部出口退税额的80%。

（4）评定时纳税信用级别为A级或B级。

（5）评定时海关企业信用管理类别为高级认证企业或一般认证企业。

（6）评定时外汇管理的分类管理等级为A级。

（7）企业内部建立了较为完善的出口退（免）税风险控制体系。

（二）三类出口企业的评定标准

具有下列情形之一的出口企业，管理类别应评定为三类。

（1）自首笔申报出口退（免）税之日起至评定时未满12个月。

（2）评定时纳税信用级别为C级，或尚未评价纳税信用级别。

（3）上一年度累计6个月以上未申报出口退（免）税（从事对外援助、对外承包、境外投资业务的，以及出口季节性商品或出口生产周期较长的大型设备的出口企业除外）。

（4）上一年度发生过违反出口退（免）税有关规定的情形，但尚未达到税务机关行政处罚标准或司法机关处理标准的。

（5）存在省国家税务局规定的其他失信或风险情形。

（三）四类出口企业的评定标准

具有下列情形之一的出口企业，管理类别应评定为四类。

（1）评定时纳税信用级别为D级。

（2）上一年度发生过拒绝向国税机关提供有关出口退（免）税账簿、原始凭证、申报资料、备案单证等情形。

（3）上一年度因违反出口退（免）税有关规定，被税务机关行政处罚或被司法机关处理过的。

（4）评定时企业因骗取出口退税被停止出口退税权，或者停止出口退税权届满后未满2年。

（5）四类出口企业的法定代表人新成立的出口企业。

（6）列入国家联合惩戒对象的失信企业。

（7）海关企业信用管理类别认定为失信企业。

（8）外汇管理的分类管理等级为C级。

（9）存在省国家税务局规定的其他严重失信或风险情形。

（四）二类出口企业的评定标准

一类、三类、四类出口企业以外的出口企业，其出口企业管理类别应评定为二类。

三、出口退税的4个时限

出口企业在办理出口退税时要特别注意申报程序，注意时间观念，以免造成损失。

出口企业在办理出口退税时，应注意四个时限规定（见图6-15）。

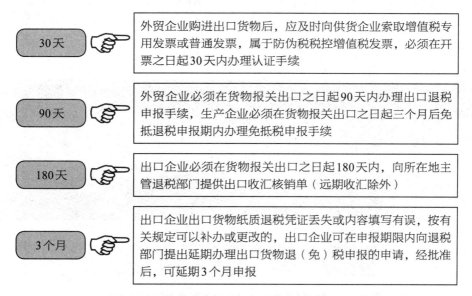

30天	外贸企业购进出口货物后，应及时向供货企业索取增值税专用发票或普通发票，属于防伪税税控增值税发票，必须在开票之日起30天内办理认证手续
90天	外贸企业必须在货物报关出口之日起90天内办理出口退税申报手续，生产企业必须在货物报关出口之日起三个月后免抵退税申报期内办理免抵税申报手续
180天	出口企业必须在货物报关出口之日起180天内，向所在地主管退税部门提供出口收汇核销单（远期收汇除外）
3个月	出口企业出口货物纸质退税凭证丢失或内容填写有误，按有关规定可以补办或更改的，出口企业可在申报期限内向退税部门提出延期办理出口货物退（免）税申报的申请，经批准后，可延期3个月申报

图6-15　出口退税的四个时限

四、出口退税程序

（一）定期申报

出口企业应建立出口退税凭证收集制度，按期向当地主管出口退税的税务机关申报退税。除中远期结汇的出口货物外，上年度出口退税凡在清算结束（本年5月31日）前应收集齐全，因收集不齐并未申报的，税务机关不再受理该批货物的退税申请。

（二）定期审核、审批退税

对单证齐全真实，且电子信息核对无误的，必须在20个工作日内办完退税审核、审批手续。对有疑问的单证且电子信息核对不上的，要及时发函调查，落实清楚后再办理退税；征税机关应按照国家税务总局的有关规定及时、如实回函，在收到退税机关函调后3个月内，必须将函调情况回复发函地退税机关，如因特殊情况确实查不清楚的，应先回函说明暂时查不清的原因以及下次回函的时限。凡经税务机关调查一个生产环节仍查不清、需追溯以往的，应由出口企业负责调查举证，然后报退税机关复核无误后方可退税。举证有误和在本年度退税清算期内不能举证其出口真实有效的，不再办理退税。

五、出口企业出口退税在线申报

出口企业可以登录地方税务局网站进行出口退税在线申报，以下以深圳市出口企业为例进行说明。

登录国家税务总局深圳市电子税务局网站，如图6-16所示。

图6-16　国家税务总局深圳市电子税务局网站首页截图

按如下操作进入出口退税在线申报界面，登录首页→我要办税→出口退税管理→外贸企业出口退税在线申报或者生产企业出口退税在线申报，如图6-17、图6-18所示。

图6-17　外贸企业出口退税在线申报界面

图6-18　生产企业出口退税在线申报界面

六、出口退（免）税备案单证的管理要求

（1）纳税人应在申报出口退（免）税后15日内，将以下备案单证妥善留存，并按照申报退（免）税的时间顺序，制作出口退（免）税备案单证目录，注明单证存放方式，以备税务机关核查。

① 出口企业的购销合同，包括出口合同、外贸综合服务合同、外贸企业购货合同、生产企业收购非自产货物出口的购货合同等。

② 出口货物的运输单据，包括海运提单、航空运单、铁路运单、货物承运单据、邮政收据等承运人出具的货物单据，出口企业承付运费的国内运输发票，出口企业承付费用的国际货物运输代理服务费发票等。

③ 出口企业委托其他单位报关的单据，包括委托报关协议、受托报关单位为其开具的代理报关服务费发票等。

纳税人无法取得上述单证的，可用具有相似内容或作用的其他资料进行单证备案。除另有规定外，备案单证由出口企业存放和保管，不得擅自损毁，保存期为5年。

纳税人发生零税率跨境应税行为不实行备案单证管理。

（2）纳税人可以自行选择纸质化、影像化或者数字化方式，留存保管上述备案单证。选择纸质化方式的，还需在出口退（免）税备案单证目录中注明备案单证的存放地点。

（3）税务机关按规定查验备案单证时，纳税人按要求将影像化或者数字化备案单证转换为纸质化备案单证以供查验的，应在纸质化单证上加盖企业印章并签字声明与原数据一致。

附件：

国家税务总局
关于进一步便利出口退税办理 促进外贸平稳发展有关事项的公告

（国家税务总局公告2022年第9号）

为深入贯彻党中央、国务院决策部署，积极落实《税务总局等十部门关于进一步加大出口退税支持力度促进外贸平稳发展的通知》（税总货劳发〔2022〕36号），进一步助力企业纾解困难，激发出口企业活力潜力，更优打造外贸营商环境，更好促进外贸平稳发展，现就有关事项公告如下：

一、完善出口退（免）税企业分类管理

出口企业管理类别年度评定工作应于企业纳税信用级别评价结果确定后1个月内完成。

纳税人发生纳税信用修复情形的，可以书面向税务机关提出重新评定管理类别。因纳税信用修复原因重新评定的纳税人，不受《出口退（免）税企业分类管理办法》（国家税务总局公告2016年第46号发布，2018年第31号修改）第十四条中"四类出口企业自评定之日起，12个月内不得评定为其他管理类别"规定限制。

二、优化出口退（免）税备案单证管理

（一）纳税人应在申报出口退（免）税后15日内，将下列备案单证妥善留存，并按照申报退（免）税的时间顺序，制作出口退（免）税备案单证目录，注明单证存放方式，以备税务机关核查。

1.出口企业的购销合同（包括：出口合同、外贸综合服务合同、外贸企业购货合同、生产企业收购非自产货物出口的购货合同等）；

2.出口货物的运输单据（包括：海运提单、航空运单、铁路运单、货物承运单据、邮政收据等承运人出具的货物单据，出口企业承付运费的国内运输发票，出口企业承付费用的国际货物运输代理服务费发票等）；

3.出口企业委托其他单位报关的单据（包括：委托报关协议、受托报关单位为其开具的代理报关服务费发票等）。

纳税人无法取得上述单证的，可用具有相似内容或作用的其他资料进行单证备案。除另有规定外，备案单证由出口企业存放和保管，不得擅自损毁，保存期为5年。

纳税人发生零税率跨境应税行为不实行备案单证管理。

（二）纳税人可以自行选择纸质化、影像化或者数字化方式，留存保管上述备案单证。选择纸质化方式的，还需在出口退（免）税备案单证目录中注明备案单证的存放地点。

（三）税务机关按规定查验备案单证时，纳税人按要求将影像化或者数字化备案单证转换为纸质化备案单证以供查验的，应在纸质化单证上加盖企业印章并签字声明与原数据一致。

三、完善加工贸易出口退税政策

实行免抵退税办法的进料加工出口企业，在国家实行出口产品征退税率一致政策后，因前期征退税率不一致等原因，结转未能抵减的免抵退税"不得免征和抵扣税额抵减额"，企业进行核对确认后，可调转为相应数额的增值税进项税额。

四、精简出口退（免）税报送资料

（一）纳税人办理委托出口货物退（免）税申报时，停止报送代理出口协议副本、复印件。

（二）纳税人办理融资租赁货物出口退（免）税备案和申报时，停止报送融资租赁合同原件，改为报送融资租赁合同复印件（复印件上应注明"与原件一致"并加盖企业印章）。

（三）纳税人办理来料加工委托加工出口货物的免税核销手续时，停止报送加工企业开具的加工费普通发票原件及复印件。

（四）纳税人申请开具《代理出口货物证明》时，停止报送代理出口协议原件。

（五）纳税人申请开具《代理进口货物证明》时，停止报送加工贸易手册原件、代理进口协议原件。

（六）纳税人申请开具《来料加工免税证明》时，停止报送加工费普通发票原件、进口货物报关单原件。

（七）纳税人申请开具《出口货物转内销证明》时，停止报送《出口货物已补税/未退税证明》原件及复印件。

对于本条所述停止报送的资料原件，纳税人应当妥善留存备查。

五、拓展出口退（免）税提醒服务

为便于纳税人及时了解出口退（免）税政策及管理要求的更新情况、出口退（免）税业务申报办理进度，税务机关为纳税人免费提供出口退（免）税政策更新、出口退税率文库升级、尚有未用于退（免）税申报的出口货物报关单、已办结出口退（免）税等提醒服务。纳税人可自行选择订阅提醒服务内容。

六、简化出口退（免）税办理流程

（一）简化外贸综合服务企业代办退税备案流程

外贸综合服务企业在生产企业办理委托代办退税备案后，留存以下资料，即可为该生产企业申报代办退税，无需报送《代办退税情况备案表》（国家税务总局公告2017年第35号发布）和企业代办退税风险管控制度：

1. 与生产企业签订的外贸综合服务合同（协议）；

2. 每户委托代办退税生产企业的《代办退税情况备案表》；

3. 外贸综合服务企业代办退税风险管控制度、内部风险管控信息系统建设及应用情况。

生产企业办理委托代办退税备案变更后，外贸综合服务企业将变更后的《代办退税情况备案表》留存备查即可，无需重新报送该表。

（二）推行出口退（免）税实地核查"容缺办理"

1. 对于纳税人按照现行规定需实地核查通过方可办理的首次申报的出口退（免）税以及变更退（免）税办法后首次申报的出口退（免）税，税务机关经审核未发现涉嫌骗税等疑点或者已排除涉嫌骗税等疑点的，应按照"容缺办理"的原则办理退（免）税：在该纳税人累计申报的应退（免）税额未超过限额前，可先行按规定审核办理退（免）税再进行实地核查；在该纳税人累计申报的应退（免）税额超过限额后，超过限额的部分需待实地核查通过后再行办理退（免）税。

上述需经实地核查通过方可审核办理的首次申报的出口退（免）税包括：外贸企业首次申报出口退税（含外贸综合服务企业首次申报自营出口业务退税），生产企业首次申报出口退（免）税（含生产企业首次委托外贸综合服务企业申报代办退税），外贸综合服务企业首次申报代办退税。

上述按照"容缺办理"的原则办理退（免）税，包括纳税人出口货物、视同出口货物、对外提供加工修理修配劳务、发生零税率跨境应税行为涉及的出口退（免）税。

上述累计申报应退（免）税额的限额标准为：外贸企业（含外贸综合服务企业自营出口业务）100万元；生产企业（含生产企业委托代办退税业务）200万元；代办退税的外贸综合服务企业100万元。

2. 税务机关经实地核查发现纳税人已办理退（免）税的业务属于按规定不予办理退（免）税情形的，应追回已退（免）税款。因纳税人拒不配合而无法开展实地核查的，税务机关应按照实地核查不通过处理相关业务，并追回已退（免）税款，对于该纳税人申报的退（免）税业务，不适用"容缺办理"原则。

3. 纳税人申请变更退（免）税方法、变更出口退（免）税主管税务机关、撤回出口退（免）税备案时，存在已"容缺办理"但尚未实地核查的退（免）税业务的，税务机关应当先行开展实地核查。经实地核查通过的，按规定办理相关变更、撤回事项；经实地核查发现属于按规定不予办理退（免）税情形的，应追回已退（免）税款后，再行办理相关变更、撤回事项。

七、简便出口退（免）税办理方式

（一）推广出口退（免）税证明电子化开具和使用

纳税人申请开具《代理出口货物证明》《代理进口货物证明》《委托出口货物证明》《出口货物转内销证明》《中标证明通知书》《来料加工免税证明》的，税务机关为其开具电子证明，并通过电子税务局、国际贸易"单一窗口"等网上渠道（以下简称网上渠道）向纳税人反馈。纳税人申报办理出口退（免）税相关涉税事项时，仅需填报上述电子证明编号等信息，无需另行报送证明的纸质件和电子件。其中，纳税人申请开具《中标证明通知书》时，无需再报送中标企业所在地主管税务机关的名称、地址、邮政编码。

纳税人需要作废上述出口退（免）税电子证明的，应先行确认证明使用情况，已用于申报出口退（免）税相关事项的，不得作废证明；未用于申报出口退（免）税相关事项的，应向税务机关提出作废证明申请，税务机关核对无误后，予以作废。

（二）推广出口退（免）税事项"非接触"办理

纳税人申请办理出口退（免）税备案、证明开具及退（免）税申报等事项时，按照现行规定需要现场报送的纸质表单资料，可选择通过网上渠道，以影像化或者数字化方式提交。纳税人通过网上渠道提交相关电子数据、影像化或者数字化表单资料后，即可完成相关出口退（免）税事项的申请。原需报送的纸质表单资料，以及通过网上渠道提交的影像化或者数字化表单资料，纳税人应妥善留存备查。

税务机关受理上述申请后，按照现行规定为纳税人办理相关事项，并通过网上渠道反馈办理结果。纳税人确需税务机关出具纸质文书的，税务机关应当为纳税人出具。

八、完善出口退（免）税收汇管理

纳税人适用出口退（免）税政策的出口货物，有关收汇事项应按照以下规定执行：

（一）纳税人申报退（免）税的出口货物，应当在出口退（免）税申报期截止之日前收汇。未在规定期限内收汇，但符合《视同收汇原因及举证材料清单》（附件1）所列原因的，纳税人留存《出口货物收汇情况表》（附件2）及举证材料，即可视同收汇；因出口合同约定全部收汇最终日期在退（免）税申报期截止之日后的，应当在合同约定收汇日期前完成收汇。

（二）出口退（免）税管理类别为四类的纳税人，在申报出口退（免）税时，应当向税务机关报送收汇材料。

纳税人在退（免）税申报期截止之日后申报出口货物退（免）税的，应当在申报退

（免）税时报送收汇材料。

纳税人被税务机关发现收汇材料为虚假或冒用的，应自税务机关出具书面通知之日起24个月内，在申报出口退（免）税时报送收汇材料。

除上述情形外，纳税人申报出口退（免）税时，无需报送收汇材料，留存举证材料备查即可。税务机关按规定需要查验收汇情况的，纳税人应当按照税务机关要求报送收汇材料。

（三）纳税人申报退（免）税的出口货物，具有下列情形之一，税务机关未办理出口退（免）税的，不得办理出口退（免）税；已办理出口退（免）税的，应在发生相关情形的次月用负数申报冲减原退（免）税申报数据，当期退（免）税额不足冲减的，应补缴差额部分的税款：

1.因出口合同约定全部收汇最终日期在退（免）税申报期截止之日后的，未在合同约定收汇日期前完成收汇；

2.未在规定期限内收汇，且不符合视同收汇规定；

3.未按本条规定留存收汇材料。

纳税人在本公告施行前已发生上述情形但尚未处理的出口货物，应当按照本项规定进行处理；纳税人已按规定处理的出口货物，待收齐收汇材料、退（免）税凭证及相关电子信息后，即可申报办理出口退（免）税。

（四）纳税人确实无法收汇且不符合视同收汇规定的出口货物，适用增值税免税政策。

（五）税务机关发现纳税人申报退（免）税的出口货物收汇材料为虚假或者冒用的，应当按照《中华人民共和国税收征收管理法》有关规定进行处理，相应的出口货物适用增值税征税政策。

本条所述收汇材料是指《出口货物收汇情况表》及举证材料。对于已收汇的出口货物，举证材料为银行收汇凭证或者结汇水单等凭证；出口货物为跨境贸易人民币结算、委托出口并由受托方代为收汇，或者委托代办退税并由外贸综合服务企业代为收汇的，可提供收取人民币的收款凭证；对于视同收汇的出口货物，举证材料按照《视同收汇原因及举证材料清单》确定。

本条所述出口货物，不包括《财政部 国家税务总局关于出口货物劳务增值税和消费税政策的通知》（财税〔2012〕39号）第一条第二项（第2目除外）所列的视同出口货物，以及易货贸易出口货物、边境小额贸易出口货物。

九、施行时间

本公告第一条、第二条、第三条自2022年5月1日起施行，第四条、第五条自2022

年6月1日起施行，第六条、第七条、第八条自2022年6月21日起施行。《废止的文件条款目录》（附件3）中列明的条款相应停止施行。

特此公告。

附件：

1.视同收汇原因及举证材料清单

2.出口货物收汇情况表

3.废止的文件条款目录

国家税务总局

2022年4月29日

附件1：

视同收汇原因及举证材料清单

一、因国外商品市场行情变动的，提供有关商会出具的证明或有关交易所行情报价资料；由于客观原因无法提供的，提供进口商相关证明材料。

二、因出口商品质量原因的，提供进口商的有关函件和进口国商检机构的证明；由于客观原因无法提供进口国商检机构证明的，提供进口商的检验报告等证明材料，或者货物、原材料生产商等第三方证明材料。

三、因动物及鲜活产品变质、腐烂、非正常死亡或损耗的，提供进口商的有关函件和进口国商检机构的证明；由于客观原因确实无法提供商检证明的，提供进口商相关证明材料、货物运输等第三方证明材料。

四、因自然灾害、战争等不可抗力因素的，提供报刊等新闻媒体的报道材料或中国驻进口国使领馆商务处出具的证明。

五、因进口商破产、关闭、解散的，提供以下任一资料：报刊等新闻媒体的报道材料、中国驻进口国使领馆商务处出具的证明、进口商所在地破产清算机构出具的证明、债权申报证明。

六、因进口国货币汇率变动的，提供报刊等新闻媒体刊登或人民银行公布的汇率资料。

七、因溢短装的，提供提单或其他正式货运单证等商业单证。

八、因出口合同约定全部收汇最终日期在申报退（免）税截止期限以后的，提供出口合同。

九、因无法收汇而取得出口信用保险赔款的，提供相关出口信用保险合同、保险理赔单据、赔款入账流水等资料。

十、因其他原因的，提供合理的佐证材料。

附件2:

纳税人识别号（统一社会信用代码）：□□□□□□□□□□□□□□□□□□

纳税人名称：

出口货物收汇情况表

所属期/申报年月：　　年　　月　　　　申报批次：

金额单位：元（列至角分）

序号	出口货物报关单号	代理出口货物证明号	出口发票号	出口退（免）税销售额			已收汇情况									视同收汇情况						备注
				币种	金额	折合人民币金额	收汇日期	收汇凭证号	凭证币种	凭证总金额	其中：对应本报关单（代理证明）金额	其中：对应本报关单（代理证明）折合人民币金额	付汇人	非进口商付汇原因	原因代码	原因具体情况说明	举证材料种类	折合人民币金额	合同约定全部收汇最终日期	出口合同号	
1	2	3	4	5	6	7	8	9	10	11	12	13	14	15	16	17	18	19	20	21	22
合计	—	—	—	—	—	—	—	—	—	—	—	—	—	—	—				—	—	—

填表说明：

1."所属期/申报年月"：按本表对应的出口退（免）税申报表的所属期（申报年月）填写。

2."申报批次"：按本表对应的出口退（免）税申报表的申报批次填写。

3.第1栏"序号"：按八位流水号填写，从00000001到99999999。

4.第2栏"出口货物报关单号"：按出口货物报关单上的海关编号+0+项号填写，共21位；实际业务无出口货物报关单的按税务机关要求填写；委托出口的此栏不填。同一出口货物报关单号对应多个收汇凭证号、多个视同收汇原因的，此栏仅需填写一次。

5.第3栏"代理出口货物证明号"：按《代理出口货物证明》编号（18位）+两位项号（01、02…）填写，项号按《代理出口货物证明》所列顺序编写；自营出口的此栏不填。同一代理出口货物证明号对应多个收汇凭证号、多个视同收汇原因的，此栏仅需填写一次。

6.第4栏"出口发票号"：按出口发票的号码填写。视同出口等无需开具出口发票的业务，按税务机关要求填写。同一出口发票号对应多个收汇凭证号、多个视同收汇原因的，此栏仅需填写一次。

7.第5栏至第7栏"出口退（免）税销售额"：按本期申报退（免）税的销售额填写。同一出口货物报关单号或代理出口货物证明号对应多个收汇凭证、多个视同收汇原因的，此栏仅需填写一次。

"币种"：按出口货物报关单的币制填写。

"金额"：按本期申报退（免）税的币种离岸价填写。

"折合人民币金额"：按本期申报退（免）税的人民币离岸价填写。

8.第8栏至第15栏"已收汇情况"：按本期申报退（免）税出口销售额的已收汇情况填写。同一出口货物报关单号或代理出口货物证明号对应多个收汇凭证的，应分行填写。

"收汇日期"：按银行收取款项的日期填写。

"收汇凭证号"：按银行收取款项的凭证号填写。

"凭证币种"：按银行收取款项的币种填写。

"凭证总金额"：按收汇凭证币种的总金额填写。

"对应本报关单（代理证明）金额"：按收汇凭证总金额中对应本出口货物报关单或代理出口货物证明号的金额填写。

"对应本报关单（代理证明）折合人民币金额"：按收汇凭证总金额中对应本出口货物报关单或代理出口货物证明号的折合人民币金额填写。

"付汇人"：按收汇凭证中的付款人填写。

"非进口商付汇原因"：付汇人与出口合同的购买方不一致的，填写具体原因。

9.第16栏至第21栏"视同收汇情况"：按本期申报退（免）税出口销售额的视同收汇情况填写。同一出口货物报关单号或代理出口货物证明号有多个视同收汇原因的，应分行填写。

"原因代码"：按本公告附件1的视同收汇原因代码填写。

"原因具体说明"：按视同收汇的具体原因填写。

"举证材料种类"：按本公告附件1的视同收汇举证材料清单填写。

"折合人民币金额"：按视同收汇的折合人民币金额填写。

"合同约定全部收汇最终日期"：视同收汇原因为"出口合同约定全部收汇最终日期在退（免）税申报截止之日以后的"，填写合同约定全部收汇最终日期。

"出口合同号"：按出口货物报关单号或代理出口货物证明号对应的出口合同号填写。

附件3：废止的文件条款目录（略）。

小知识：

2022年我国出口退税最新政策：

1. 2022年6月14日发布的《国家税务总局关于阶段性加快出口退税办理进度有关工作的通知》（税总货劳函〔2022〕83号）

2. 2022年4月29日发布的《国家税务总局关于进一步便利出口退税办理 促进外贸平稳发展有关事项的公告》（国家税务总局公告2022年第9号）

3. 2022年4月20日发布的《税务总局等十部门关于进一步加大出口退税支持力度促进外贸平稳发展的通知》（税总货劳发〔2022〕36号）

4. 2022年2月21日发布的《国家税务总局关于发布出口退税率文库2022A版的通知》（税总货劳函〔2022〕20号）
